法　律
职业伦理

主编　　管伟

副主编　丁延龄　谢秀珍

山东人民出版社·济南

国家一级出版社　全国百佳图书出版单位

图书在版编目（CIP）数据

法律职业伦理 / 管伟主编；丁延龄，谢秀珍副主编.
济南：山东人民出版社，2024.9（2025.1重印）. -- ISBN
978-7-209-15181-8

Ⅰ. D90-053

中国国家版本馆CIP数据核字第202452EW48号

法律职业伦理
FALÜ ZHIYE LUNLI

主编　管伟　副主编　丁延龄　谢秀珍

主管单位　山东出版传媒股份有限公司
出版发行　山东人民出版社
出 版 人　胡长青
社　　址　济南市市中区舜耕路517号
邮　　编　250003
电　　话　总编室（0531）82098914
　　　　　市场部（0531）82098027
网　　址　http://www.sd-book.com.cn
印　　装　济南升辉海德印业有限公司
经　　销　新华书店

规　　格　16开（185mm×260mm）
印　　张　17.5
字　　数　260千字
版　　次　2024年9月第1版
印　　次　2025年1月第2次
ISBN 978-7-209-15181-8
定　　价　47.00元
　　　　　如有印装质量问题，请与出版社总编室联系调换。

《法律职业伦理》编委会

主　编：管　伟

副主编：丁延龄　谢秀珍

编　委：苏玫霖　吕晓擎　刘立敏　刘晓然　杜伟伟

┃ 前　言

　　"立德树人，德法兼修"是新时代法学教育的根本性理念。这一教育理念强调在法治人才培养过程中，法律专业知识应与职业伦理教育并重，通过法律专业能力的培养和法律职业精神的塑造，培育出既精通法律知识，又具备高尚职业道德的法治人才。在法律教育过程中，职业伦理教育应贯穿始终，以确保法律从业者能够坚守公正、诚信等职业伦理原则，成为法治建设的中坚力量。

　　法律职业伦理是法律职业人员在执业过程中应当遵守的一系列行为规范和道德准则。这些规范和准则旨在确保法律职业者的行为符合法律的精神和目的，维护法律职业的尊严、公正性和专业性，同时保护当事人的合法权益和社会的法治秩序。它不仅关注法律实践中的道德规范和行为准则，还强调法律职业者在社会中的责任和使命，对于法学教育、法律实践以及整个法治社会的构建都具有深远的影响。就法律人的塑造而言，法律职业伦理为法律专业人士提供了行为指南。在法律实践中，法律职业从业者往往面临着复杂的道德困境和选择，法律职业伦理提供了一套评判和决策的标准，帮助他们在处理案件时能够坚守正义、公平和诚信的原则。通过学习法律职业伦理这门课程，学习者能够更好地理解并内化这些原则，促进良好的职业习惯和道德判断力的形成，这对于其未来的职业生涯至关重要。法律不仅是一套规则体系，更是维护社会秩序、保障公民权利的重要工具。法律职业者作为法律的执行者和解释者，其职业行为直接关系到法律的公正性和权威性。通过法律职业伦理教育，学习者能够了解自己作为法律人的社会责任，有助于培育其对社会公正和法治精神的信仰。而在公众眼中，法律职业者又是法律权威的代表，他们的言行举止直接影响社会对法律的信任和尊重。通过强调法律职业伦理的重要性，可以促进法律从业者之间的相互监督和自我约束，从而维护法律职业的纯洁性和专业性，增强公众对法律制度的信心。同时，法律职业伦理教育是培养创新法律人才的重要途径。在快速变化的社会环境中，法律问题日益复杂多变，传统的法律知识和技能已难以满足现实需求。法律职业伦理教育鼓励学生在遵守基本原则的同时，勇于探索和创新，以适应新的法律挑战和需求。法律职业伦理对于法治社会的建设也具有基础性作用。建设法治社会不仅需要具备完备的法律体系，更需要遵循法律和伦理规范的法律职业者。通过法律职业伦理教育，可以培养出一批具有良好道德品质、专业能力和法治精神的法律人才，他们是推动法治进程、实现社会公正的关键力量。

2018年10月8日，教育部、中央政法委出台《关于坚持德法兼修实施卓越法治人才教育培养计划2.0的意见》，要求加大学生法律职业伦理培养力度，面向全体法学专业学生开设法律职业伦理课程。此举不仅体现了国家对法治人才培养的高度重视，也凸显了法律职业伦理在法律教育中的重要地位。作为一所以应用型法学人才培养为核心目标的本科院校，山东政法学院早在多年前便前瞻性地认识到了法律职业伦理教育的重要性，于2011年便面向在校法学本专科学生开设了法律职业伦理课程。经过多年的实践与探索，山东政法学院不仅在这一课程上积累了深厚的教学底蕴，而且在教学效果上取得了显著成果。通过学习这门课程，学生们不仅加深了对法律职业伦理的理解，更在实际操作中展现了高度的职业道德素养。

编写此本教材，正是为了将"立德树人，德法兼修"这一教育理念贯彻到实际教学中去，以期推动法律职业伦理学科的进一步发展。同时，这也是山东政法学院多年来在法律职业伦理教育领域教学经验与科研成果的集大成之作。

我们期望通过这本教材，为法学专业的学生和从业者提供一个全面、深入的法律职业伦理学习平台。

在我们撰写这本教材的过程中，着意凸显以下四个方面的特点：

第一，全面性。本教材旨在全面而系统地阐述法律职业伦理的基本理念和核心价值，从历史与现实的双重维度对法律职业伦理进行深入剖析。通过对法律职业伦理历史沿革的梳理，我们可以清晰地看到其发展脉络，深刻理解法律职业伦理是如何随着社会变迁和法律实践的深入而不断演化和完善的。这一过程不仅有助于我们把握法律职业伦理的演变趋势，更能为当前和未来的法律伦理问题提供宝贵的历史经验和教训。

第二，比较性。在解析国内外的伦理规范方面，教材将对不同法系和不同国家的法律职业伦理规范进行比较研究，揭示各种规范的共性和差异性，以及它们在实际应用中的效果和挑战。这不仅能使读者加深对我国法律职业伦理规范的理解，也有助于其建立全球视野，理解不同法律文化背景下的伦理观念和实践，为跨文化交流和国际合作奠定基础，以推动我国涉外法治人才的培养。

第三，实践性。作为一门为法律从业者提供行为指南的学科，法律职业伦理教学必须超越单纯的理论阐述和规条宣讲，将抽象的伦理原则与生动的实践案例紧密结合。本教材通过引入大量的真实案例，对法律职业伦理进行了深入剖析。这些案例不仅涵盖了法律职业伦理的各个方面，而且具有代表性和典型性，能够生动地展示法律职业伦理在实际应用中的具体情境。通过案例学习，读者能够更直观地理解抽象的伦理原则如何在具体的法律实践中得到应用和体现，从而加深对法律职业伦理的理解和认识。这些案例的引入也极大地增强了教材的实践性。读者可以通过分析案例，了解法律职业伦理在实际操作中的具体要求和挑战，掌握处理法律职业伦理问题的实际技能和方法。同时，案例分析还可以帮助读者培养批判性思维、实践操作能力和问题解决能力，使其在面对复杂的法律问题和道德困境时，能够做出合理、公正且符合职业道德的判断和决策。

第四，创新性。道德归根到底是时代的产物，法律职业伦理必然随着时代而不断发展。在撰写教材的过程中，我们力争将最新的研究成果和法律实践融入其中，对法律职业伦理进行深入而全面的探讨和分析。我们深知，法律职业伦理作为法律从业者行为规范的基石，对于维护法治秩序、促进社会公正具有重要意义。因此，我们注重把握法律职业伦理的最新动态和发展趋势，力求使教材内容与时俱进，反映法律职业伦理的最新理论和实践成果。同时，我们注重吸收国内外先进的教学理念和方法，力求使本教材在内容、结构、形式等方面都达到较高的水平。

通过系统的教学和学习，教材的编写者期望能够引导法律专业学生和从业者深入理解法律职业伦理的内涵。我们坚信，法律职业者不仅要掌握扎实的法律知识和技能，还应当具备高尚的职业道德和坚定的法治信念。这种职业伦理教育对于塑造一支既精通法律知识又具有良好职业道德的法律队伍具有至关重要的作用。我们相信，通过本教材的学习，广大法学专业学生和从业者将不断提升自己的法律职业素养和综合能力，为我国的法治建设和社会进步贡献自己的力量。

| 目 录

第一章 法律职业伦理概述

学习目标

知识目标：通过学习，掌握法律职业、法律职业共同体、法律职业伦理等的基本概念；掌握法律职业的特征；了解伦理与道德的关系；了解伦理与法律的关系；了解法律职业共同体的构建。

能力目标：养成自觉遵守法律职业伦理的意识。

思维导图：

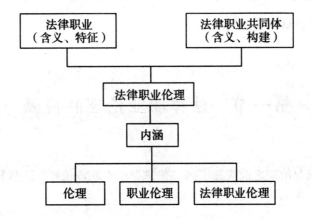

案例引导

1994年，前美式橄榄球运动员辛普森（O.J. Simpson）杀妻案成为当时美国最为轰动的事件。此案的审理过程一波三折，辛普森被指控谋杀前妻及餐馆的侍应生郎·高曼，由于警方在办案过程中出现了一些重大失误导致有力证据失效，最终辛普森以无罪获释，仅被民事判定为对两人的死亡负有责任。本案也成为美国历史上坚持"疑罪从无"原则的最大案件。

辛普森凭借他重金聘请的辩护律师团，成功为自己开脱罪行，获得自由，这让世界震惊。由此也引发对律师职业道德和伦理道德的争论。很多人认为为辛普森辩护的律师们违背自己的良心和社会道德，帮助坏人逃脱法律制裁。你如何看待为所谓"坏人"辩护的律师？为道德判断上的"恶人"辩护，是否与律师的职业伦理相冲突？[①]

思考：结合案例分析上述律师行为是否违背律师职业伦理？

司法实践中，有很多律师不愿意为所谓的"坏人"辩护，之所以称之为所谓的"坏人"是由于普通民众首先在道德上做出了判断，认定其做的事情违背社会的价值观、道德观，违背了人性，比如贵州省习水县嫖宿幼女案中由司法部门为被告指定的辩护律师未出现在庭审现场，他们表示不愿意为这种人辩护，因为其担心给这种千夫所指的恶人辩护会受责于公众。"我不愿为这种人辩护"不该出自律师之口，这是有违律师职业伦理的。

第一节　法律职业伦理的内涵

研究法律职业伦理之前应先了解"伦理"和"职业伦理"这两个基础概念。

一、伦理

（一）伦理的含义

在中国古代，最初"伦"和"理"二字是分开使用的。许慎的《说文解字》对

---

① 案例来源：中国政法大学刑事辩护研究中心微信公众号。

其解释为"伦，从人，辈也，明道也；理，从玉，治玉也"。由此可见，"伦"字的原义是人与人之间关系的辈分，以及由此引申出的群、类、比、序等意思；"理"字的原义是琢磨玉石使之变得规整。二字合在一起便有了人与人之间关系的道理，以及把人与人之间的关系进行条理，使其变得规范、有序等含义。"伦理"一词最早则见于《礼记·乐记》："凡音者，生于人心者也；乐者，通伦理者也。"[1]

在西方，"伦理"一词源于希腊文，最初指某个具体概念，表示面包、牛栏等对人有用的东西。后来人们用该词专指一个民族特有的生活习惯等，相当于汉语中的"风尚""习俗"。几经演变后其又有了"性格""品质""德性"等含义。

（二）伦理与道德的关系

与伦理密切相关的一个词则是"道德"。"道德"与"伦理"都是伦理学研究中的核心概念。在中国古典文化中，"道"与"德"最初也是分开使用的。比如，先秦老子的《道德经》指的就是《道经》和《德经》。《说文解字》对二字的解释分别是"所行道也"与"德，外得于人，内得于己也"。由此可知，"道"原本指的是道路，后引申为规范、规矩；"德"则是"行道，有得于心，谓之德"。构成"道德"一词的"道"与"德"的词源含义都是指应该如何的行为规范。它们的区别在于，"道"是指外在的规范，"德"是指内心的收获和内在的规范。"道德"就是将一定社会的行为原则和规范转化为个人的品质、道德。

伦理与道德在很长一个历史时期内都是通用的，如伦理现象又叫道德现象，伦理行为又叫道德行为，伦理判断又叫道德判断，伦理学又可称为道德学。近代以来，有学者主张将伦理和道德分开表述。如黑格尔认为，伦理是指社会道德，道德是指个人道德。伦理关注的是它的社会性和客观性，强调从整体上关注人们的行为事实的规律以及如何对其进行规范；道德则侧重于个体，更强调内在的操守。

（三）伦理与法律的关系

伦理与法律都起源于原始社会的风俗习惯。相关研究表明，人类的伦理与道

---

[1]　参见王新清主编：《法律职业伦理》，法律出版社，2021年，第2页。

德均发端于原始禁忌，经历了由原始族群的禁忌到氏族的禁令再到共同制定伦理道德规范的发展过程，也是从他律到自律、从外在要求到内在需要、从无意识到有意识的发展过程。法律与伦理都源于社会关系的形成和社会秩序的需要，都是在人类历史发展进程中产生和发展。现代社会伦理与法律的关系可以概括为以下两点：

第一，相互渗透，相互促进。伦理原则通过影响法律制定者而被体现在法律之中。良善的法律应当具有伦理上的正当性，伦理上的正当性是法律的价值基础。任何法律规范都是立法者遵循一定的价值理念和一定的立法原则而制定的，规范内容则受制于立法原则。所谓良善的法律，其立法原则要以人们公认的价值观和经济利益上的公正、合理为标准加以确定，各国国情不同，立法原则的具体规定也不尽相同，但立法原则的伦理属性却有着普遍意义。

第二，有限度的分化和偏离。法律与伦理的分化是社会发展与进步的表现。随着生产力发展水平的提高，简单的原始共有的生产关系被打破，社会分化为不同群体，从而出现伦理道德规范的分化，使得统一社会形态下出现了多种内容不同的伦理道德规范。另外，由于阶级矛盾的加剧，社会问题更加复杂化，原有的主要依靠内省和自律规范人们行为的伦理规范已不能适应社会的发展，这就要求统治者制定一个共同的行为准则来管理社会，这个由国家制定或认可并以国家强制力保证实施的共同行为准则就是法律。

作为调整人们行为的两种规范体系，伦理与法律同样存在着明显的差异：[①]

第一，法律侧重于规范人的外部行为，而伦理则更加侧重于约束人的内部良心。作为强制性规范，法律虽然以伦理为基础，或内含伦理的要求，但其强制性并不涉及内心服从的问题。伦理则要求人遵从自己的理性，遵从自己的道德良心，使自己在道德良心上获得自由。

第二，法律秩序仅仅是伦理秩序的底线。法律所禁止的行为，仅涉及伦理中

---

① 　参见龚群：《社会伦理十讲》，西南交通大学出版社，2014年，第265—266页。

有关"不应当"的消极规定中那些最严重的行为；而伦理对人的行为而言，不仅包括不应当的层次，还包括正当、应当的层次，其中的应当层次则包括较为远大的理想成分。

二、职业伦理

（一）职业伦理的含义

顾名思义，职业伦理，就是在职业活动中应遵循的伦理关系。职业活动是人类社会中最基本、最普遍、最主要的实践形式，是社会分工体系中的重要组成部分。社会中的个体，都是作为社会角色存在的。社会职业角色，是社会结构对于职业的功能性要求，有角色就有角色规范和角色伦理，即关于角色的权利、义务、责任的规定。据此，我们认同以下这个职业伦理的概念：它是在一定社会结构及制度下，以权利与义务关系统一为核心，凸显社会职业角色义务或者责任，对社会职业角色进行调整的职业伦理观、伦理规范及伦理惩戒制度。[①]

职业活动是特殊的社会角色活动，职业伦理是特殊的角色伦理。以法律职业伦理为例，它是社会系统对法律职业角色的功能性要求。职业伦理，可以认为是当职业作为社会角色的身份地位得以确定后，对应于社会职业的角色伦理。

职业活动体现了特定的价值理念，职业关系是特殊的伦理关系。职业活动中一切关涉伦理性的方面构成职业伦理的现实内容。职业道德是职业伦理的内在方面。[②]

职业伦理的结构包括职业角色的功能定位和职业角色的伦理模式。职业角色的功能定位是职业角色的伦理模式建立的前提。如前所述，职业角色是社会结构对职业的功能性要求，职业角色决定职业规范和职业伦理。职业角色的伦理模式包括三个层面的内容：职业伦理观、职业伦理规范和职业伦理惩戒制度。职业伦理观是基于职业角色定位的职业人应有的职业价值理念。职业伦理规范是职业人

---

① 参见王新清主编：《法律职业伦理》，法律出版社，2021年，第4页。
② 参见朱贻庭主编：《伦理学大词典》，上海辞书出版社，2002年，第43页。

从业应遵循的行为准则。职业伦理惩戒制度是指当职业人违反了职业伦理观及职业伦理规范而应受到何种惩戒以及如何进行惩戒的制度。这三个层面从观念到制度、从理论到实践确定了职业伦理模式。[①]

（二）职业伦理与职业道德的区别

职业道德是职业范围内的特殊道德要求，指同人的职业活动紧密联系的并具有自身职业特殊性的道德准则和道德规范的总和。职业伦理是某专门或特殊职业的从业人员应具备的行业道德和应遵循的基本职业规范。两者的区别主要体现在如下方面：

第一，作用的方式不同。职业道德是职业个体在职业活动中，根据社会对某一职业的要求对自己的内心和行为所作的约束。相较于对职业规范的遵守，它更强调主动性、内在性、个体性。而职业伦理更多是特定职业对从业人员的整体要求，是外在的、他律的规范形式。

第二，追求的价值目标不同。职业道德是个体通过职业活动体现出来的善，因而从表现形式上看是主观的，具有个体的差异性。而职业伦理则是一个社会对职业角色的要求，其基本价值目标必须符合社会对该职业的价值认同。

第三，作用的领域不同。职业道德作用于个体职业活动的精神领域，是职业人士在职业活动中通过职业行为体现出来的精神修养。而职业伦理则作用于职业共同体的公共领域，它是职业整体根据社会对职业的功能定位，通过对话协商、达成共识而形成的共同的职业理念。[②]

三、法律职业伦理

建构法律职业伦理的首要前提在于应认识到法律与道德都是社会的规范文化，二者部分重叠，相互影响、相互渗透、相互协调和配合，对经济发展、社会繁荣、文明进步共同发挥着促进的作用，应着力于二者的内在关联与融合，在法学与伦

[①] 参见王新清主编：《法律职业伦理》，法律出版社，2021年，第5页。
[②] 参见王新清主编：《法律职业伦理》，法律出版社，2021年，第5页。

理学学科交叉背景下展开研究。①

　　法律职业伦理是法律职业化发展的产物，而法律职业化是社会分工不断发展及法律专门化、专业化的必然结果。

　　在现有的法学研究中，法律职业伦理和法律职业道德是两个比较高频次出现的概念，多数情况下，人们都将法律职业伦理与法律职业道德混同使用。在理论研究中，很多学者出版的相关论著以"法律职业道德"命名。例如，李政主编的《法律职业道德》、王新清主编的《法律职业道德》、李本森主编的《法律职业道德概论》、高其才编著的《司法制度与法律职业道德》、孙玲编著的《法律职业道德》等。在法制实践中，很多部门发布或制定的规范均以"职业道德"命名。例如，最高人民法院发布的《中华人民共和国法官职业道德基本准则》（以下简称《法官职业道德基本准则》）、最高人民检察院发布的《中华人民共和国检察官职业道德基本准则》（以下简称《检察官职业道德基本准则》）、中华全国律师协会发布的《律师职业道德基本准则》、中国公证员协会发布的《公证员职业道德基本准则》等。在规范性文件和政策性文件中，"法律职业道德"也最为常用。如十八届四中全会审议通过的《中共中央关于全面推进依法治国若干重大问题的决定》中提到"全面推进依法治国，必须大力提高法治工作队伍思想政治素质、业务工作能力、职业道德水准，着力建设一支忠于党、忠于国家、忠于人民、忠于法律的社会主义法治工作队伍，为加快建设社会主义法治国家提供强有力的组织和人才保障"，"加强律师事务所管理，发挥律师协会自律作用，规范律师执业行为，监督律师严格遵守职业道德和职业操守，强化准入、退出管理，严格执行违法违规执业惩戒制度"。《中华人民共和国法官法》（以下简称《法官法》）第5条规定："法官应当勤勉尽责，清正廉明，恪守职业道德。"《中华人民共和国律师法》（以下简称《律师法》）第3条规定："律师执业必须遵守宪法和法律，恪守律师职业道德和执业纪律。"

---

　　①　参见岳川夫、沈济时主编：《马克思主义与中国（第2辑）》，上海人民出版社，2011年，第155页。

事实上，关于法律职业伦理与法律职业道德之间的关系，目前学界存在不同的观点。一种观点认为，法律职业伦理与法律职业道德并不存在本质上的区别。李本森教授认为，法律职业伦理更注重理论性，法律职业道德则偏重操作性。在学术研究的领域，"法律职业伦理"这一名称更合适，因为其可以包含法律职业伦理形成的规律以及程序上保障的内容，这些内容并不是道德可以完全涵盖的。而在司法实践中，从日常习惯的角度出发，"法律职业道德"这一名称则更合适，一般会说法律人的行为不合乎法律职业道德，而不是说不合乎法律职业伦理。因此，法律职业道德与法律职业伦理的区别主要是语境和和范围上的区别，不存在高低的区别。①

实践中，"法律职业伦理"与"法律职业道德"往往混用。中共中央办公厅、国务院办公厅2015年12月印发的《关于完善国家统一法律职业资格制度的意见》规定，要"加大法律职业伦理的考查力度，使法律职业道德成为法律职业人员入职的重要条件"，"对违反宪法法律、妨害司法公正、违背职业伦理道德的获得法律职业资格人员，实行告诫或暂停、吊销法律职业资格等惩戒制度，对被终身禁止从事法律职业的人员，及时依法吊销法律职业资格证书，并向社会公布"。司法部2018年发布的《国家统一法律职业资格考试实施办法》第20条规定："取得法律职业资格人员有违反宪法和法律、妨害司法公正、违背职业伦理道德等行为的，由司法行政机关根据司法部有关规定，视其情节、后果，对其给予相应处理。"

在法学类专业教学的相关文件中，本学科的内容则被称为"法律职业伦理"。教育部发布的《法学类专业教学质量国家标准》（2021年版）明确规定，法学专业核心课程采取"1＋10＋X"分类设置模式。"10"指法学专业学生必须完成的10门专业必修课，其中即包括法律职业伦理。

教育部、中央政法委2018年10月发布的《关于坚持德法兼修实施卓越法治人才教育培养计划2.0的意见》明确规定，要"加大学生法律职业伦理培养力度，面

---

① 参见许身健：《法律职业伦理》，中国政法大学出版社，2021年，第32页。

向全体法学专业学生开设'法律职业伦理'必修课，实现法律职业伦理教育贯穿法治人才培养全过程。坚持'一课双责'，各门课程既要传授专业知识，又要注重价值引领，传递向上向善的正能量"。由此可见，在我国的正式文件话语中，"法律职业道德"和"法律职业伦理"往往是混用的。

另一种观点认为，法律职业伦理与法律职业道德之间存在本质区别。法学家孙晓楼认为，法律职业伦理与法律职业道德存在实质与主观的区分。处于实质层面的属于伦理问题，即究竟应做什么和不做什么；处于主观层面的属于道德问题，即对某种行为内容的态度、心理准备、心情动机等。因此，关于法律职业人员当为或不当为之基准是职业伦理；关于法律职业人员就法律职业伦理内容所产生的态度、心情、动机等为法律职业道德的问题。

本教材采用李本森教授的观点，即认为法律职业伦理与法律职业道德并不存在本质上的区别，只是法律职业伦理更注重理论性，法律职业道德则更偏重操作性。在学术研究的领域，"法律职业伦理"这一名称更为合适。

关于法律职业伦理的确切内涵，目前尚没有一个统一的概念。一般认为，法律职业伦理是指法律人在其职业实践中必须遵守的一种道德要求。所谓法律人，则是指受过专门的法律训练，具有娴熟的法律技能与法律伦理的人。还有学者认为，法律职业伦理是以法律职业道德为研究对象的，有关法律职业共同体从业的法律活动准则、职业道德规范和法律职业信仰的科学。在我国台湾地区的学术语境中，一般用"法律伦理学"取代"法律职业伦理"，而法律伦理学又有广义和狭义之分：广义的法律伦理学是法律学加上伦理学，如教育伦理学、政治伦理学、医学伦理学等，均以伦理学为基础，加上特定学科的内容，形成个别的伦理学，属于应用伦理学的一支。狭义的法律伦理学则专指研究从事法律职业者伦理议题的学科，其研究范围包含从事法律职业者的资格、从事法律职业者与司法间的关系，以及从事法律职业者彼此之间的对待方式等。我们认为，法律职业伦理是指律师、法官、检察官、公证员等法律工作者在法律职业活动中应当遵循的伦理道德规范。

第二节 法律职业与法律职业共同体

一、法律职业的内涵

(一)法律职业的含义

在现代英语中,职业一词有多种表示。其中"profession"与"profess"(公开宣布)有关,它的本意是"公开宣布加入某行业公会"。经演进发展后,"profession"成为对某些行业进行描述的术语,衍生出"行业、专业"之意,新进入该工作领域的成员们立誓宣布,他们将投入与这个博学的工作使命相关的理念与使命中去。当代对"职业"的定义常强调其特殊专业技能和道德责任,而这两者又衍生出一些关键的特征,如自我管理、行为准则、法定资格、行业协会以及垄断特定的工作。[①]

法律职业是社会分工精细化的产物。随着社会生活的日趋复杂、法律体系的逐步完善、法学理论日益成熟、司法知识走向专门化,司法技能逐步专业化,法律职业在社会分工体系中的独立性和重要性日渐显现,法律职业就此形成。中国是世界上较早产生法律职业的国家之一。东汉郑玄、马融终生从事律条解释。三国魏明帝时设"律博士"一职,其职责为教授法律和保管法律典籍。

法律职业泛指法律专业人士以研究、发展和应用法律为职业的总称。通常认为,职业法律家群体应具备以下三项条件:(1)坚决维护人权和公民的合法权益,奉行为公众服务的宗旨,其活动有别于追逐私利的经营行为;(2)在深厚学识的基础上娴熟于专业技术,以区别于仅满足于实用技巧的工匠型人才;(3)形成某种具有资格认定、纪律惩戒、身份保障等一整套规章制度的自治性团体,以区别于一般职业。

[①] 参见许身健:《法律职业伦理》,中国政法大学出版社,2021年,第20页。

关于法律职业的概念目前在国内尚未形成统一的定义。在此，我们采取一些学者的看法，将其定义为受过专门的法律教育、具备法律预先规定的任职条件、取得国家规定的任职资格而专门从事法律工作的一种社会角色。具体而言，又可以从广义和狭义两个方面去理解法律职业。从广义上看，法律职业泛指一切以法律为专门工作的职业，它的外延大致包括：（1）法律执行类，主要指律师、法官、检察官、仲裁员、公证员以及行政执法人员等；（2）法律技术类，主要指立法人员、法学教师以及法学研究人员；（3）法律辅助事务类，指辅助律师、法官和检察官工作的人员；（4）基层法律实务类，主要指基层法律服务者。从狭义上看，法律职业主要指专门从事法律适用和法律服务的特定职业，主要指律师、法官和检察官。

2014年10月，党的十八届四中全会明确提出，要加强法治工作队伍建设，并将法治工作队伍的范围确定为法治专门队伍（包括立法、执法、司法队伍）、法律服务队伍（包括律师、公证员、基层法律服务工作者、人民调解员）、涉外法治人才队伍（包括涉外律师）和法学家队伍（包括法学学科带头人、法学骨干教授队伍）。

2015年12月20日，中共中央办公厅、国务院办公厅印发的《关于完善国家统一法律职业资格制度的意见》指出，法律职业人员是指具有共同的政治素养、业务能力、职业伦理和从业资格要求，专门从事立法、执法、司法、法律服务和法律教育研究等工作的职业群体，要求担任法官、检察官、律师、公证员、法律顾问、仲裁员（法律类）及政府部门中从事行政处罚决定审核、行政复议、行政裁决的人员，应当取得国家统一法律职业资格，鼓励从事法律法规起草的立法工作者、其他行政执法人员、法学教育研究工作者，参加国家统一法律职业资格考试，取得职业资格。

上述两份文件均从广义上理解法律职业，将立法、执法、司法、法律服务、法学教育与研究各个环节中参与法律实践的专业人员全部纳入法律职业人员的范畴。

2018年4月28日，司法部颁布了《国家统一法律职业资格考试实施办法》，其中第2条规定，国家统一法律职业资格考试是国家统一组织的选拔合格法律职业人才的国家考试。初任法官、初任检察官，申请律师执业、公证员执业和初次担任法律类仲裁员，以及行政机关中初次从事行政处罚决定审核、行政复议、行政裁决、法律顾问的公务员，应当通过国家统一法律职业资格考试，取得法律职业资格。法律、行政法规另有规定的除外。

同时，第十三届全国人民代表大会常务委员会第三十次会议于2021年8月20日通过的《中华人民共和国监察官法》（以下简称《监察官法》），虽然未对监察官作出清晰具体的定义，但一方面其监察权整合了原属人民检察院的查处贪污贿赂、失职渎职以及预防职务犯罪的职权，另一方面监察官作为行使国家监察权的监察人员，除了要熟悉党内规章制度，还要掌握相关法律知识，从事法律实践，因此其应当纳入法律职业的范围。

综上，我们认为，法律职业是指受过一定形式的法律教育、具备专门法律知识与技能、具有职业伦理素养并直接参与法律实践的法律工作者。其主体主要指《国家统一法律职业资格考试实施办法》中规定的需要通过国家统一法律职业资格考试的行政执法人员、法官、检察官、律师、公证员、仲裁员以及监察官。[①]

（二）法律职业的特征

1. 较强的专业性

法律职业指具备专门法律知识和专业技能的人员，他们可以运用其丰富的专业知识和娴熟的专业技能解决和处理法律问题，这要求法律职业者接受系统的法学教育并通过国家法律职业资格考试。因此，法律职业不是一个可以自由进入的职业，要接受系统完整的法学教育，建立包括法律规范、法律思维和法律方法在内的法律专业知识体系。这是法律职业具有法律专业性的保障。从法律职业的历史发展来看，古罗马时期，得益于帝国范围内普遍存在的法律学校，以研究和实践法律知识为职业的法学家阶层出现了；中世纪时期，法律职业的形成则归功于

---

① 参见许身健：《法律职业伦理》，中国政法大学出版社，2021年，第21—23页。

以波伦亚大学为代表的一批中古大学，它们不仅推动了罗马法的复兴，还为各国培养了大批司法人才。近代以来，法律职业的专业化程度越来越高，绝大多数国家要求法律职业从业人员接受法学教育且具备专业知识与技能。

2. 特有的职业伦理

法律职业人员在长期的职业实践中发展出符合法律活动规律的职业技能、职业伦理，从而为该职业的自我完善和自我发展提供了条件。法律职业作为一门基于公平、公正的立场将法律运用到具体的事和人的行业，从追求人类正义的角度出发，必然要求它的成员坚决维护人权和黎民百姓的合法权益，并注意将自身的活动与追逐私利的商业区别开来。[①]我国《律师法》第2条第2款规定，律师应当维护当事人合法权益，维护法律正确实施，维护社会公平和正义。这既是法律职业伦理性的要求，也是法律职业伦理性的体现。

3. 高度的独立性

法律职业是一种具有高度自治性或自主性的职业。法律职业的独立性不仅表现为它拥有一套相对独特的传统、制度、服饰、思维方式、行为方式，更重要的是，法律职业从业人员能够独立地处理或管理职业领域的事务。因此，法律职业独立性的最本质表现是：法律职业人员自主地从事法律活动，不受外部力量的干涉。在国际律师协会的很多决议和文件中都已经认可了法律职业独立性的重要性。国际律师协会发布的《1990年法律职业独立性标准》在前言中指出："法律职业的独立性构成了一个对人权的促进与保护的基础性的保障，对于获得有效和充分的法律服务而言是必需的。"[②]我国《法官法》第7条规定："法官依法履行职责，受法律保护，不受行政机关、社会团体和个人的干涉。"这既是法律职业独立性的要求，也是法律职业独立性的体现。法律职业的从业者从事职业活动受法律保护，不允许法外力量进行干涉，这也是对社会公平正义的保障。

[①] 参见孙笑侠主编：《法理学》，浙江大学出版社，2011年，第373页。

[②] ［加］麦克尔·崔贝尔考克、［美］罗纳德·丹尼尔斯：《法治与发展》，冯川、郭安康、沈志平译，南京大学出版社，2014年，第307页。

二、法律职业共同体

（一）法律职业共同体的含义

关于法律职业共同体的界定，学界对此并未达成共识。目前我国学者普遍把其理解为法律职业群体，即当一个群体或社会以法律为其联结纽带或生活表现时，亦可称其为法律共同体。这个群体是一个"拥有共同专业的法律知识结构、独特的法律思维方式，具有强烈的社会正义感和公共信仰的整体"，主要包括法官、检察官、律师、法律研究者、仲裁人员、公证人员、行政执法人员等。群体成员精通法律专门知识，以实际运用和操作法律为特点，以实现法律价值为终极目标。[①]

从性质上看，法律职业共同体是一个语言共同体、事业共同体及利益共同体。首先，法律职业共同体是一个法律语言共同体，依赖共同的法言法语来沟通和从事职业活动，而思维方式与生存方式则是与这种语言形式紧密相连的。其次，他们是一个事业共同体，具有对法律和法治的共同认知，遵循共同的标准和规范，有统一的知识体系、思维方式、职业逻辑和对职业的目标追求，遵循共同的伦理道德规范、专业素质和知识修养。从职业技能角度来看，法律职业者接受过相同的思维方式、推理方式、专业知识及技能训练，因而也是一个知识共同体。最后，法律职业共同体又是利益共同体。一项有效的法律制度的运行，不仅在于法律是良法，而且在于法官、检察官等法律职业者对法律的忠实执行。法律的良性运行使法律职业共同体获得职业荣誉感和职业保障，相反，法治不彰则使所有的法律职业共同体成员失去职业保障。法律职业共同体是一荣俱荣、一损俱损的关系，这是法律职业共同体成员共同利益之所在。这种利益的一致性，促使法律职业共同体成员创造共同体文化、维护共同体形象，推动国家法治建设的进步。

（二）法律职业共同体的构建

一般来说，一个国家法律职业共同体的形成要具备一定的条件，比如法治的

[①]　参见王新清主编：《法律职业伦理》，法律出版社，2021年，第9页。

快速发展、法律职业准入制度的完善、建立统一的法律人培训机制、相当规模高质量的法律职业者及形成一致的法律职业文化等。这意味着一个成熟的法律职业共同体的形成是个漫长的过程。西方法律职业共同体的形成就经历了数百年的时间，在此过程中，政治进步、经济发展、思想文化的繁荣起到至关重要的作用；社会从神权统治、君权统治发展到民主政治，法律在社会中的地位日益提高，为法律职业的专业化提供了发展空间；市场经济的发展为法律职业的独立提供了物质条件；文化繁荣则为法律职业的独立提供了思想和理论上的支撑。

随着我国法律体系的完备、法律得到一体遵行、法学教育形成规模以及法治成为社会共同的生活方式，我们需要一个相对独立的、规模庞大的群体专门从事法律职业。法官、检察官、律师等法律职业者，他们的职业活动完全不同，甚至是对立乃至冲突的，为何称他们为"共同体"呢？首先在于他们是知识共同体，接受过专门的法学教育，有着统一的法律思维方式和法言法语；其次，他们又是价值共同体，有着共同的价值追求和法律信仰。要建设好这个共同体，需要确立"一体化"的理念与制度，比如一体化的法学教育、一体化的法学执业资格考试、一体化的职业培训、一体化的职业伦理要求，等等。

关于法律职业共同体形成的条件，孙笑侠教授认为，法律职业共同体的形成离不开以下四点：（1）法律职业或法律家的技能以系统的法律学问和专门的思维方式为基础，并不间断地培训、学习和进取；（2）法律家共同体内部传承着法律职业伦理，从而维系着这个共同体的成员以及共同体的社会地位和声誉；（3）法律职业或法律顾问家专职从事法律活动，具有相当大的自主性或自治性；（4）加入这个共同体必将受到认真考察，获得许可证，得到头衔，如律师资格的取得。[①] 此外，前述条件也是法律职业共同体需要自治以及能够自治的重要原因。

由此可见，在法律职业共同体的建构过程中，相同的专业知识、思维方式等固然重要，但是统一的法律职业伦理意识、法律职业伦理规范，对于促进法律职

---

① 参见孙笑侠：《法律家的技能与伦理》，《法学研究》2001年第4期。

业共同体形成共同的理念、共同的价值追求，甚至共同的信仰，则更为重要。

尽管法律职业共同体的内部成员之间可能在客观上存在一些差异与不足，尤其是在面对个案时，但"法律职业共同体"这一概念的提出，主要目的在于寻求一种共同的法治信仰和法治理念，真正实现以法律为业。因此，在各方面条件都具备的情况下，法律职业共同体的建构是有助于整个法律职业发展的，也是有利于国家法治建设的。

本章小结

职业伦理是指在一定社会结构及制度下，以权利与义务关系统一为核心，凸显社会职业角色义务或责任，对社会职业角色进行调整的伦理观、规范及惩戒制度。法律职业伦理是法律职业化发展的产物，涉及律师、法官、检察官等法律工作者在职业活动中应遵循的伦理道德规范。它包括理论性探讨和操作性指导，与法律职业道德在实践中常被混用，但法律职业伦理更注重理论性研究。法律职业的特征为具有较强的专业性、具有特有的职业伦理和具有高度的独立性。法律职业共同体是基于共同的专业知识、思维方式、价值追求和法律信仰形成的群体，对于法治建设具有重要意义。共同体的形成需要一体化的法律教育、资格考试、职业培训和伦理要求。

·········· **本章习题** ··········

1. 法官、检察官、律师等法律职业的主管机关就上述三个职业在诉讼活动中的相互关系，出台了一系列规定。下列哪一说法是正确的？（　　　）

A. 这些规定的目的是加强职业纪律约束，维护司法公正

B. 这些规定能够弥补履行职责上的地位不平等，利于发挥各自作用

C. 这些规定允许必要时适度突破职权限制，提高司法效率

D. 这些规定主要强调配合，不涉及互相制约的内容

正确答案：A

解析： 选项A正确。法官、检察官、律师等法律职业的主管机关就上述三个职业在诉讼活动中的相互关系出台的一系列规定，目的是加强职业纪律约束，维护司法公正。

选项B错误。法官、检察官、律师职责不同，但在地位上是平等的。

选项C错误。司法机关履行职责时必须严格遵守法律制度，故"突破职权限制"说法错误。

选项D错误。我国《宪法》第140条规定："人民法院、人民检察院和公安机关办理刑事案件，应当分工负责，互相配合，互相制约，以保证准确有效地执行法律。"宪法具有最高效力，任何法律不得违背宪法。

2. 某市律师协会与法院签订协议，选派10名实习律师到法院从事审判辅助工作6个月，法院为他们分别指定一名资深法官担任导师。对此，下列哪一说法是正确的？（　　　）

A. 法官与律师具有完全相同的职业理想和职业道德

B. 是对法院审判活动进行监督的一种新途径

C. 有助于加深律师和法官相互的了解和信任

D. 是从律师中招录法官、充实法官队伍的一种方式

正确答案：C

解析： A选项错误。法官和律师在法律职业共同体中的分工不同，职能不同，具有不同的法律职业道德。

B选项错误。本题中，实习律师被选入法院担任审判辅助工作，在资深法官的指导下实际参与审判，能够帮助实习律师培养法律思维，提升其法律实务能力，了解法官审理案件的思维和推理过程，增进律师和法官之间的沟通交流，并不是对审判活动进行监督。

C选项正确。法官和律师在法律职业共同体中的分工不同，履行的职能不同，所扮演的角色也会有所不同。本题中的10名实习律师，在资深法官的指导下，通过承担审判辅助工作，深入了解法官的法律推理和法律解释的一般过程，这一做法有助于加深律师和法官之间的了解与信任。

D选项错误。我国司法体制改革的方向是完善法官选任制度，初任法官首先到基层人民法院任职，上级法院法官原则上从基层法院遴选产生，不会直接从律师中招录。

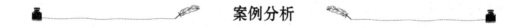

案例分析

张家慧案一审宣判：18名律师向其行贿，
两律协副会长已被免职

18名律师行贿超2000万元

判决书中提到，直接或间接向张家慧行贿的37人中，有18人为律师，他们直接或间接向张家慧行贿超过2000万元；其中海南唐海律师事务所隐名合伙人张阜行贿数额最大，其先后通过张家慧的外甥刘磊向张家慧行贿615万元。2017年至2018年，张阜通过刘磊请托张家慧，为其律所代理的海南某建筑公司合同纠纷案、一起民间借贷纠纷案、一起股权转让纠纷案等案件提供帮助。

收受贿赂后，张家慧均利用职务便利，向相关承办法官刘彦贵（曾任海南省高院环境资源审判庭副庭长）、曲永生（曾任海南省高院环境资源审判庭庭长）、吴素琼（曾任海南省高院民事审判第二庭庭长）、张峤、徐正伟打招呼，要求关照相关请托人一方。

此外，刘磊先后10次收受张阜本人或通过代理律师代送的好处费。其行贿场所有咖啡厅、刘磊居住小区附近、刘磊的办公室等。请托人通过"80万元现金放进纸箱""60万元现金装进纸袋子""20万元现金装进黑色纸袋，称是土特产"等方式贿送好处费。

判决书还披露，2018 年，张家慧接受张阜请托，为一起股权转让纠纷案提供帮助。刘磊三次收钱共计 250 万元。接受请托后，张家慧向时任海南省高院法官徐正伟打招呼，徐正伟还收到刘磊交给其的一个装有 100 万元现金的黑色行李箱。

据海南省高院 2020 年 7 月 16 日发布，徐正伟在海南省高院入额法官名单内。

张家慧先后过问30多起案件

在律师的行贿下，张家慧向相关办案法官打招呼，先后过问 30 多起案件，最终行贿律师一方代理的案件得到关照。张家慧案一审判决书显示，海南方圆律师事务所主任涂显亚，先后向张家慧行贿 245 万元。2016 年至 2018 年，涂显亚请托张家慧，为其代理的上海某园林景观公司执行异议案、公司股东诉讼案帮忙。张家慧向承办部门负责人汪忠学打招呼，要求支持该公司及股东。其后，张家慧两次在海口滨海大道一家酒店收受涂显亚行贿的 30 万、20 万元现金。

2018 年，张家慧又为涂显亚代理的海南某园艺公司申请撤销仲裁裁决案、某银行海口分行执行案、海南某贸易公司合作开发合同纠纷案帮忙。张家慧向业务部门负责人赵英华及承办法官曹绪海、钱志勇打招呼，并三次在海口一家咖啡厅收受涂显亚 5 万、20 万、30 万。

此外，为了其所在律所代理的案件能得到张家慧的关照，2013 年至 2019 年每年春节期间，涂显亚均前往张家慧家，先后七次共行贿 140 万元。公开资料显示，涂显亚为海南省律师协会副会长、维权委员会主任。

两律协副会长已被免职

这 18 名行贿的律师中，包括海南省律师协会副会长、海南省政协委员。判决书中提到，海南川海律师事务所主任赵建平为其代理的案子间接向张家慧行贿 20 万元；海南金裕律师事务所主任陈洪娟间接向张家慧行贿 20 万元。

公开资料显示，2019 年赵建平为海南省政协委员，曾任海南省律师协会副会长、理事；陈洪娟曾是海南省政协委员。海南大华园律师事务所主任吴镇于2018年上半年，为其代理的一起案件得到帮助，通过刘远生间接向张家慧行贿50万元。公开资料显示，2019年1月起，吴镇担任海南省律协副会长，曾先后获得"海南省优秀律师"个人称号、"海南省诚信律师"个人称号等。

海南天皓律师事务所副主任张杰，间接向张家慧行贿140万元。公开资料显示，张杰为海南省律师协会民商委副主任、海南仲裁委员会仲裁员。2020年12月11日，海南省律师协会名誉会长王晶告诉记者，经过律师协会讨论，因为张家慧案，涂显亚、吴镇已不再担任海南省律师协会副会长。时任海南省律师协会副会长吴军也提到，涂显亚、吴镇已被免除副会长的职务。当日下午，《新京报》记者在海南省律协官网上看到，副会长名单中已没有涂显亚和吴镇的名字。

《新京报》此前报道，2020年12月4日，海南省高级人民法院原副院长张家慧受贿、行政枉法裁判、诈骗案一审公开宣判。判决显示，张家慧因犯受贿罪、行政枉法裁判罪、诈骗罪被判处有期徒刑18年，并处罚金人民币400万元。①

问题：

《律师法》明确规定，律师在执业活动中不得"向法官、检察官、仲裁员以及其他有关工作人员行贿，介绍贿赂或者指使、诱导当事人行贿"。有些律师为何明知法律禁止却还要向法官行贿？

---

① 案例来源：《新京报》。

第二章　法律职业伦理的一般原理

　　知识目标：通过学习，掌握法律职业伦理的基本原则和具体要求。公正、人道和诚信，是贯穿于整个法律职业伦理中的最基本的道德要求；对各种法律行为提出的具体要求主要表现为维护法治、追求正义、保持独立、勤勉尽责和廉洁自律，以培养未来法律人自觉遵守法律职业伦理的理念。

　　能力目标：培养未来法律人准确运用法律职业伦理的基本原则和具体要求评估并预防法律职业伦理的风险。

　　思维导图：

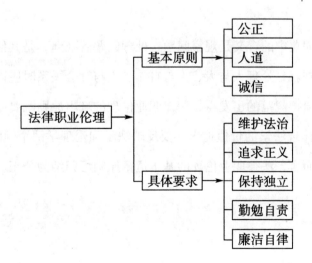

> **◎ 案例引导**
>
> **中国第一位专职公益律师郭建梅，为6亿多中国女性而战**
>
> 　　2023年，是郭建梅成为公益律师的第29年。近30年时间，她及其领导的团队向女性伸出援助之手，为6亿多中国女性而战，维护法律的公平与正义。20世纪80年代，她在全国妇联协助起草《中华人民共和国妇女权益保障法》；1995年，刚满35岁的她参加过在北京举办的第四次世界妇女大会后，毅然辞掉公职，成为中国第一位专职公益律师。截至2023年9月，她及其领导的团队累计为超过7万名中国女性提供免费的法律咨询与援助，并且通过许多典型个案自下而上努力推动相关法律法规政策的改革和完善，领域包括但不限于家庭暴力、性骚扰、性侵犯、拐卖、职场性别歧视、婚姻家庭权益、受教育权和农村妇女土地权益等。向妇女伸出援助之手，维护法律公平正义，是对她的最佳注解。①
>
> 　　**思考**：在郭建梅律师的公益法律实践中，体现了哪些法律职业伦理的一般原理？

第一节　法律职业伦理的基本原则

　　原则，在词典中的含义是观察问题、处理问题的准绳，是其他规则的来源和依据。道德原则就是处理人与人、人与自然、人与社会关系时应遵守的基本道德准则，是各种道德规范的出发点。法律职业伦理的基本原则既要体现伦理学的基本要求，也要体现法学的价值追求，要反映法学和伦理学两个领域的共同诉求。从这个意义上而言，法律职业伦理的基本道德原则可归纳为公正、人道和诚信三个方面。

---

　　① 案例来源：《ELLE》中国官方百家号。

一、公正

公平正义，自古以来就是人类社会的共同理想，是法律追求的价值目标。从这个意义上来说，公正既是伦理学中的重要原则，也是法律的追求所在，因此构成法律职业伦理的根本原则。

公平，其本意是不偏袒、无私，即在处理任何事务时都不掺杂个人的感情好恶或利害因素。《管子·形势解》有云："天公平而无私，故美恶莫不覆；地公平而无私，故小大莫不载。"正义，其本意是"正确的、恰当的义理"，后引申为"对等的回报"，即在人与人之间奉行等利害相交换的原则。因此，公正在伦理学上就是指平等地对待每个人，对等地处理每一件事；在法律上则是指社会全体成员按照法律的规定平等地享有权利，对等地履行义务。公正是社会主义法治建设的根本目标和价值追求，因而是法律职业伦理中最根本的道德原则。

法治社会就是要用法律、法规来调节社会的利益分配，宪法和法律具有至高无上的地位，所有公民能够平等得到法律的保护，获得法律赋予的权利，并履行法律规定的义务，公民因其权利得到法律的保障而对法律有着普遍的服从和信仰。因此，公平正义是法治社会的基础，法治就是要把利益与正义、自由与秩序、公平与效率、生存与发展、和谐与安全等社会成员所需要的价值进行合理的制度安排。

法治社会最重要的公正是法律面前人人平等。从伦理学的角度看，平等是公正的首要原则，平等一般是指相同的情形相同对待，指人与人在社会中处于同等的地位，享有相同的权利，承担同样的义务。但是，平等并不等于绝对平均主义，绝对的平均主义反而与公正原则相背离。平等分为完全平等与比例平等两种不同的类型：在享有人生存和发展的基本权利、享有"天赋人权"上，每个人都是完全平等的，因为每个人都自发地参与从而促使社会的形成，社会的形成有每个人所做的天然的贡献，这就是西方思想家所言的"天赋人权"，人人是"生而平等的"；在非基本权利上，每个人所享有的权利与其所承担的义务是对等的，即如果一个人享有的权利大，相应的其承担的义务就会多，否则就违反了公正的原则。在法治社会中，平等应该是完全平等和比例平等的统一，坚持在基本权利上的完全平等和在非基本权利上的比例平等才是全面的、辩证的平等，这样才能实现社会分配制度的公正，因此平等是最重要的社会公正。古希腊哲学家亚里士多德甚至说："公正就是平等，不公正就是不平等。"对于法治社会中的公民而言，法律面前人人平等是法治社会中最为重要的公正。我国《宪法》第33条明确规定："中华人民共和国公民在法律面前一律平等。国家尊重和保障人权。任何公民享有宪法和法律规定的权利，同时必须履行宪法和法律规定的义务。"①

公正作为职业伦理的基本原则直接体现在相关法律中。如《法官法》第1条规定："为了全面推进高素质法官队伍建设，加强对法官的管理和监督，维护法官合法权益，保障人民法院依法独立行使审判权，保障法官依法履行职责，保障司法公正，根据宪法，制定本法。"第4条规定："法官应当公正对待当事人和其他诉讼参与人，对一切个人和组织在适用法律上一律平等。"《检察官法》第1条规定："为了全面推进高素质检察官队伍建设，加强对检察官的管理和监督，维护检察官合法权益，保障人民检察院依法独立行使检察权，保障检察官依法履行职责，保障司法公正，根据宪法，制定本法。"第46条规定了一系列检察官应当给予奖励的表现。

公正作为基本原则还体现在很多法律职业伦理规范中。如《法官职业道德基本准则》第9条规定："坚持以事实为根据，以法律为准绳，努力查明案件事实，准确把握法律精神，正确适用法律，合理行使裁量权，避免主观臆断、超越职权、滥用职权，确保案件裁判结果公平公正。"第10条规定："牢固树立程序意识，坚持实体公正与程序公正并重，严格按照法定程序执法办案，充分保障当事人和其他诉讼参与人的诉讼权利，避免执法办案中的随意行为。"《律师职业道德基本准则》第4条规定："律师应当把维护公平正义作为核心价值追求，为当事人提供勤

---

① 参见刘正浩、胡克培主编：《法律伦理学》，北京大学出版社，2010年，第38—39页。

勉尽责、优质高效的法律服务，努力维护当事人合法权益。引导当事人依法理性维权，维护社会大局稳定。依法充分履行辩护或代理职责，促进案件依法、公正解决。"《公证员职业道德基本准则》第2条规定："公证员应当政治坚定、业务精通、维护公正、恪守诚信，坚定不移地做中国特色社会主义事业的建设者、捍卫者。"同样，监察官从事监察工作、仲裁员从事仲裁工作等也应当采用公正的方式处理案件，以尽可能实现公平正义，体现手段与目的的一致性。

二、人道

人道，作为伦理学中的一个基本范畴，源于西方文艺复兴以来的人道主义思潮。文艺复兴作为人类历史上的思想解放运动，其中最重要的一点就是用"人道"代替"神道"，用"人权"代替"神权"，追求人的自由和解放。我们认为，所谓的人道就是把人本身当作最高价值，从而善待一切人、爱一切人，把一切人都当作人来看待。它体现为平等地尊重人、善意地对待人，给予他人以人的地位和待遇，尊重他人作为人的一切权利，其核心就在于平等地尊重人。法律职业者从业过程中需要与多个法律部门、众多法律职业者及广大民众沟通与协作，平等地尊重人因面对的主体不同其具体表现也有所不同。

首先，法律职业者之间的平等尊重体现在两个方面：一是同行业职业者之间的平等尊重与配合协作，如法官之间、检察官之间、律师之间。同行业的法律职业者之间应当平等尊重、互相支持，共同提高执业水平。因为同行业有着共同的学术背景和思维方式，共享着相同的执业技术、职业理念、职业道德，只有平等尊重、互相支持，共同提高本行业的职业技术水平和职业伦理修养，才能获得社会的普遍认可，提高职业声誉，为本行业创造良好的职业环境。我国一些职业伦理规范中对此已有体现，如《律师职业道德和执业纪律规范》第9条规定，律师之间以及与其他法律服务工作者之间应当互相尊重，同业互助，公平竞争，共同提高执业水平。《法官职业道德基本准则》第14条规定，尊重其他法官对审判职权的依法行使，除履行工作职责或者通过正当程序外，不过问、不干预、不评论其他法官正在审理的案件。二是不同法律行业之间的平等尊重，如法官与检察官之间、法官与律师之间、检察官与律师之间的平等尊重。根据现行宪法和刑事诉讼法的规定，公安人员、检察官和法官在办理刑事案件时，应当在各负其责的基础上，通力协作，互相支持，共同完成查明案件事实、惩罚犯罪分子、保障无罪的人不受刑事追究的任务。公、检、法三机关不能互相扯皮或人为设置障碍。互相配合、平等尊重是法律职业者相互关系的重要方面。他们具有共同的职业目标——维护法律、实现正义。在这一基础上，法律职业者之间人格上是平等的，依法履行职责的地位也是平等的。如果法律职业者不能相互支持、相互尊重，则会影响法律职业者的整体社会威信，降低其社会地位。

平等地尊重要求法律职业者在履行法律职责的过程中严格遵守职业纪律，依法执业，不得超越职权干预和妨碍其他法律职业者履行职责。如在刑事诉讼中，法官、检察官不得妨碍律师会见犯罪嫌疑人、被告人。法律职业者应当平等尊重并广泛听取其他法律职业者的意见，不得先入为主、固执己见、刚愎自用，更不得倚仗公权力压制其他法律从业人员，甚至滥用权力干涉其他职业者行使权利。

为了协调法官与律师之间的关系，最高人民法院、司法部颁布的《关于规范法官和律师相互关系维护司法公正的若干规定》第10条规定，法官在庭审过程中，应当严格按照法律规定的诉讼程序进行审判活动，尊重律师的执业权利，认真听取诉讼双方的意见。律师应当自觉遵守法庭规则，尊重法官权威，依法履行辩护、代理职责。这一规定旨在使法官与律师建立一种互相尊重、互相配合的关系。而针对司法实践中出现的任意践踏律师权利的情况，最高人民法院、最高人民检察院、公安部、国家安全部、司法部颁行了《关于依法保障律师执业权利的规定》。该规定第2条开宗明义："人民法院、人民检察院、公安机关、国家安全机关、司法行政机关应当尊重律师，健全律师执业权利保障制度，依照刑事诉讼法、民事诉讼法、行政诉讼法及律师法的规定，在各自职责范围内依法保障律师知情权、申请权、申诉权，以及会见、阅卷、收集证据和发问、质证、辩论等方面的执业权利，不得阻碍律师依法履行辩护、代理职责，不得侵害律师合法权利。"除此之外，其他许多法律法规中也有类似调整法律职业者相互关系的规定，这些规定为法律共同体内部建立良好的合作关系提供了依据。①

其次，平等地尊重要求法律职业者在行为举止和态度上谦恭有礼、遵守职业礼仪，保持对其他人的尊重。普通民众面对法官、检察官、律师等法律职业者时往往处于自身合法权益受到损害而需要帮助的状况，因法律专业知识、诉讼程序等方面的欠缺而相对处于弱势，他们将法律职业者视为社会公平正义的维护者，对法律职业者的要求言听计从，这时法律职业者要平等地尊重他们。如《法官职业道德基本准则》第22条规定："法官应当尊重当事人和其他诉讼参与人的人格尊严，避免盛气凌人、'冷硬横推'等不良作风；尊重律师，依法保障律师参与诉讼活动的权利。"《检察官职业行为基本规范（试行）》第11条规定："坚持打击与保护相统一，依法追诉犯罪，尊重和保护诉讼参与人和其他公民、法人及社会组织的合法权益，使无罪的人不受刑事追究。"

三、诚信

"诚"，是儒家为人之道的中心思想，我们立身处世，当以诚信为本。宋代理学家朱熹认为诚是指真实无妄，肯定"诚"是一种真实不欺的美德。要求人们修德做事，必须效法天道，做到真实可信。说真话，做实事，反对欺诈、虚伪。"信"，《说文解字》认为"人言为信"，程颐认为"以实之谓信"。可见，"信"不仅要求人们说话诚实可靠，切忌大话、空话、假话，而且要求做事也要诚实可靠。而"信"的基本内涵也是信守诺言、言行一致、诚实不欺。

"诚"主要是从天道而言，"信"主要是从人道而言。孟子有言："诚者，天之道也；思诚者，人之道也。""诚"本是自然固有之，效法天道、追求诚信，这是做人的道理、规律。二者在哲学上虽有区别，但从道德角度看，"诚"与"信"则是同义等值的概念，故许慎在《说文解字》中说，"诚，信也"，"信，诚也"。二字

---

① 参见王新清主编：《法律职业伦理》，法律出版社，2021年，第21页。

的基本含义都是诚实无欺，信守诺言，言行相符，表里如一。这既是做人的基本要求，也是法律职业者从事职业活动的基本原则。

诚信原则对于法律职业者来说就是在职业活动中要做到"以事实为根据，以法律为准绳"。"以事实为根据，以法律为准绳"是我国司法制度中一项重要的原则，《刑事诉讼法》《民事诉讼法》和《行政诉讼法》中对此都有明确规定。"以事实为根据"，是指法律职业者在职业活动中无论作什么样的决定、采取什么样的措施、实施什么样的行为，无论是解决实体问题还是解决程序问题，都必须以查证属实的证据和凭借这些证据认定的案件事实为基础，而不能以主观臆断为根据。"以法律为准绳"，是要求法律职业者的行为要严格按照法律规定。法律职业者是围绕法律的实施和操作展开职业活动的，事实和法律是法律职业者职业活动的核心，事实是适用法律的基础和前提，要探究事实就必须做到诚信。另外，适用法律是法律职业的特点，了解和认知事实的目的是准确地运用法律，适用法律是事实调查或认知的逻辑发展。因此有人说，以事实为根据、以法律为准绳，如"鸟之两翼，车之两轮"，缺一不可。如果不以事实为根据，没有事实作为职业行为的基础，就根本不可能正确地适用法律，更谈不上以法律为准绳。如果不以法律为准绳，事实认定的真实性就无法得到保证，对问题的处理也难以做到准确公正。[①]

坚持以事实为根据，以法律为准绳，是法律职业者执业活动的基本原则。对此，我国相关法律及职业伦理规范中均有规定，如《法官法》第6条规定："法官审判案件，应当以事实为根据，以法律为准绳，秉持客观公正的立场。"《检察官法》第5条第1款规定："检察官履行职责，应当以事实为根据，以法律为准绳，秉持客观公正的立场。"《律师法》第3条第2款规定："律师执业必须以事实为根据，以法律为准绳。"《公证员职业道德基本准则》第3条规定："公证员应当依法办理公证事项，恪守客观、公正的原则，做到以事实为依据、法律为准绳。"可见，

---

① 参见王新清主编：《法律职业伦理》，法律出版社，2021年，第19页。

"以事实为根据，以法律为准绳"的原则既是法律职业者的基本执业要求，也是其要严格遵守的基本原则。在刑事司法实践中，出现"枉"或"纵"的原因不外乎以下两点：一是没有查明案情，二是没有正确适用法律。如果司法人员在工作中都能认真坚持这个原则，就可以杜绝此类现象的发生，提高司法机关办理刑事案件的质量。[①]因此，法律职业者严格遵守"以事实为根据，以法律为准绳"的原则，不仅是自身职业道德的要求，也是维护社会主义法律权威的要求，是诚信原则对法律职业人员的要求。

第二节　法律职业伦理的具体要求

公正、人道和诚信是法律职业伦理的基本原则，对法律职业者的职业行为起全方位的统领作用，是贯穿于所有法律现象中的最根本的道德要求。除基本原则外，法律职业者还要遵守对各种法律行为提出的具体要求，包括维护法治、追求正义、保持独立、勤勉尽责和廉洁自律。

一、维护法治

法律职业是以研究和实施法律为主要内容的职业，维护法治是其最基本的要求。法律职业者应当维护法律的尊严和权威，坚持宪法法律至上，不能以任何理由破坏法治的权威。

2014年，习近平总书记在省部级主要领导干部学习贯彻十八届三中全会精神全面深化改革专题研讨班上的讲话中指出："'立善法于天下，则天下治；立善法于一国，则一国治。'推进国家治理体系和治理能力现代化，当然要高度重视法治问题，采取有力措施全面推进依法治国，建设社会主义法治国家，建设法治中

---

① 参见王新清主编：《法律职业伦理》，法律出版社，2021年，第19页。

国。"①法治即法的统治，是一种关于国家治理的政治伦理理想。美国《布莱克法律词典》中指出："法治是由最高权威认可颁布的并且通常以准则或逻辑命题形式表现出来的、具有普遍适用性的法律原则。"众多学者中，古希腊亚里士多德对法治的定义最为经典，他指出："已成立的法律获得普遍的服从，而大家所服从的法律又应该本身是制定得良好的法律。"这句话前半句可以概括为"法律至上"，后半句可以概括为"良法之治"。②

维护法治的要求体现在诸多法律职业伦理规范中。如《法官职业道德基本准则》第4条规定："牢固树立社会主义法治理念，忠于党、忠于国家、忠于人民、忠于法律，做中国特色社会主义事业建设者和捍卫者。"《检察官职业行为基本规范（试行）》第5条规定："坚持依法治国基本方略，坚持宪法法律至上，维护宪法和法律的统一、尊严和权威，致力于社会主义法治事业的发展进步。"《律师职业道德基本准则》第3条规定："律师应当坚定法治信仰，牢固树立法治意识，模范遵守宪法和法律，切实维护宪法和法律尊严。在执业中坚持以事实为根据，以法律为准绳，严格依法履责，尊重司法权威，遵守诉讼规则和法庭纪律，与司法人员建立良性互动关系，维护法律正确实施，促进司法公正。"《公证员职业道德基本准则》第1条规定："公证员应当忠于宪法和法律，自觉践行社会主义法治理念。"此外，监察官、仲裁员等法律职业人员在执行职务时也应当以维护法治为目标，严格遵守和践行法律。由此可见，维护法治已成为法律职业者应当遵守的首要要求。

二、追求正义

自古至今，正义一直是人类孜孜追求的价值目标和崇高理想。习近平总书记在谈及司法体制改革时指出，要"努力让人民群众在每一个司法案件中感受到公

---

① 转引自喻中主编：《民法典与国家治理》，陕西人民出版社，2022年，第99页。
② 参见许身健：《法律职业伦理》，中国政法大学出版社，2021年，第40页。

平正义"。[①] 何为正义？许多中国古代学者赋予其不同的含义。管仲指出："为人君者，中正而无私。"荀子提出："公生明，偏生暗。"许多思想家还提出了保障司法公正的具体措施。比如在执法过程中，要信赏必罚、明罚慎刑，不能屈法伸情。

西方思想家对正义的探讨，也有很多真知灼见。古希腊智者德谟克利特认为，正义有两层含义，即"正义要人尽自己的义务"和"正义的力量在于坚决和无畏"；亚里士多德则认为正义是秩序、平等、法律的集合体，以公共利益为依归；罗尔斯在《正义论》中认为"正义是社会制度的首要价值"，他还提出"正义的主要问题是社会的基本结构，或更准确地说，是社会主要制度分配基本权利和义务，决定由社会合作产生的利益划分的方式"。[②]

综上可见，虽然学者们对于正义的内涵没有统一的认知，但都基本赞同正义是法律职业伦理的基本要求、是实现司法公正的前提。实现司法公正的途径或许有多种，但保持法律职业者崇尚正义、追求法治的道德理念，则是实现司法公正的重要方面。法律职业者既然选择了法律这一职业，也就意味着在法律职业生涯中选择了公平和正义作为自己的价值目标和追求。法律职业者以研究、实施法律为内容，以实现法律的价值为目标，其职业行为产生的直接效果就是法律在社会上获得有效实施，法律的价值得以体现，法律所弘扬的精神得以传播。因此，法律职业者既是法律的实践者，同时也是正义的追求者。严格地遵守法律、公正地适用与执行法律，以发现法律程序中的真实，实现公平正义，是法律职业者的基本要求。

追求正义的伦理要求在很多相关法律中都有所体现。如《律师法》第2条规定："律师应当维护当事人合法权益，维护法律正确实施，维护社会公平和正义。"《法官法》第3条规定："法官必须忠实执行宪法和法律，维护社会公平正义，全心全意为人民服务。"《检察官法》第3条规定："检察官必须忠实执行宪法和法

---

① 习近平：《推进全面依法治国，发挥法治在国家治理体系和治理能力现代化中的积极作用》，《求是》2020年第22期。

② 参见刘正浩、胡克培主编：《法律伦理学》，北京大学出版社，2010年，第48页。

律，维护社会公平正义，全心全意为人民服务。"

另外，追求正义的伦理要求还体现在很多法律职业伦理规范中。如《律师职业道德基本准则》第4条规定："律师应当把维护公平正义作为核心价值追求，为当事人提供勤勉尽责、优质高效的法律服务，努力维护当事人合法权益。引导当事人依法理性维权，维护社会大局稳定。依法充分履行辩护或代理职责，促进案件依法、公正解决。"

三、保持独立

独立在不同的学术领域有着不同的含义。在法学领域，独立意味着法律职业者在履行职责过程中，以事实为根据，以法律为准绳，观念和行为不受其他机关、社会团体和个人的干涉。保持独立对于实现法律的公正非常重要，独立性的价值不仅体现在法官所从事的司法工作中，就其他法律职业人员而言，保持独立对于维护法治、实现公平正义之目标的达成同样具有重要意义。保持独立要求法律职业人员在执业活动中，只能服从法律，遵守法律及职业伦理规范，不受法律之外的各种干预和压力。

保持独立的伦理要求在相关法律中有明确规定。如《法官法》第7条规定："法官依法履行职责，受法律保护，不受行政机关、社会团体和个人的干涉。"《检察官法》第6条规定："检察官依法履行职责，受法律保护，不受行政机关、社会团体和个人的干涉。"《监察法》第4条第1款规定："监察委员会依照法律规定独立行使监察权，不受行政机关、社会团体和个人的干涉。"作为监察权行使主体的监察官在从事监督、调查和处分工作时，也应当保持独立的思考和判断，不受不当因素的干扰。

除相关法律有所规定外，保持独立的伦理要求还直接体现在部分法律职业伦理规范中。如《法官职业道德基本准则》第8条规定："坚持和维护人民法院依法独立行使审判权的原则，客观公正审理案件，在审判活动中独立思考、自主判断，敢于坚持原则，不受任何行政机关、社会团体和个人的干涉，不受权势、人情等因素的影响。"《检察官职业行为基本规范（试行）》第9条规定："坚持依法履行职责，严格按照法定职责权限、标准和程序执法办案，不受行政机关、社会团体和个人干涉，自觉抵制权势、金钱、人情、关系等因素干扰。"中国国际经济贸易仲裁委员会颁布的《仲裁员行为考察规定》第5条规定："仲裁员应当独立、公正、勤勉、审慎地处理案件，不代表任何一方当事人利益，平等地对待双方当事人。"

大多数学者认为，律师在执业过程中是不受国家司法机关、行政机关、社会团体和个人的干涉的；尽管律师一旦接受了委托人的委托，就必须维护委托人的利益，但律师在执业过程中是独立于当事人的，律师是当事人的辩护人或代理人，而不是丧失独立人格的唯命是从的附庸和代言人，律师有义务维护当事人的合法权益，有义务保守当事人的秘密，但也有权利拒绝当事人提出的与法律相悖的不正当要求，并在刑事辩护中依据事实和法律独立地行使辩护权，独立地发表辩护意见。这些都是律师在自身人格、职业活动方面独立性的体现。

联合国公约和各国法律对律师的独立性也作了相应的规定。联合国《关于律师作用的基本原则》规定："律师在保护其委托人的权利和促进维护正义的事业中，应努力维护受到本国法律和国际法承认的人权和基本自由，并在任何时候都根据法律和公认的准则以及律师的职业道德，自由和勤奋地采取行动。"美国律师协会制定的《律师职业行为示范规范》中便有关于"律师职业独立性"的专节规定，在"代理范围"一节中更是明确指出："律师代理客户，包括被指定代理，并不意味着建立起一种对客户政治、经济、社会道德观点和活动的认可。"中华全国律师协会2001年修订的《律师职业道德和执业纪律规范》第27条规定："为维护委托人的合法权益，律师有权根据法律的要求和道德的标准，选择完成或实现委托目的的方法。对委托人拟委托事项或者要求属于法律或律师执业规范所禁止的，律师应告知委托人，并提出修改建议或予以拒绝。"上述规定均体现了律师执业独立性的要求。[①]

---

① 参见刘正浩、胡克培主编：《法律伦理学》，北京大学出版社，2010年，第53页。

此外，公证员、行政执法人员基于自身职业的中立性、客观性，也适用保持独立的伦理要求。

四、勤勉尽责

勤勉尽责要求法律职业者在职业活动中严格履行自己的职责，对待工作认真负责，在执业过程中充分运用自身的知识和技能，恪尽职守，高效准确地完成工作。法律职业者勤勉尽责地从事法律工作，是提高立法、司法与执法效率、维护法治的重要途径，也是维护公民、社会和国家利益的必然要求。

勤勉尽责的伦理要求在相关法律中也有直接规定。如《检察官法》第4条规定："检察官应当勤勉尽责，清正廉明，恪守职业道德。"《法官法》第5条规定："法官应当勤勉尽责，清正廉明，恪守职业道德。"就监察官、仲裁员等其他法律职业人员而言，勤勉尽责地履行职责也是其职业伦理的应有之义。

除相关法律有所规定外，诸多法律职业伦理规范也规定了勤勉尽责的伦理要求。如《法官职业道德基本准则》第11条规定："严格遵守法定办案时限，提高审判执行效率，及时化解纠纷，注重节约司法资源，杜绝玩忽职守、拖延办案等行为。"《检察官职业行为基本规范（试行）》第28条规定："严守工作纪律，爱岗敬业，勤勉尽责，严谨细致，讲究工作质量和效率，不敷衍塞责。"《律师职业道德基本准则》第4条规定："律师应当把维护公平正义作为核心价值追求，为当事人提供勤勉尽责、优质高效的法律服务，努力维护当事人合法权益。"《公证员职业道德基本准则》第7条规定："公证员应当珍惜职业荣誉，强化服务意识，勤勉敬业、恪尽职守，为当事人提供优质高效的公证法律服务。"

五、廉洁自律

廉洁指不收受他人的钱物，不玷污自己的人格。自律则指自我约束、自我要求。廉洁自律要求法律职业者在执业过程中，保持廉洁的作风，严格要求自己，不利用职务上的便利谋取不正当利益，也不在职业活动中作出违反法律法规、规章政策和纪律规范的行为。廉洁自古便是受人敬重的优秀品质，许多古人也是廉洁自律的楷模。如三国时期的胡质、明朝时的海瑞都在廉洁自律方面给后人树立了榜样。时至今日，廉洁自律已成为社会主义法治建设的基本道德要求。

廉洁自律是保证法律职业者公正执业的前提，也是其获得社会信任的前提，世界上许多国家甚至国际法中都对法律职业者提出了廉洁自律的要求。如联合国1979年通过的《执法人员行为守则》第7条规定："执法人员不得有贪污行为，并应竭力抵制和反对一切贪污行为。"《美国司法行为准则》准则二B款规定："法官不得通过其家庭的、社会的、政治的或其他的关系影响其司法行为和裁判，法官不得利用其司法官的声望而谋取其个人的或其他人的私人利益。"准则四D款更进一步规定："法官不应当从任何人那里收受礼物、馈赠、恩惠、贷款，且应当监督法官及与其居住在一起的家庭成员不收受他人的礼物、馈赠、恩惠、贷款。"《加拿大法官职业道德准则》第六章第一款第二目规定："法官应尽可能合理地处理其个人事务和商务事务，从而把自己被要求回避的机会降低到最低程度。"①

廉洁自律也是我国法律职业伦理规范中的普遍要求。《法官职业道德基本准则》第2条规定："法官职业道德的核心是公正、廉洁、为民。基本要求是忠诚司法事业、保证司法公正、确保司法廉洁、坚持司法为民、维护司法形象。"第3条规定："法官应当自觉遵守法官职业道德，在本职工作和业外活动中严格要求自己，维护人民法院形象和司法公信力。"《检察官职业道德基本准则》第5条规定："坚持廉洁操守，自觉接受监督。"《律师职业道德基本准则》第5条规定："律师应当牢固树立诚信意识，自觉遵守执业行为规范，在执业中恪尽职守、诚实守信、勤勉尽责、严格自律。"第6条规定："律师应当热爱律师职业，珍惜律师荣誉，树立正确的执业理念，不断提高专业素质和执业水平，注重陶冶个人品行和道德情操，忠于职守，爱岗敬业，尊重同行，维护律师的个人声誉和律师行业形象。"

---

① 参见刘正浩、胡克培主编：《法律伦理学》，北京大学出版社，2010年，第54页。

《公证员职业道德基本准则》第四部分以"廉洁自律尊重同行"为主题就公证员职业伦理进行了具体规定。中国国际经济贸易仲裁委员会颁布的《仲裁员行为考察规定》第2条规定："仲裁员应当遵纪守法，公道正派，廉洁自律，严格遵守仲裁员守则。"《监察法》第56条规定："监察人员必须模范遵守宪法和法律，忠于职守、秉公执法，清正廉洁、保守秘密；必须具有良好的政治素质，熟悉监察业务，具备运用法律、法规、政策和调查取证等能力，自觉接受监督。"此外，行政执法人员也应当树立廉洁意识，洁身自好，奉公守法，维护法律职业共同体的声誉，从而强化法律的威信，服务于法治国家的建设。①

法律职业是非常容易滋生腐败的职业之一。这是因为法律职业是一种研究、实施法律及与此相关的职业，法律就其本质来说是分配和调整社会利益的行为规范，法律的实施总是与利益紧密联系。如果法律职业者不能做到清正廉洁、遵纪守法，则更容易利用自己的知识优势和技能优势，找到法律的漏洞，规避法律的制裁，从而给国家和社会造成巨大的损害。因此，提倡廉洁自律对纯洁法律职业队伍，提高法律职业群体在公众心目中的地位，建设良好的法治环境具有重要意义。

本章小结

公正、人道、诚信是法律职业伦理的基本原则，这三者同时体现了伦理学的基本要求和法学的价值追求，对法律职业者的职业行为具有全面的指导作用，也是所有法律现象中最根本的道德要求。此外，维护法治、追求正义、保持独立和廉洁自律，作为法律职业伦理的具体要求，法律职业者也应认真对待。

---

① 参见许身健：《法律职业伦理》，中国政法大学出版社，2021年，第43—44页。

·············· **本章习题** ··············

1. 简述法律职业伦理的基本原则。

2. 如何理解依法独立履行职责这一法律职业伦理的具体要求。

案例分析

邹碧华生前系上海市高级人民法院副院长。2014年12月10日，他在工作中突发心脏病，经抢救无效因公殉职，年仅47岁。邹碧华投身司法事业26年，他崇法尚德，践行党的宗旨，捍卫公平正义，坚持司法为民便民利民，依法公正审理了一大批重大疑难案件，是知名的审判业务专家，所著的《要件审判九步法》被全国各地法院作为民商事审判的范本；他敢于担当，具有强烈的改革创新意识，大力推进信息化建设，推行可视化管理，特别是在司法改革中，敢啃"硬骨头"，甘当"燃灯者"，对上海法院司法改革试点乃至全国司法体制改革具有突出贡献。他不幸离世后，在法律界和全社会引起强烈反响，形成了"邹碧华现象"，"法官当如邹碧华"成为社会各界的共鸣。

2015年1月24日下午，最高人民法院与中共上海市委联合召开命名表彰大会，追授邹碧华同志"全国模范法官""上海市优秀共产党员"荣誉称号。

邹碧华是新时期公正为民的好法官、敢于担当的好干部，是人民法官的杰出代表。向邹碧华同志学习，就要像他那样坚定理想信念，坚定不移走中国特色社会主义法治道路，始终以对党和人民事业高度负责的精神，胸怀大局、忠诚履职、勤勉敬业；要像他那样坚持司法为民、公正司法，始终把实现好、维护好、发展好人民群众的根本利益作为一切工作的出发点和落脚点，坚定法治信仰，恪守司法良知，使每一起案件都经得起法律和历史的检验，努力让人民群众在每一个司法案件中感受到公平正义；要像他那样始终坚持学习钻研，不断提高司法能力和水平，妥善处理审判工作中遇到的新情况、新问题；要像他那样始终恪守法官职业道德，保持司法廉洁，以崇高的思想品格和过硬的司法作风，树立起新时期党员领导干部和人民法官的良好形象。①

问题：

邹碧华同志的职业道德如何体现在他的审判工作中？这对提升法官职业形象有何影响？

---

① 案例来源：人民网。

第三章　律师职业伦理概述

思维导图：

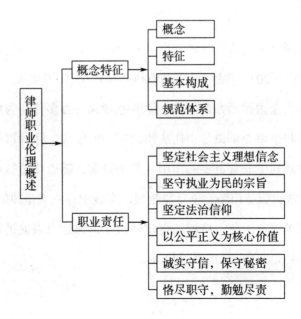

> **📍 案例引导**
>
> 　　江苏省律师行业对标省"产业强链三年行动"，聚焦10条省级优势产业链，开展"产业链＋法律服务"纾困解难促循环活动，将律师法律服务深度嵌入企业产业链，充分发挥专业优势、履行律师社会责任、贡献律师服务力量。2022年，江苏省律师行业组建"产业链法律服务团"，对接全省及地方优势产业链112条，1025家法律服务机构服务1056个产业链重点企业，为2300余家企业提供防范风险法律建议近3000条；同时，有针对性地健全"万所联万会"机制，开展"小微企业法律服务月""苏商法务名企行"活动，推进民营企业公司律师工作，建成一支300余人的涉外法律服务专业人才队伍。全国人大代表薛济民提出："服务党和国家中心大局，贯彻落实省委、省政府的要求是江苏律师光荣神圣使命和应尽的职责。贯彻新发展理念、构建新发展格局，推动高质量发展，必须把律师这样一支全面依法治国的重要力量的作用发挥好。"①
>
> 　　**思考**：江苏省律师行业如何通过"产业链＋法律服务"活动体现律师职业伦理的实践？

　　改革开放后国家恢复重建律师制度，我国律师制度得到迅速发展。根据司法部发布的数据，截至2022年底，全国共有执业律师65.16万多人，律师事务所3.86万多家。2022年，全国律师办理各类法律事务1274.4万多件，为87.6万多家党政机关、人民团体和企事业单位等担任法律顾问。可以说，律师群体在中国社会主义法治化进程中起到了非常重要的作用。但是目前，随着律师行业的发展，执业律师数量激增，法律服务市场竞争日益激烈，实践中存在大量律师执业失范行为，引发了一些负面舆情。因此，持续加强律师职业道德建设以促进律师行业的良性发展是当前社会主义法治建设的必然趋势。

---

　　① 案例来源：《法治日报》。

第一节　律师职业伦理的概念和特征

一、律师职业伦理的概念

律师是法律职业的重要组成部分，是精通法律知识、熟悉法律业务，并经过国家统一考试，合格后由国家授予职业资格、准予其执业，以维护当事人合法权益为职业责任，利用自己专业的法律知识为有需求的人们提供服务的职业群体。律师的职业定位经历了从1980年《律师暂行条例》中的"国家的法律工作者"到1996年《律师法》中的"为社会提供法律服务的执业人员"，再到2017年修正的《律师法》中"依法取得律师执业证书，接受委托或者指定，为当事人提供法律服务的执业人员"的角色变化。

作为法律职业化的伴生物，律师群体在为当事人提供法律服务时应受到社会道德、职业道德的强制性约束，包括律师办理诉讼及非诉讼业务过程中的一系列行为以及律师事务所内部及外部管理过程中的行为。作为法律职业伦理的重要组成部分，律师职业伦理指的是律师执业者和执业机构在提供法律服务行为时所应当遵循的道德准则和行为规范的总称。

律师职业伦理指向的对象即是律师和律师事务所在从事法律职业活动过程中的行为，包括律师办理诉讼及非诉讼业务过程中的一系列行为以及律师事务所内部及外部管理过程中的行为。律师职业伦理对于规范律师执业行为、提升法律服务质量、维护律师行业声誉具有重要作用。

律师职业伦理对律师和律师事务所在从事法律职业活动过程中的行为的作用主要有以下两个方面：一方面，律师职业伦理能够对律师和律师事务所的法律服务行为起到指引性作用。当律师在执业过程中个人需求与职业伦理发生冲突时，律师职业伦理规范能够起到规范指引的作用，使律师在均衡利益的考量下调整自身执业行为。另一方面，律师职业伦理规范能够对律师的行为起到评价作用。当律师的执业行为处于个人道德与职业伦理的中间地带时，律师职业伦理规范就是最好的评价律师执业行为的参照物。

二、律师职业伦理的典型特征

律师与法官、检察官等职业虽然同属法律职业共同体的组成部分，但不同的法律职业伦理关系主体，又各自呈现出不同的职业伦理特征。

中立是法官职业伦理的基本要求，也是其职业伦理特殊性的体现，平等地对待案件的每一个当事人是实现司法公正的必要前提。检察官职业伦理的特殊性体现在忠于国家利益。检察官作为代表国家的公诉人，本义上来说即是国家的代理人，即代表国家追诉犯罪，监督法律实施，这也使得检察官的职业伦理相对法官职业伦理来说带有更强烈的政治性和倾向性。

基于律师职业定位，维护当事人的合法权益是律师职业伦理最典型的特征。对于律师而言，维护社会公平正义等伦理价值是通过维护委托人的合法权益和为社会提供法律服务的方式实现的。

此外，因律师执业过程中的人际交往具有复杂性、非公职性等特征，对其职业伦理的要求具有多面性。律师职业伦理所包含的道德准则与人际关系规范涉及面广，内容繁多，在《律师法》《律师执业行为规范（试行）》《律师和律师事务所违法行为处罚办法》《关于规范法官和律师相互关系维护司法公正的若干规定》《律师服务收费管理办法》《律师协会章程》等众多法律规范、行业规范中均有体现。

三、律师职业伦理的基本构成

律师职业伦理由律师职业道德准则、律师执业行为规范和律师职业责任三部分构成。

律师职业道德准则是指律师职业应具有的品性、品德。如我国《律师法》中明确指出律师的使命是维护当事人的合法权益，维护法律正确实施，维护社会公平和正义。律师职业道德同其他职业道德一样，均具有劝诫、引导和提升品性的功能，鼓励律师向上、向善，遵循行业规范和道德准则的内在要求。

律师执业行为规范是律师执业活动方面的行为规则，既包括律师与法官、检察官、当事人之间的关系准则，也包括律师与律师事务所、律师协会、司法行政机关之间的关系规范。律师执业行为规范是律师职业责任的前提，对于规范和约束律师执业行为具有现实意义。

律师职业责任是律师职业伦理的第三个层次，主要指律师和律师事务所违反法律规范、执业行为规范所应承担的职业责任，包括纪律责任、民事法律责任、行政法律责任和刑事法律责任。

四、律师职业伦理规范体系

我国律师职业伦理规范的渊源包括法律、行政法规、部门规章、行业规范、律师政策、司法解释、道德规范等。律师职业规范对于引领律师职业道德建设、加强律师行业的法治建设、建设高素质律师工作队伍具有重要意义。律师职业伦理还包含以公民道德与社会公德为基础、反映律师职业性质和执业活动特点的伦理道德传统、习惯、准则等。就具体的规范体系而言，我国已经形成以《律师法》为核心，包含众多法规规章、司法解释、行业规范、规范性文件的律师职业伦理规范体系。

（一）法律

《律师法》是律师职业伦理的基础性规范，是我国律师职业伦理规范的重要组成部分，也是司法行政机关、律师协会制定相关律师职业管理规范的依据。全国人民代表大会常务委员会于1996年5月15日通过了《律师法》，并先后于2001年、2007年、2012年、2017年进行了修正。除了《律师法》之外，《刑事诉讼法》《民事诉讼法》《行政诉讼法》中也有很多针对律师群体职业行为的规定。比如，《刑事诉讼法》中规定辩护律师不得提供虚假证据材料等，这属于辩护律师在刑事诉讼活动中提供法律服务活动时的行为规范。

（二）法规

主要是指由国务院发布的有关律师执业的行政法规。比如2003年7月21日发布的《法律援助条例》，制定了一些关于律师执业行为规则、律师和律师事务所承担法律援助的责任和义务的相关规范。

（三）规章

部门规章主要如下：司法部1995年1月13日通过的《关于反对律师行业不正当竞争行为的若干规定》，其对律师或律师事务所的不正当竞争行为进行了规定。司法部2008年7月18日发布的《律师执业管理办法》《律师事务所管理办法》。其中，《律师事务所管理办法》分别于2012年、2016年进行修订，《律师执业管理办法》于2016年进行修订。现行《律师执业管理办法》共6章、62条。此外，《律师和律师事务所违法行为处罚办法》由司法部于2010年4月8日发布，于2010年6月1日起施行。

（四）司法解释

最高人民法院、最高人民检察院的相关司法解释对一些律师职业伦理规范问题进行了规定，比如《最高人民法院关于适用〈中华人民共和国刑事诉讼法〉若干问题的解释》第57、58、59、60、61条规定了律师的调查取证行为，其中第59条规定："辩护律师向证人或者有关单位、个人收集、调取与本案有关的证据材料，因证人或者有关单位、个人不同意，申请人民法院收集、调取，或者申请通知证人出庭作证，人民法院认为确有必要的，应当同意。"这些司法解释把有关辩护人范围问题、律师调查取证等进行具体化，更便于理解和操作律师职业道德和职业伦理规范。

（五）行业规范

行业规范主要是指中华全国律师协会和地方律师协会发布的有关律师行业管理的规范性文件。其中比较有代表性的是中华全国律师协会发布的《律师协会会员违规行为处分规则（试行）》《律师执业行为规范（试行）》《律师职业道德基本准则》《律师职业道德和执业纪律规范》《律师办理刑事案件规范》《律师业务推广行为规则（试行）》《关于禁止违规炒作案件的规则（试行）》等。

（六）道德规范

律师职业伦理规范还包括了一般的社会伦理道德规范，其中比较重要的有中国共产党第十四届六中全会通过的《中共中央关于加强社会主义精神文明建设若干重要问题的决议》以及2001年发布的《中共中央关于公民道德建设实施纲要》。上述文件中涉及的职业道德的内容和要求，对研究和制定律师职业行为规范也有直接的指导作用。

（七）其他规范性文件

其他规范性文件主要有2004年公布的《最高人民法院、司法部关于规范法官和律师相互关系维护司法公正的若干规定》，最高人民检察院2011年印发的《关于规范检察人员与律师交往行为的暂行规定》、2014年印发的《关于依法保障律师执业权利的规定》等，此外还有《关于依法保障律师诉讼权利和规范律师参与庭审活动的通知》《关于进一步保障和规范看守所律师会见工作的通知》《关于为律师提供一站式诉讼服务的意见》以及《关于依法保障律师执业权利的十条意见》等。

第二节　律师职业伦理基本准则

律师职业伦理基本准则是律师从事执业和法律服务工作必须遵循的基本要求和原则。2014年6月5日，中华全国律师协会印发《律师职业道德基本准则》（下称《准则》），规定了我国关于律师职业道德的六条基本准则。《准则》的出台，是律师行业贯彻落实党的十八届三中全会精神的重要措施，对促进律师更好地服务国家、社会和人民，维护当事人合法权益、维护法律的正确实施、维护社会公平正义具有重要意义。

一、坚定中国特色社会主义理想信念

《准则》第1条明确规定："律师应当坚定中国特色社会主义理想信念，坚持中国特色社会主义律师制度的本质属性，拥护党的领导，拥护社会主义制度，自觉维护宪法和法律尊严。"党的十八届四中全会通过的《中共中央关于全面推进依法治国若干重大问题的决定》中提出"加强法治工作队伍建设"，律师是社会主义法治工作队伍的重要组成力量，是以其专业的法律知识为社会提供法律服务的专门法治队伍。坚定中国特色社会主义理想信念是律师发挥好律师职业责任的前提，也是律师履行好职责的基础，更是根本的规范要求。《律师法》第49条第7、8、9项以及《律师执业管理办法》第37条和第40条均有对违反该准则的处罚规定。

习近平总书记于2021年12月6日在十九届中央政治局第三十五次集体学习时的重要讲话中指出："要加强对律师队伍的政治引领，教育引导广大律师自觉遵守拥护中国共产党领导、拥护我国社会主义法治等从业基本要求，努力做党和人民满意的好律师。"①我国是社会主义国家，律师作为中国特色社会主义法治队伍的重要组成部分，必须以拥护中国特色社会主义法治为己任，维护当事人合法权益必须建立在对于国家忠诚、维护宪法和法律尊严的基础之上。坚定广大律师身为社会主义法律工作者的政治定位，用具体行动诠释律师行业的忠诚和担当，用优质服务诠释律师行业的责任与使命。

缺乏政治上的忠诚，甚至走向忠诚的反面，不仅会给律师职业群体的声誉带来巨大的负面影响，而且在一定程度上也会阻碍社会主义法治建设的进程，甚至会波及公众对法治的信仰。比如北京某事务所原主任周某某长期受反华势力渗透影响，以该所为平台，纠集少数律师和一些没有律师执业资格的人员，专门选择热点案件、事件进行炒作，多次在网络上和现实生活中发表颠覆国家政权的言论，

---

① 中共云南省委基层党建工作协调小组办公室：《习近平总书记关于基层党建和党员教育重要论述摘编（2012.11－2022.04）》，2022年，第202页。

组织、指使该所行政人员吴某、刘某新等，通过在公共场所非法聚集滋事、攻击国家法律制度、利用舆论挑起不明真相的人仇视政府等方式，实施颠覆国家政权、推翻社会主义制度的活动，严重危害国家安全和社会稳定。①本案之所以受到社会各界的广泛关注，其重要的原因便是被告的职业为律师。众所周知，律师以维护当事人的合法权益、推动社会公平正义为职业初衷，而这一行为严重违背律师职业的基本原则，严重损害了律师的职业形象，甚至会波及公众对法治的信仰，应引起警示。

二、坚守执业为民的宗旨

《准则》第2条规定："律师应当始终把执业为民作为根本宗旨，全心全意为人民群众服务，通过执业活动努力维护人民群众的根本利益，维护公民、法人和其他组织的合法权益。认真履行法律援助义务，积极参加社会公益活动，自觉承担社会责任。"

以"执业为民"作为律师执业的根本宗旨，首先体现在律师应当为当事人提供全面、专业的法律咨询和代理服务，帮助当事人合法维护自身的权益，这是律师存在的意义和价值。根据《律师法》的规定，律师的首要职责是积极主动地为当事人辩护、代理或提供法律服务，最大限度地维护当事人的合法利益。

关注弱势群体，积极参与法律援助工作，既是律师的履职义务，也是律师践行"执业为民"宗旨的重要体现。弱势群体的合法权益能否得到维护，是衡量社会公正的关键性指标。在救助社会弱势群体的各种具体路径中，来自律师群体的救助有着特别的意义。一方面，在专业知识和能力的支持下，这种救助能够使弱势群体实现法律意义上的公正，获取更具保障性的救助；另一方面，对于弱势群体的关怀，也有利于提升律师的精神品格，使律师职业升华为公理

---

① 参见《人民根本利益国家法律尊严不容挑战——周世锋胡石根翟岩民勾洪国颠覆国家政权犯罪案件警示录》，《检察日报》2016年8月6日；《周世锋案一审当庭宣判　颠覆国家政权罪名成立　判处有期徒刑七年》，《北京日报》2016年8月5日。

的事业。

律师践行"执业为民"宗旨还体现在利用法律专业知识维护社会和谐稳定。因此，律师应当积极参与社会公益活动，积极参与社会治理，为社会提供法律服务和法律教育，提高公众的法律意识和法律素养，为社会和谐稳定做出贡献。

三、坚定法治信仰

《准则》第3条规定："律师应当坚定法治信仰，牢固树立法治意识，模范遵守宪法和法律，切实维护宪法和法律尊严。在执业中坚持以事实为根据，以法律为准绳，严格依法履责，尊重司法权威，遵守诉讼规则和法庭纪律，与司法人员建立良性互动关系，维护法律正确实施，促进司法公正。"

作为社会主义法治队伍重要的一员，信仰法治既是律师的生命线，也是其履职的价值导向。律师坚定法治信仰，首先体现在应当坚守法律的底线，秉持公正的原则，为当事人提供最符合法律要求和切身利益的选择，使法律所确立的权利、义务转变为现实生活中的法律关系，帮助人们正确行使法律权利的内容。在诉讼中，尊重司法权威，在遵守诉讼规则和法庭纪律的基础上维护当事人的合法利益，通过一个个具体的案例，向全社会传播法律知识和理念，帮助民众树立对法治的信仰。此外，律师作为法治的守护者和推动者，应当积极参与法律法规的制定和完善，提出合理的建议和意见，为法律体系的健康发展贡献力量。律师还应当加强自身的专业素养和道德修养，严守职业操守，遵守律师行业的各项规范和规则，树立良好的职业形象。

不可否认，律师及律师执业机构行为具有市场性，但律师也应始终以维护法治为己任，如果律师自身都无法做到拥有坚定的法治信仰并忠诚地践行这种信仰，而是以明知却不加以避免的主观心态去违背这种法律精神，打破这份本应被严格遵守的神圣责任，那么要求公众服从和遵守法律便是荒谬的。有的律师为了获得高昂的律师费，全然不顾律师的职业形象和社会声誉，在诉讼活动中理所当然地超越律师职业伦理和道德规范的界限。比如某律师事务所律师杜某，他在2017年至2019年间与多人通谋，先后4次共同采取伪造证据、虚假陈述等手段，捏造民事法律关系，虚构民事纠纷，并担任诉讼代理人向人民法院提起民事诉讼，致使人民法院基于捏造的事实先后作出4份民事调解书并进行强制执行。[①]律师杜某利用自己的法律专业知识故意制造和参与虚假诉讼，将导致虚假诉讼违法犯罪更加难以甄别，不仅破坏了律师的职业形象，给国家的法治建设带来危害，也损害了律师自身的利益。

四、以公平正义为核心价值

《准则》第4条规定："律师应当把维护公平正义作为核心价值追求，为当事人提供勤勉尽责、优质高效的法律服务，努力维护当事人合法权益。引导当事人依法理性维权，维护社会大局稳定。依法充分履行辩护或代理职责，促进案件依法、公正解决。"

维护社会公平正义是律师职业伦理的本质属性。维护社会的公平正义并不与维护当事人的合法权益相冲突。律师维护当事人的合法权益是建立在遵守法律的义务这一前提下的，也就是说，在律师的执业过程中，维护当事人的合法权益不是以结果为导向，而是在每个阶段的执业行为，都要符合实体法和程序法的规范要求和价值导向，而不是通过破坏社会公平正义的行为来实现自己的目的，这是律师基本的行为操守准则。

在律师的执业过程中，只有将保障当事人合法权益的理念建立在维护法律权威的神圣使命和忠诚信仰的基础上，公平正义的理念才能深深置于律师内心。律师只有心中时刻怀有正义的天平，通过自己的法律专业知识结合良知维护社会公平正义，其执业行为才能转化为践行正义的过程。

---

① 参见北大法宝数据库：《最高人民法院发布10起人民法院整治虚假诉讼典型案例之十：杜某虚假诉讼案——律师多次为当事人出谋划策，共同伪造证据进行虚假诉讼并在民事诉讼中担任代理人的，构成虚假诉讼共同犯罪》。

五、诚实守信，保守秘密

《准则》第5条规定："律师应当牢固树立诚信意识，自觉遵守执业行为规范，在执业中恪尽职守、诚实守信、勤勉尽责、严格自律。积极履行合同约定义务和法定义务，维护委托人合法权益，保守在执业活动中知悉的国家机密、商业秘密和个人隐私。"

诚实守信是对律师基本的道德和法律要求，是律师执业活动的根本保证。在市场经济模式下，诚信本应是一项基本准则，然而令人遗憾的情形也时有发生。作为律师，其与委托人的关系是以相互信任为前提的，因此律师在执业过程中更应牢固树立诚信意识，自觉遵守执业行为规范，在执业中恪尽职守、诚实守信、勤勉尽责、严格自律。

律师应当牢固树立诚信意识，按照事实和法律的要求从事法律工作，尽最大力量维护当事人的合法权益，维护社会公平正义。这既是律师执业素养的体现，也能够提高律师的社会公信力，从而助力律师更好地完成维护法律正义与委托人合法权益的重要任务。

六、恪尽职守，勤勉尽责

《准则》第6条规定："律师应当热爱律师职业，珍惜律师荣誉，树立正确的执业理念，不断提高专业素质和执业水平，注重陶冶个人品行和道德情操，忠于职守，爱岗敬业，尊重同行，维护律师的个人声誉和律师行业形象。"

律师应当诚实守信，勤勉尽责，尽职尽责地维护委托人的合法利益，努力钻研业务，掌握执业所应具备的法律知识和服务技能，不断提高执业水平。律师作为依法治国队伍中的重要一员，其执业素养在一定程度上体现了社会的法治发展程度。因此，律师应以诚信为本，树立正确的执业理念。律师行业的职业形象也是当事人予以信任的基础，因此，律师应珍惜自己的"羽毛"，珍视和维护律师职业声誉，模范遵守社会公德，注重陶冶品行，提升职业道德修养。

本章小结

　　律师职业伦理由律师职业道德准则、律师执业行为规范和律师职业责任三部分组成。律师应在工作中坚定中国特色社会主义理想信念，牢记执业为民的宗旨，坚定法治信仰，勤勉尽责、维护公平正义，诚实守信、保守秘密，热爱律师职业、珍惜律师声誉。律师要在基本准则的指引下开展业务活动，遵循具体的执业行为规范，对于违反执业行为规范的行为应依法承担律师职业责任。

本章练习

　　1. 律师职业伦理的意义。

　　2. 律师职业伦理遵循什么准则？

　　3. 如何理解律师执业为民的宗旨？

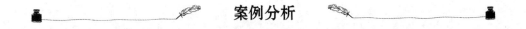 **案例分析**

　　保定市律师协会于2018年5月7日收到投诉人李某某（委托人王某某）对河北元恒律师事务所王刚律师收到一审判决后未及时通知委托人导致丧失上诉机会等代理不规范、不尽责的投诉。经调查，王刚律师所在执业机构出具了《律师事务所函》，投诉人与被投诉律师执业机构之间形成委托代理关系，诉讼代理人应尽责代理。经保定市律师协会综合评析证据后认为王刚律师的行为违反了《律师协会会员违规行为处分规则（试行）》第二十二条第（二）项"接受委托后，无正当理

由，不向委托人提供约定的法律服务"的规定，属代理不尽责行为。①

问题：

该律师违反了哪些律师职业道德的基本准则？

---

① 案例来源：中国法律服务网（12348中国法网）司法行政（法律服务）案例库。

第四章　律师执业行为规范

学习目标

知识目标：学习和掌握律师执业过程中应遵循的行为准则。

能力目标：提升对律师执业实践活动中具体行为准则的应用能力；增强应对职业伦理难题和处理职业不当行为的能力。

思维导图：

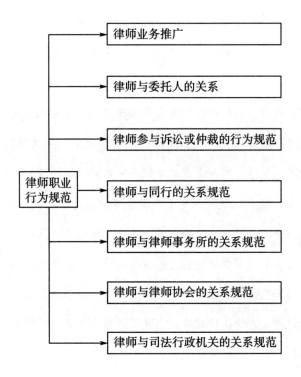

> **◉ 案例引导**
>
> 　　1973年夏季，美国纽约一名叫苏珊·波兹的年轻女郎在露营时突然失踪。不久，一个38岁名叫罗伯特·格鲁的机械师被捕，他被指控在露营中谋杀了菲力普·敦布普斯基并埋尸于树下。法院指定了富兰克·阿玛尼及法兰西斯·贝尔格充当罗伯特·格鲁的辩护律师。警方怀疑罗伯特·格鲁与几起谋杀、失踪案有关，但苦于无证据证明。事实上，在与律师的接触中，罗伯特·格鲁已经向律师承认他除了杀害菲力普·敦布普斯基之外，还杀害了另外两名女性并抛尸。两名律师在罗伯特·格鲁指认的地点找到了相关证据，确认了这两起谋杀案。但即使当两名受害女性之一的父亲请求两名律师告知其女儿失踪情况时，两名律师仍不置可否。后续审判中，律师试图与检察官进行协商，提供这两个未结谋杀案的信息以要求检察官对罗伯特·格鲁从轻发落，但遭到检察官的拒绝。罗伯特·格鲁最终在法庭上证实了这两起未被指控的谋杀，两名律师这才公开承认他们早已知道案件情况及抛尸地点。
>
> 　　此事件在美国掀起轩然大波，普通公众对两名律师予以愤怒声讨，认为他们没有履行社会责任，应当被施以法律制裁；甚至有人向律师发出死亡威胁信；新闻媒体也对二人口诛笔伐。最终，贝尔格不堪舆论压力，放弃律师职业；而阿玛尼则更是受到大陪审团的指控，理由是他违反了州刑法关于任何人知道某人非正常死亡的消息都应报告有关当局的规定。法院审理中，一审法院驳回了该指控，认为律师的行为受到律师职业规范中律师——客户关系的约束，律师负有对客户信息保密的义务。但上诉法院改变了态度，其结论是律师必须保护客户的利益，但律师也必须遵守基本的人性标准，考虑法律制度的正义为社会和其他成员带来的福祉。律师协会道德委员会却认为：律师的行为不仅是允许的，而且律师如果披露客户信息将违反律师执业规则。之后，纽约州奥内达加县律师协会还给阿玛尼颁发了卓越律师奖，法学教授摩根也肯定了两名律师的保密行为，认为他们在面对艰难选择时，作出了正确的决断。

此事件中，两名律师虽然严格遵守了律师执业规则，却也确实存在与公众朴素道德相违背的情形。鉴于此，1983年美国律师协会出台《律师职业行为示范规则》，允许律师披露委托人的秘密"以阻止委托人实施律师认为有可能导致迫在眉睫的死亡或重大伤害的犯罪行为"。在2002年的修订版中该条被修订为允许律师披露委托人的秘密信息"以阻止合理的死亡和重大伤害"。"快乐湖沉尸案"中被告的两名代理律师法兰西斯·贝尔格和富兰克·阿玛尼，在执业过程中遭遇了律师职业伦理与公众道德面临分歧时的挣扎与痛苦，但是，这两名律师遵循律师职业伦理的行为最终得到了法律职业界的肯定。①

思考：律师执业规范如何影响司法公正？是否存在规范可能损害司法公正的情况？

第一节　律师业务推广规范

案例引导

上海某律师事务所放任其工作人员卞某某在嘉定区看守所附近设立接待室从事法律服务，同时接受他人介绍的案源，支付部分费用以承揽律师业务。②

思考：该案中，在看守所附近设立律师接待室的行为属于正常的律师业务推广行为吗？是否属于以不正当手段承揽业务的情形？律师事务所对此是否负有管理职责？

---

① 案例来源：民主与法制网。
② 案例来源：中国法律服务网（12348中国法网）司法行政（法律服务）案例库。

一、律师业务推广概述

(一)定义

律师业务推广是指律师和律师事务所为了扩大社会影响、拓展业务来源、树立律师服务品牌而采取的自行或授权他人向社会发布法律服务信息的行为。在业务推广方式的认定上,除了广告、名片、宣传册等传统推广方式外,新增了"使用网站、博客、微信公众号、领英"等互联网推广方式以及"出版书籍、发表文章""举办、参加、资助会议、评比、评选活动"等专业推广形式。在业务推广时,律师和律师事务所还应遵循《广告法》等法律规范的规定,禁止采用虚假宣传、夸大宣传等有损律师职业形象的方式进行业务推广。

随着我国律师行业的发展和律师数量增长引发的行业竞争加剧,律师为获得业务而进行的宣传推广行为日渐普遍且丰富多样。律师和律师事务所通过律师广告、名片、网络宣传、承办学术会议、发表专业文章等方式向社会公众发布法律服务信息,以扩大自身专业影响、树立法律服务品牌。律师的业务宣传推广行为有助于社会公众了解律师所提供的法律服务,获得法律咨询与委托律师的方式与渠道。但内容不适当的宣传推广方式也可能引发律师行业内部的不正当竞争,损害律师职业形象,如部分律师及律师事务所为了拓展自身业务,采用夸大宣传、虚假宣传、诋毁同行、误导或欺骗客户等不正当竞争手段,严重损害了律师形象和声誉。

(二)律师业务推广行为规范体系

1.法律

1996年5月,第八届全国人大常委会第十九次会议通过了《律师法》,该法第26条规定:"律师事务所和律师不得以诋毁其他律师事务所、律师或者支付介绍费等不正当手段承揽业务。"同时,《律师法》第47条和第50条对律师和律师事务所违反规定承揽业务的行为也规定了处罚措施。

2. 部门规章和部门规范性文件

为规范律师业务推广行为，司法部颁布了一系列规章和规范性文件，如1990年11月，司法部印发《律师十要十不准》；1993年12月，司法部发布《律师职业道德和执业纪律规范》；1995年2月，司法部发布《关于反对律师行业不正当竞争行为的若干规定》；1997年1月，司法部发布《律师违法行为处罚办法》；1998年5月，司法部律师司发布《关于进一步规范律师事务所名称、律师名片的通知》；2003年8月，司法部发布《关于拓展和规范律师法律服务的意见》；2008年7月，司法部发布《律师执业管理办法》（2016年修订）；2010年4月，司法部发布《律师和律师事务所违法行为处罚办法》。

3. 行业规范

为了加强行业自律管理，维护律师行业的整体形象，规范律师和律师事务所的业务推广行为，中华全国律师协会陆续制定了一系列行业规范。1996年10月，中华全国律师协会通过《律师职业道德和执业纪律规范》（2001年修订）；2004年3月，中华全国律师协会通过《律师执业行为规范（试行）》（2009年、2011年、2017年修订）；2018年1月，中华全国律师协会通过《律师业务推广行为规则（试行）》；2021年10月，中华全国律师协会印发《关于禁止违规炒作案件的规则（试行）》。

（三）律师业务推广原则

律师和律师事务所的业务推广行为应遵循守法原则、真实严谨原则、得体适度原则、公平竞争原则等基本原则。

1. 守法原则

律师和律师事务所进行业务推广时应当遵守法律法规和执业规范，不能出现违反《律师法》《广告法》等法律规范的行为，如禁止在法院、检察院、看守所、公安机关、监狱、仲裁委员会等场所附近以广告牌、移动广告、电子信息显示牌等形式发布业务推广信息。

2. 真实严谨原则

律师和律师事务所推广的内容应当真实、严谨。律师和律师事务所应当通过提高自身素质、提高法律服务质量、加强自身业务竞争能力的途径宣传业务，禁止夸大宣传、虚假宣传。

3. 得体适度原则

律师和律师事务所推广的方式应得体、适度，不得含有误导性信息，不得损害律师职业尊严和行业形象。禁止采用艺术夸张手段制作、发布业务推广信息，禁止在公共场所粘贴、散发业务推广信息，禁止以电话、信函、短信、电子邮件等方式针对不特定主体进行业务推广等。

4. 公平竞争原则

律师和律师事务所推广律师业务，应当遵守平等、诚信原则，遵守律师职业道德和执业纪律，遵守律师行业公认的行业准则，公平竞争。

因此，律师和律师事务所以各种形式进行业务宣传推广时，应严格遵循上述基本原则，遵守律师职业伦理和执业纪律，避免出现不正当竞争行为进而损害律师行业声誉。

二、律师业务推广行为规范

（一）形式

律师广告是律师业务推广的主要形式。律师广告可以以律师个人名义发布，也可以以律师事务所名义发布。律师个人发布的业务推广信息应当醒目标示律师姓名、律师执业证号、所任职律师事务所名称，也可以包含律师本人的肖像、年龄、性别、学历、学位、执业年限、律师职称、荣誉称号、律师事务所收费标准、联系方式，依法能够向社会提供的法律服务业务范围、专业领域、专业资格等。律师事务所发布的业务推广信息应当醒目标示律师事务所名称、执业许可证号，也可以包含律师事务所的住所、电话号码、传真号码、电子信箱、网址、公众号等联系方式，以及律师事务所的荣誉称号、所属律师协会、所内执业律师、律师事务所收费标准、依法能够向社会提供的法律服务业务范围简介。

除律师广告以外，律师和律师事务所通过新闻特写、专访等形式宣传报道律师事务所业务范围、律师个人服务事迹等信息发布行为也构成律师业务推广的重要形式，均应遵循《律师执业行为规范（试行）》中的律师宣传规范。

（二）律师业务推广的具体规则

1. 律师广告不得具有虚假性和误导性

律师在进行业务宣传推广时，不得以承诺案件的"成功率"或"胜诉率""标的额"等使得公众产生期望的方式进行推广。即便这些胜诉率或胜诉金额是合理的，也不适宜在业务推广时向客户进行传达。《律师业务推广行为规则（试行）》第10条规定，律师、律师事务所进行业务推广时，不得采用承诺办案结果或宣示胜诉率、赔偿额、标的额等可能使公众对律师、律师事务所产生不合理期望的信息。

同时，律师不得明示或暗示能够通过不正当手段取得有利于当事人的结果。如不得明示或者暗示提供回扣或者其他利益、不收费或者减低收费（法律援助案件除外），也不得明示或者暗示其与司法机关、政府机关、社会团体、中介机构及其工作人员有特殊关系等。实践中部分律师违规通过不正当手段承揽业务，扰乱了法律服务市场秩序，对委托人和律师行业产生了极大风险。

律师广告中不得含有对律师本人或律师事务所的虚假宣传内容，如采用虚假、误导性或者夸大性宣传方式，宣传的律师事务所地理位置信息与登记注册信息不一致等情形，不得采用与律师职业不相称的文字、图案、图片和视听资料发布广告，不得使用"中国""中华""全国"以及外国国家名称等字样，不得未经同意使用国际组织、国家机关、政府组织、行业协会名称以及其他法律法规禁止采用的内容。律师也不得采用容易使公众对律师产生不合理期望的其他宣传方式。

> **📍 案例分析**
>
> 上海某律师事务所孙律师隐瞒所在执业机构地址，在律师事务所住所以外的某地址设立接待处，承揽了4个案件并交由律师事务所统一接受委托、收取费用，共收取律师费9500元。[①]
>
> **问题：** 该律师隐瞒执业机构地址，在律师事务所注册地址之外的场所设立接待处并承揽案件的行为是否属于以不正当手段承揽业务的行为？是否违反律师执业行为规范？若构成违反执业规范行为，依法应承担什么职业责任？

2. 不得自我声明或者暗示其被公认或者证明为某一专业领域的权威或专家

律师广告中不得采用"在某专业领域取得突出成就""是某领域的专家"等未经认证或与法律事务无关的事项。律师广告中应保持真实性和中立性，在使用律师协会任职的职务时，也只局限于履行律师协会任职职责情形，在非履行律师协会任职职责的活动中不得使用律师协会任职的职务。律师广告中的行业荣誉或奖项应写清认证机构，不得未经相关专业机构认证而自称"专家""权威"。根据《律师执业行为规范（试行）》第85条的规定，律师和律师事务所不得伪造或者冒用法律服务荣誉称号。使用已获得的律师或者律师事务所法律服务荣誉称号的，应当注明获得时间和期限。律师和律师事务所不得变造已获得的荣誉称号用于广告宣传。律师事务所已撤销的，其原取得的荣誉称号不得继续使用。

3. 不得进行律师之间或者律师事务所之间的比较宣传

根据《律师业务推广行为规则（试行）》，律师和律师事务所在业务推广时不得采用贬低其他律师事务所或者律师，或与其他律师事务所、其他律师之间进行比较宣传的方式。律师应当审慎地进行同行评价，不得采用诋毁或贬低其他律师或律师事务所的不正当竞争方式开展业务推广，这也体现了对律师服务市场基本秩序的维护和对同行的尊重。

---

① 案例来源：中国法律服务网（12348中国法网）司法行政（法律服务）案例库。

4. 不得未经客户许可发布客户信息

律师在宣传个人业绩时往往会将代理的知名公司案件以及案件标的额、胜诉结果进行公布，但因涉及委托人的信息，可能会损害委托人的声誉或个人隐私权。因此，律师在采用客户信息进行业务宣传时应事先取得委托人的同意，不得未经客户许可发布客户信息，否则会违背律师保密义务，侵犯当事人隐私或商业秘密。

5. 不得以支付案件介绍费、律师费收入分成等方式与第三方合作进行业务推广

律师和律师事务所可以采用与互联网平台、大众媒体等第三方媒介合作的方式进行业务推广，但也应遵循《律师业务推广行为规则（试行）》的基本规定，不得以支付案件介绍费、律师费收入分成等方式与第三方合作进行业务推广。

◎ 案例分析

2017年5月，广州某信息科技有限公司与上海某律师事务所取得联系，称其公司具有网络资源，可向该律所提供资源，帮助其扩大业务。后双方达成初步合作意向，由广州某信息科技有限公司向上海某律师事务所介绍客户，该律师事务所一旦成功签订委托合同，便根据合同标的，按广州某信息科技有限公司65%、上海某律师事务所35%的比例分成。2017年5月至2018年6月，该信息科技有限公司共向该律师事务所介绍业务433件，并且双方根据合同标的按照65%、35%的比例进行分成。[①]

问题： 该律师事务所和信息科技公司达成的介绍案源并事后给予律师费的65%作为介绍费进行分成的行为属于合法的业务推广行为吗？若其行为违法，违反了哪些法律规范？

---

① 案例来源：中国法律服务网（12348中国法网）司法行政（法律服务）案例库。

6. 特定情形下不得发布律师业务推广信息

律师和律师事务所在下述情形下不得发布业务推广信息：未参加年度考核或者未通过年度考核，处于中止会员权利、停止执业或者停业整顿处罚期间，以及前述期间届满后未满一年、受到通报批评和公开谴责未满一年等。公司律师、公职律师和公职律师事务所不得发布律师服务广告。兼职律师发布律师服务广告应当载明兼职律师身份。

> **📍 案例分析**
>
> 2017年7月，甘肃省律师协会接到多名律师反映，一家名为六合方正的公司，涉嫌违规冒用律师事务所和律师名义虚假宣传招揽业务。甘肃省律师协会维权委员会获悉情况后，对该公司官网发布的虚假信息、冒用律师身份、以律师名义招揽业务等违法宣传内容向公证处申请了证据保全，后向兰州市工商行政管理局举报该公司涉嫌虚假宣传、不正当竞争等违法行为，请求依法查处。2018年4月，兰州市工商局复函甘肃省律师协会，告知该公司在调查期间，关闭了官方网站，并于2018年4月更名为"甘肃六合方正知识产权服务有限公司"，网站中曾出现的大量律师代理各类诉讼案件等虚假信息已全部取消，损害律师形象的行为得到了有效遏制。[①]
>
> **问题：**冒用律师名义进行业务招揽在法律上会有什么后果？这种行为违反了哪些法律规定？甘肃省律师协会在这一事件中扮演了什么角色？行业自律组织在维护职业伦理和法律服务市场中起到什么作用？

---

① 案例来源：北大法宝数据库。

第二节 律师与委托人的关系

案例引导

30岁的实习律师王某在法院门口揽活，独立代理了一起名誉权侵害纠纷，并收取了当事人3000元的费用。而在与当事人的交涉中，当事人报警，王某被抓。后王某因涉嫌诈骗罪被检方公诉到海淀法院。2009年3月，王某在法院门口接到一笔业务，代理姜女士的一起侵害名誉权纠纷，并收取了3000元代理费。此后，王某写了相关材料，并去两个妇联机构为姜女士投递材料。后因姜女士家里有事，没有要求王某继续办理起诉等事宜。2011年4月，姜女士打电话给王某，想让他退还一部分费用。双方约好4月17日下午在地铁站见面。王某如约而至，见面后，姜女士报警，王某被抓。4月18日，警方认为王某的行为构成诈骗，对其予以刑事拘留，此后检方以诈骗罪提起公诉。[①]

思考：本案中王某作为实习律师是否能代理案件？律师与委托人之间应如何建立委托关系？

一、委托人关系的建立

（一）委托人关系定义

律师与委托人的关系其本质上应是一种合同关系，律师的法律服务起始于委托合同的签订，经协商达成一致后，律师实施代理活动。委托关系的建立起源于当事人的委托，而这一过程正是委托人与律师的协商过程。律师应当慎重、真实、客观地向委托人阐述可能出现的法律风险，不能大包大揽欺骗委托人。另外，律

---

① 案例来源：央视网。

师与委托人应就委托事项范围、内容、权限、费用、期限等进行协商，协商一致后，由律师事务所与委托人签署委托协议。

（二）委托人关系建立的条件

我国《律师法》第25条第1款规定："律师承办业务，由律师事务所统一接受委托，与委托人签订书面委托合同，按照国家规定统一收取费用并如实入账。"律师应当与委托人就委托事项范围、内容、权限、费用、期限等进行协商，经协商达成一致后，由律师事务所与委托人签署委托协议。另外，除当事人委托，还包括制定代理的情形，律师和律师事务所应当按照国家规定履行法律援助义务，为受援人提供符合标准的法律服务，维护受援人的合法权益。

1. 委托代理的基本要求

根据《律师执业行为规范（试行）》，律师在接受委托后应该履行以下义务：（1）律师应当充分运用专业知识，依照法律和委托协议完成委托事项，维护委托人或者当事人的合法权益；（2）律师与所任职律师事务所有权根据法律规定、公平正义及律师执业道德标准，选择实现委托人或者当事人目的的方案；（3）律师应当严格按照法律规定的期间、时效以及与委托人约定的时间办理委托事项。对委托人了解委托事项办理情况的要求，应当及时给予答复；（4）律师应当建立律师业务档案，保存完整的工作记录；（5）律师应谨慎保管委托人或当事人提供的证据原件、原物、音像资料底版以及其他材料；（6）律师接受委托后，应当在委托人委托的权限内开展执业活动，不得超越委托权限；（7）律师接受委托后，无正当理由不得拒绝辩护或者代理、或以其他方式终止委托。委托事项违法、委托人利用律师提供的服务从事违法活动或者委托人故意隐瞒与案件有关的重要事实的，律师有权告知委托人并要求其整改，有权拒绝辩护或者代理、或以其他方式终止委托，并有权就已经履行事务取得律师费；（8）律师在承办受托业务时，对已经出现的和可能出现的不可克服的困难、风险，应当及时通知委托人，并向律师事务所报告。

案例分析

2018年6月，某市律师协会收到投诉件，反映该市律师事务所某律师在2013年6月，办理某涉嫌非法持有毒品犯罪一案时，私自收取当事人45000元的律师费等费用。2018年8月14日，调查小组进行核实时该律师承认办理案件是事实，但费用是打入其个人账户，其未向律师事务所登记该案件，仅与当事人签署委托书，没有签订书面的委托合同，也未向当事人开具发票。经调查查明：该律师确有私自收案、私自收费的违规行为。[①]

问题：该律师违反了哪项基本要求？

2. 禁止虚假承诺

律师代理当事人的事务时要以诚信为合作基础，禁止进行虚假、误导、夸大性宣传，不得明示或暗示其与行政机关或是司法机关存在某种关系，应遵守执业纪律和职业道德，以诚信贯穿法律服务始终。律师根据委托人提供的事实和证据，依据法律规定进行分析，向委托人提出分析性意见。律师应当根据自身的专业知识，给予专业的建议，可以根据当下的形势给予一个专业的预测，此种行为并不属于"虚假承诺"。

案例分析

河南省郑州市律师协会因焦律师向委托人作出虚假承诺、违规收案收费，给予其中止会员权利六个月的处分。郑州市律师协会接到投诉，反映河南康鼎律师事务所焦红伟律师违规执业。经郑州市律师协会调查认定，焦红伟律师确有在签订的代理协议中约定保证案件必须胜诉的行为，构成不正当竞争。另查明，焦红伟律师以个人名义签订委托代理合同，并通过私人账户收取当事人支付的70万元律师费，构成违规收案收费且情节严重。[②]

问题：焦律师违反了何种委托代理的要求？产生了怎样的恶劣后果？

---

① 案例来源：运城市人民政府网。
② 案例来源：中国律师网。

3. 利益冲突审查

利益冲突问题是律师在执业过程中所面临的一个重要问题，尤其是随着近年来经济的发展和法治的进步，法律服务的需求量越来越大，利益冲突的问题也越来越凸显。利益冲突是指同一律师接受利益存在冲突的两方当事人的委托，律师不得在同一案件中为双方当事人担任代理人，不得代理与本人或者其近亲属有利益冲突的法律事务。律师事务所应当建立利益冲突审查制度。律师事务所在接受委托之前，应当进行利益冲突审查并作出是否接受委托决定。办理委托事务的律师与委托人之间存在利害关系或利益冲突的，不得承办该业务并应当主动提出回避。

有下列情形之一的，律师及律师事务所不得与当事人建立或维持委托关系：（1）律师在同一案件中为双方当事人担任代理人，或代理与本人或者其近亲属有利益冲突的法律事务的；（2）律师办理诉讼或者非诉讼业务，其近亲属是对方当事人的法定代表人或者代理人的；（3）曾经亲自处理或者审理过某一事项或者案件的行政机关工作人员、审判人员、检察人员、仲裁员，成为律师后又办理该事项或者案件的；（4）同一律师事务所的不同律师同时担任同一刑事案件的被害人的代理人和犯罪嫌疑人、被告人的辩护人，但在该县区域内只有一家律师事务所且事先征得当事人同意的除外；（5）在民事诉讼、行政诉讼、仲裁案件中，同一律师事务所的不同律师同时担任争议双方当事人的代理人，或者本所或其工作人员为一方当事人，本所其他律师担任对方当事人的代理人的；（6）在非诉讼业务中，除各方当事人共同委托外，同一律师事务所的律师同时担任彼此有利害关系的各方当事人的代理人的；（7）在委托关系终止后，同一律师事务所或同一律师在同一案件后续审理或者处理中又接受对方当事人委托的；（8）其他与本条第1至第7项情形相似，且依据律师执业经验和行业常识能够判断为应当主动回避且不得办理的利益冲突情形。

律师应当告知委托人并主动提出回避的情形：（1）接受民事诉讼、仲裁案件一方当事人的委托，而同所的其他律师是该案件中对方当事人的近亲属的；

（2）担任刑事案件犯罪嫌疑人、被告人的辩护人，而同所的其他律师是该案件被害人的近亲属的；（3）同一律师事务所接受正在代理的诉讼案件或者非诉讼业务当事人的对方当事人所委托的其他法律业务的；（4）律师事务所与委托人存在法律服务关系，在某一诉讼或仲裁案件中该委托人未要求该律师事务所律师担任其代理人，而该律师事务所律师担任该委托人对方当事人的代理人的；（5）在委托关系终止后一年内，律师又就同一法律事务接受与原委托人有利害关系的对方当事人的委托的；（6）其他与本条第1至第5项情况相似，且依据律师执业经验和行业常识能够判断的其他情形。律师和律师事务所发现存在上述情形的，应当告知委托人利益冲突的事实和可能产生的后果，由委托人决定是否建立或维持委托关系。但委托人同意其代理或者继续承办的除外。委托人决定建立或维持委托关系的，应当签署知情同意书，表明当事人已经知悉存在利益冲突的基本事实和可能产生的法律后果，以及当事人明确同意与律师事务所及律师建立或维持委托关系。委托人知情并签署知情同意书以示豁免的，承办律师在办理案件的过程中应对各自委托人的案件信息予以保密，不得将与案件有关的信息披露给相对人的承办律师。

> ◎ 案例分析
>
> 2016年5月期间，屠某某经其叔叔何某某介绍，委托张丹中作为代理人，参与屠某某、何某某等人之间关于上海重庆南路××弄××号房屋（以下简称"系争房屋"）的法定继承纠纷。2016年5月11日，张丹中就系争房屋为何某某开展调查取证活动。2016年5月14日，张丹中在系争房屋内为何某某与屠某某签订的相关协议提供律师见证。同日，张丹中与屠某某签订《委托书》，屠某某委托张丹中作为诉讼代理人参与系争房屋的法定继承纠纷。张丹中以律师名义参与上述非诉讼和诉讼活动，均未与何某某、屠某某签订书面委托合同。2016年5月16日，黄浦区人民法院立案受理以何某某为原告，屠某某等人为共同被告的法定继承纠纷一案。2016年5月27日，黄浦区人民法院开庭审理该案，后经法庭调解，

该案原被告达成协议，屠某某表示放弃继承，张丹中作为屠某某的诉讼代理人，未告知屠某某放弃继承可能带来的法律风险。[①]

问题：本案律师违反了何种委托代理的要求？

4. 保管委托人财产

律师在进行执业活动时，往往会接触到委托人的财产，而在对委托人财产进行保管时应尽妥善保管的义务。律师事务所可以与委托人签订书面保管协议，妥善保管委托人财产，严格履行保管协议。一般来说，接受保管的财物可以分为资金类与非资金类。针对资金类的财物，需要进行区分账户保管，禁止混同。律师事务所经有关部门批准，可以设立用于存放代委托人保管的合同资金、执行回款、履约保证金等款项的专用账户。律师事务所应当严格管理专用账户，防范风险。对专用账户资金的支付，必须严格审核把关，专款专用。严禁将专用账户的资金挪作他用。律师代为保管非资金类财物，包括各种物证、书证等，应妥善放置。

📍 **案例分析**

2016年，陆婆婆因医院存在医疗过错造成其伤残，委托某律师事务所向法院提起医疗损害责任纠纷诉讼，并支付了律师费19200元。律师事务所接受委托后，指派了金律师作为诉讼代理人参与案件审理。陆婆婆将20张医学影像片等鉴定材料提交法院委托鉴定，经多次补充材料，鉴定机构认为材料不完整不予受理。2017年10月，因陆婆婆去世，其继承人撤诉。金律师从法院领取了陆婆婆提交的20张影像片，但一直未退还案件委托人。2019年，陆婆婆的家人再次委托金律师代理这一诉讼，金律师却无法提供陆婆婆的医学影像片作为鉴定证据。[②]

问题：本案律师是否违反了委托代理的要求？为什么？

[①] 案例来源：中国法律服务网（12348中国法网）司法行政（法律服务）案例库。
[②] 案例来源：广西桂林市七星区人民政府网。

5. 转委托

律师与委托人建立委托关系之后，应以诚信合作为基础，尽忠诚义务。如在受委托过程中发生特殊情况，可以进行转委托，但需经当事人同意。未经委托人同意，律师事务所不得将委托人委托的法律事务转委托其他律师事务所办理。在紧急情况下，为维护委托人的利益律师事务所可以转委托，但应当及时告知委托人。可见，律师执业的转委托是指受委托律师遇有突患疾病、工作调动等紧急情况不能履行委托协议时，应当及时报告律师事务所，由律师事务所另行指定其他律师继续承办，并及时告知委托人。此处应特别注意，转委托需经当事人同意。非经委托人的同意，不能因转委托而增加委托人的费用支出。律师承办业务，应当及时向委托人通报委托事项办理进展情况；需要变更委托事项、权限的，应当征得委托人的同意和授权。紧急情况下为维护委托人的利益可以转委托，但应当及时告知委托人。

二、律师保密义务

（一）律师保密义务的含义

律师保密义务，是指律师依法应当保守在执业活动中知悉的国家秘密、商业秘密、个人隐私以及委托人和其他人不愿泄露的有关情况和信息的义务。律师保守职业秘密是贯穿整个律师职业活动的基本问题，是律师职业伦理的一项基本要求，对于委托人和律师之间的权利与义务有着重要影响。

（二）律师保密规则的分类

以委托人——律师关系为分界点，我国律师保密规则包括律师——委托人豁免权规则和律师保密义务规则两种类型。

1. 律师——委托人豁免权规则

律师——委托人豁免权规则以"权利"来界定律师保密义务的性质，通过排除外界力量的干预来保护委托人与律师的关系，促进委托人与律师之间的坦诚交流。律师与委托人保密特权是英美法系一项古老的特权原则，16世纪就已产生于判例法中。我国《刑事诉讼法》和《律师法》分别规定了特免权和保密义务，我国《刑事诉讼法》第48条规定："辩护律师对在执业活动中知悉的委托人的有关情况和信息，有权予以保密。但是，辩护律师在执业活动中知悉委托人或者其他人，准备或者正在实施危害国家安全、公共安全以及严重危害他人人身安全的犯罪的，应当及时告知司法机关。"律师在履行职责过程中会知悉其委托人的有关情况和信息，甚至包括其违法犯罪的情况和信息等，律师对于委托人的上述情况和信息有保密特权，这也是建立委托人——律师关系的基本要求和条件。保密特权的权利主体是律师，这也是对《刑事诉讼法》第62条规定的公民作证义务的豁免。

2. 律师保密义务规则

律师保密义务规则是以"义务"来界定律师保密行为的性质，《律师法》第38条规定："律师应当保守在执业活动中知悉的国家秘密、商业秘密，不得泄露当事人的隐私。律师对在执业活动中知悉的委托人和其他不愿泄露的有关情况和信息，应当予以保密。但是，委托人或者其他人准备或者正在实施危害国家安全、公共安全以及严重危害他人人身安全的犯罪事实和信息除外。"2021年3月1日起施行的《最高人民法院关于适用〈中华人民共和国刑事诉讼法〉的解释》第55条规定，查阅、摘抄、复制案卷材料，涉及国家秘密、商业秘密、个人隐私的，应当保密；对不公开审理案件的信息、材料，或者在办案过程中获悉的案件重要信息、证据材料，不得违反规定泄露、披露，不得用于办案以外的用途。人民法院可以要求相关人员出具承诺书。上述法律制度明确规定了律师对于执业活动中知悉的国家秘密、商业秘密、个人信息等应当具有保密义务，在查阅、复制相关信息时还应向人民法院出具保密承诺书。根据《律师法》第48－49条的规定，对于律师执业过程中违反法律规定泄露商业秘密或者个人隐私的，可由司法行政部门予以处罚；对于泄露国家秘密构成犯罪的，依法追究刑事责任。

> ◉ 案例分析

　　2013年2月17日，李某某等人强奸（轮奸）一名女子。案发后李某某等5名被告人的家属相继为他们委托了辩护律师，其中成年人王某的二审辩护律师周某自2013年9月5日起陆续在腾讯微博、新浪微博、网易博客上披露了案件当事人的通讯内容、会见笔录等，并且以文字形式披露了有关案件情况、有关辩护人的辩护内容等，对案发现场的有关内容进行了描述。同时，周某还在庭审当天向聚集在法院外面的人员介绍庭审情况，发表意见感受，出示该案证据材料，表达对法院审理工作的不满。[①]

　　问题：周律师在多家网络平台上发布案件当事人基本信息和庭审状况的行为是否违反律师保密义务？

三、律师收费规范

　　律师法律服务是有偿服务，应当遵循《价格法》《律师法》等相关法律规范的内容合理收费。律师服务收费遵循公开公平、自愿有偿、诚实信用的原则。根据《律师服务收费管理办法》的规定，律师收费包括律师服务费、代委托人支付的费用和异地办案差旅费。律师事务所接受委托，应当与委托人签订律师服务收费合同或者在委托代理合同中载明收费条款。收费合同或收费条款应当包括：收费项目、收费标准、收费方式、收费数额、付款和结算方式、争议解决方式等内容。律师事务所向委托人收取律师服务费，应当向委托人出具合法票据。

（一）律师收费的基本要求

　　律师服务收费实行政府指导价和市场调节价。此外，根据《法律援助法》的规定，国家为经济困难公民和符合法定条件的其他当事人无偿提供法律服务，律师和律师事务所应积极配合律师协会的指派，参与法律援助工作，履行律师的社

---

① 案例来源：刘晓兵、程滔编著《法律人的职业伦理底线》。

会责任。

1. 政府指导价

律师事务所依法对于民事诉讼案件、行政诉讼案件、国家赔偿案件、部分刑事诉讼案件实行政府指导价。政府指导价的基准价和浮动幅度由各省、自治区、直辖市人民政府价格主管部门会同同级司法行政部门制定。

2. 市场调节价

律师事务所提供其他法律服务的收费实行市场调节价。实行市场调节的律师服务收费，由律师事务所与委托人协商确定。律师事务所与委托人协商律师服务收费应当考虑耗费的工作时间、法律事务的难易程度、委托人的承受能力、律师可能承担的风险和责任、律师的社会信誉和工作水平等因素综合予以确定。

3. 减收或免收律师服务费的情形

律师事务所应当接受指派承办法律援助案件。办理法律援助案件不得向受援人收取任何费用。对于经济确有困难，但不符合法律援助范围的公民，律师事务所可以酌情减收或免收律师服务费。

（二）律师收费的方式和要求

律师服务收费可以根据不同的服务内容，采取计件收费、按标的额比例收费和计时收费等方式。计件收费一般适用于不涉及财产关系的法律事务；按标的额比例收费适用于涉及财产关系的法律事务；计时收费可适用于全部法律事务。

（三）律师的附条件收费

办理涉及财产关系的民事案件时，委托人被告知政府指导价后仍要求实行风险代理的，律师事务所可以实行风险代理收费。2021年12月，司法部、国家发展和改革委员会、国家市场监督管理总局印发《关于进一步规范律师服务收费的意见》的通知，提出规范律师服务收费行为，健全律师事务所收费管理制度，强化律师服务收费监管，引导广大律师认真履行社会责任，促进律师行业健康有序发展。该通知中对于律师风险代理行为作出严格限制，关于风险代理的适用范围，规定应禁止对刑事诉讼案件、行政诉讼案件、国家赔偿案件、群体性诉讼案件、婚姻继承案件，以及请求给予社会保险待遇、最低生活保障待遇、赡养费、抚养费、扶养费、抚恤金、救济金、工伤赔偿、劳动报酬的案件实行或者变相实行风险代理；对于风险代理收费金额，可以按照固定的金额收费，也可以按照当事人最终实现的债权或者减免的债务金额（以下简称"标的额"）的一定比例收费。[①]

根据该规定，律师事务所对于内部管理制度的实施负有管理职责，应严格执行统一收案、统一收费规定，建立健全收案管理、收费管理、财务管理、专用业务文书、档案管理等内部管理制度，确保律师业务全面登记、全程留痕。建立律师业务统一登记编码制度，加快推进律师管理信息系统业务数据采集，按照统一规则对律师事务所受理的案件进行编号，做到案件编号与收费合同、收费票据一一对应，杜绝私自收案收费。律师服务收费应当由财务人员统一收取、统一入账、统一结算，并及时出具合法票据，不得用内部收据等代替合法票据，不得由律师直接向当事人收取律师服务费。确因交通不便等特殊情况，当事人提出由律师代为收取律师服务费的，律师应当在代收后3个工作日内将代收的律师服务费转入律师事务所账户。

（四）律师和律师事务所违规收费的法律责任

《律师服务收费管理办法》第27条规定，律师事务所、律师有下列违法行为之一的，由司法行政部门依照《律师法》以及《律师和律师事务所违法行为处罚办法》实施行政处罚：

1. 违反律师事务所统一接受委托、签订书面委托合同或者收费合同规定的。

2. 违反律师事务所统一收取律师服务费、代委托人支付的费用和异地办案差旅费规定的。

---

① 《关于进一步规范律师服务收费的意见》中规定，律师事务所在风险代理各个环节收取的服务费合计最高金额应当符合下列规定：标的额不足人民币100万元的部分，不得超过标的额的18%；标的额在人民币100万元以上不足500万元的部分，不得超过标的额的15%；标的额在人民币500万元以上不足1000万元的部分，不得超过标的额的12%；标的额在人民币1000万元以上不足5000万元的部分，不得超过标的额的9%；标的额在人民币5000万元以上的部分，不得超过标的额的6%。

3.不向委托人提供预收异地办案差旅费用概算,不开具律师服务收费合法票据,不向委托人提交代交费用、异地办案差旅费的有效凭证的。

4.违反律师事务所统一保管、使用律师服务专用文书、财务票据、业务档案规定的。

5.违反律师执业纪律和职业道德的其他行为。

📍 案例分析

2016年3月4日,某律师事务所刘某律师持律所空白合同与投诉人签订了风险《委托代理合同》,合同约定"在签订合同的同时甲方先支付乙方律师服务费80000元,该案争议款到位后甲方按所得赔偿的12%支付律师服务费(已付80000元包括在12%内)"。2016年3月8日、9日投诉人分别向刘某律师私人账户转款共计150000元,其中含约定的律师服务费80000元。2016年3月14日,刘某律师向人民法院缴纳诉讼费29189元,办理了诉讼立案手续;3月15日,刘某律师代投诉人在中国平安财产保险股份有限公司办理了诉讼财产保全责任保险,缴纳保险费用35000元,余5811元未退还投诉人。2020年6月24日,刘某律师将80000元律师服务费交至律所并出具相应票据,至处罚时投诉人未收到该票据。[①]

问题:该律师上述哪些行为违反了律师收费规则?应承担什么法律责任?

某市律师协会于2018年6月15日收到该市司法局移送的关于反映某律师事务所朱某律师的相关材料,称其在2013年6月办理杨某涉嫌非法持有毒品犯罪一案时,违规收取当事人45000元的律师费等费用。[②]

问题:该律师未通过律师事务所统一收案流程进行收费,他应承担什么职业责任?

---

① 案例来源:佛山市律师协会微信公众号。
② 案例来源:佛山市律师协会微信公众号。

四、委托关系的终止

委托人可以拒绝已委托的律师为其继续辩护或者代理，同时可以另行委托律师担任辩护人或者代理人。律师接受委托后，无正当理由的，不得拒绝辩护或者代理。但是，委托事项违法、委托人利用律师提供的服务从事违法活动或者委托人故意隐瞒与案件有关的重要事实的，律师有权拒绝辩护或者代理。

律师事务所应当终止委托关系的情形如下：（1）委托人提出终止委托协议的；（2）律师受到吊销执业证书或者停止执业处罚的，经过协商，委托人不同意更换律师的；（3）当发现有《律师执业行为规范（试行）》第51条规定的利益冲突情形的；（4）受委托律师因健康状况不适合继续履行委托协议的，经过协商，委托人不同意更换律师的；（5）继续履行委托协议违反法律、法规、规章或者《律师执业行为规范（试行）》的。

有下列情形之一，经提示委托人不纠正的，律师事务所可以解除委托协议：（1）委托人利用律师提供的法律服务从事违法犯罪活动的；（2）委托人要求律师完成无法实现或者不合理的目标的；（3）委托人没有履行委托合同义务的；（4）在事先无法预见的前提下，律师向委托人提供法律服务将会给律师带来不合理的费用负担，或给律师造成难以承受的、不合理的困难的；（5）其他合法的理由的。

律师与委托人结束委托关系应当遵循如下程序要求：（1）履行告知义务。例如《律师办理民事诉讼案件规范》第18条规定，委托人利用律师提供的服务从事违法活动或者隐瞒事实的，律师可以拒绝代理，经律师事务所收集证据，查明事实后，告知委托人，解除委托关系，记录在卷，并整理案卷归档；（2）退还费用。《律师执业行为规范（试行）》第61条规定，律师事务所依照本规范第59条、第60条的规定终止代理或者解除委托的，委托人与律师事务所协商解除协议的，委托人单方终止委托代理协议的，律师事务所有权收取已提供服务部分的费用；（3）材料移交。《律师执业行为规范（试行）》第62条规定，律师事务所与委托人解除委托关系后，应当退还当事人提供的资料原件、物证原物、视听资料底版等证据，并可以保留复印件存档。

> 📍 **案例分析**
>
> 　　云南省巧家县人民法院审结一起委托人擅自终止委托代理合同引起的委托合同纠纷案。罗某在某公司工作期间受伤，便委托某律师事务所律师孔某为其代理人代为向公司索赔，并签有委托合同。合同期间，代理人正在为索赔事宜绞尽脑汁、东奔西走之时，罗某却与公司达成赔偿协议并擅自与律师事务所毁约，拒绝给付代理费，致该律师事务所及孔某向法院起诉，要求罗某支付代理费。[①]
>
> 　　**问题**：在委托代理关系中，律师应遵循哪些基本要求？

第三节　律师参与诉讼或仲裁的行为规范

> 📍 **案例引导**
>
> 　　被告人杜某系某律师事务所律师。2017年至2019年间，杜某与多人通谋，先后4次共同采取伪造证据、虚假陈述等手段，捏造民事法律关系，虚构民事纠纷，并担任诉讼代理人向人民法院提起民事诉讼，致使人民法院基于捏造的事实先后作出4份民事调解书并进行强制执行。杜某通过实施上述行为，意图帮助他人规避住房限售、限购政策，实现违规办理房产过户手续等非法目的，自己谋取非法经济利益。[②]
>
> 　　**思考**：律师参与诉讼或仲裁应遵循哪些基本的行为规范？

---

① 案例来源：中国法院网。
② 案例来源：北大法宝数据库。

律师担任法律顾问的，应当按照约定为委托人就有关法律问题提供意见，草拟、审查法律文书，代理参加诉讼、调解或者仲裁活动，办理委托的其他法律事务，维护委托人的合法权益。律师接受当事人委托或有关机关指定，为当事人提供法律服务，参与相关的诉讼或仲裁活动，应当遵循相关的法律法规、行业规范，维护当事人合法权益，维护社会公平和正义。根据《律师法》《律师执业行为规范（试行）》等相关规定，规范参与诉讼或仲裁活动。

一、律师调查取证规范

证据是指经合法收集的，在诉讼中经人民法院审查认可的，用以证明案件事实情况的材料。可以说，证据制度是整个诉讼制度的核心。人民法院审理案件的过程就是适用证据的过程，而证据是否合法、真实是整个诉讼的关键。能够反映案件真实情况、与待证事实相关联、来源和形式符合法律规定的证据，应当作为认定案件事实的根据。证据不但应当符合形式要求，而且要以合法的方式取得。以违法方式获得的证据，即便能够说明事实，但侵犯了当事人的其他权益，损害了更高价值的法律秩序，因此不应予以采纳。例如《行政诉讼法》第43条第3款规定"以非法手段取得的证据，不得作为认定案件事实的根据"。因此，律师调查取证应注重手段的合法性，更不得伪造证据或提供虚假的证据。

律师在执业活动中不得故意提供虚假证据或者威胁、利诱他人提供虚假证据，妨碍对方当事人合法取得证据。律师在执业活动中应遵守以下调查取证规范：（1）律师应当依法调查取证；（2）律师不得向司法机关或者仲裁机构提交明知是虚假的证据；（3）律师作为证人出庭作证的，不得再接受委托担任该案的辩护人或者代理人出庭。律师若利用自己的法律专业知识故意制造和参与虚假诉讼，将导致虚假诉讼违法犯罪更加难以甄别，造成更加严重的社会危害。

律师"故意提供虚假证据或者威胁、利诱他人提供虚假证据，妨碍对方当事人合法取得证据的"违法行为，包括：（1）故意向司法机关、行政机关或者仲裁机构提交虚假证据，或者指使、威胁、利诱他人提供虚假证据的；（2）指示或者帮助委托人或者他人伪造、隐匿、毁灭证据，指使或者帮助犯罪嫌疑人、被告人串供，威胁、利诱证人不作证或者作伪证的；（3）妨碍对方当事人及其代理人、辩护人合法取证的，或者阻止他人向案件承办机关或者对方当事人提供证据的。

> **案例分析**
>
> 　　李某为实现非法执业的目的，明知其不符合专职律师执业条件，隐瞒其与某工程有限公司存在聘用关系的真实情况，故意向司法行政部门提交虚假材料，骗取律师执业许可，并在监督检查中继续隐瞒真实情况；其后，李某隐瞒了律师事务所系他人出资，与他人合作办所的事实，提供虚假材料，骗取律师事务所的设立许可，造成律师事务所非法运作，并导致内部管理混乱，有关律师因违法执业受到行政处罚。[①]
>
> 　　**问题：律师参与诉讼或仲裁活动时如何做才能保障证据的真实性与合法性？**

二、律师应当尊重法庭并谨慎发表司法评论

　　律师在执业活动中不得煽动、教唆当事人采取扰乱公共秩序、危害公共安全等非法手段解决争议；不得扰乱法庭、仲裁庭秩序，干扰诉讼、仲裁活动的正常进行。法院、法庭和法官在一定意义上代表着司法公正，对法院、法庭和法官的尊重也就是对法律、公平正义的尊重。第一，律师应当遵守法庭、仲裁庭纪律，遵守出庭时间、举证时限、提交法律文书期限及其他程序性规定。律师不得借故延迟开庭，对于律师确有正当理由不能按期出庭的，人民法院应当在不影响案件审理期限的情况下，另行安排开庭时间，并及时通知当事人及其委托的律师。第二，在开庭审理过程中，律师应当尊重法庭、仲裁庭。律师应当自觉遵守法庭规

---

① 案例来源：杭州律师网。

则，尊重法官权威，依法履行辩护、代理职责。第三，律师在执业过程中，因对事实真假、证据真伪及法律适用是否正确而与诉讼相对方意见不一致的，或者为了向案件承办人提交新证据的，与案件承办人接触和交换意见应当在司法机关内指定场所，不得与所承办案件有关的司法、仲裁人员私下接触。第四，律师不得贿赂司法机关和仲裁机构人员，不得以许诺回报或者提供其他利益（包括物质利益和非物质形态的利益）等方式，与承办案件的司法、仲裁人员进行交易。律师不得介绍贿赂或者指使、诱导当事人行贿。

> **案例分析**
>
> 1. 王律师在代理杨玉魁单位行贿案二审辩护人期间，利用与时任黔东南州中级人民法院院长王某某的老乡关系，多次联系、宴请王某某，对案件办理施加影响。[①]
>
> 2. 吉林省长春市律师协会因某律师扰乱法庭秩序，在法院开庭时不遵守法庭纪律，在法庭上侮辱法院工作人员，构成扰乱法庭秩序、干扰诉讼活动正常进行，给予其中止会员权利六个月的行业纪律处分。[②]
>
> 问题：通过以上两个案例思考律师在法庭中应遵循哪些规范？

三、律师的庭审仪表和语态规范

律师职业形象是律师职业面貌的体现，也象征着严谨、公正的职业要求。律师担任辩护人、代理人参加法庭、仲裁庭审理，应当按照规定穿着律师出庭服装，佩戴律师出庭徽章，注重律师职业形象。律师在法庭或仲裁庭发言时应当举止庄重、大方，用词文明、得体。大方、得体的发言往往体现出律师的素养，一个人的谈吐也是其成功的重要因素。

---

① 案例来源：贵州省司法厅网。
② 案例来源：中国律师网。

第四节　律师与同行的关系规范

　案例引导

　　为争夺业务、争抢案源，律师事务所暗示客户其委托的律师存在商业贿赂嫌疑，客户单位因此撤销了对合作律师的业务委托。律师乌某以律所名义致函某建筑公司，其《专项法律服务合同》是律师金某在违背本所内部管理，未经主任审查的前提下，用违背客观事实的方法从内勤处盖章而使其生效的，并怀疑承办律师私自收取代理费用，以支付该公司有关人员的回扣。建筑公司随后决定撤销对金某的法律服务委托。除此之外，乌某还一再宣传自己的执业年限、专业特长等，企图争取到这笔业务。①

　　思考：律师乌某的行为是否属于不正当竞争？为什么？

　　律师之间的关系，也可以称之为"律师同行关系"，是指律师与律师之间的职业关系。律师之间存在着同行的合作与竞争关系，合作关系可以是案源上、专业上或业务等方面相互的合作关系。律师之间的竞争关系，一般分为内部竞争关系与外部竞争关系。律师之间应当遵循公平竞争、良性竞争的原则，在服务效率、服务质量、服务态度和社会声誉等方面开展公开、平等竞争，而非采取拉案源、挖人才、片面降低价格、给回扣等手段进行不正当的竞争。

一、尊重与合作

　　《律师执业行为规范（试行）》在同业之间相互尊重与合作方面，有如下规定：（1）律师之间应当相互帮助、相互尊重；（2）在庭审或者谈判过程中各方律师应当

──────────

　　① 案例来源：《人民法院报》。

互相尊重，不得使用挖苦讽刺或者侮辱性的语言；（3）律师或律师事务所不得在公众场合及媒体上发表恶意贬低、诋毁、损害同行声誉的言论；（4）律师变更执业机构时应当维护委托人及原律师事务所的利益；律师事务所在接受转入律师时，不得损害原律师事务所的利益。

律师之间的相互帮助、相互合作对于培养律师的职业认同感，维护律师职业形象和律师职业声誉，培养正常的职业竞争环境，避免不正当竞争具有重要的意义。律师应当遵守行业竞争规范，公平竞争，自觉维护执业秩序，维护律师行业的荣誉和社会形象。律师应当尊重同行，相互学习，相互帮助，共同提高执业水平，不应诋毁损害其他律师的威信和声誉。

二、禁止律师间的不正当竞争

律师间的不正当竞争，主要是指采用了非道德手段或非法的手段而形成的竞争。这种竞争不仅会损害其他律师及律师事务所的声誉或者其他合法利益，还会损害律师的整体形象和信誉。因此我国《律师法》第26条规定："律师事务所和律师不得以诋毁其他律师事务所、律师或者支付介绍费等不正当手段承揽业务。"律师不得以下列方式进行不正当竞争：（1）不得以贬低同行的专业能力和水平等方式，招揽业务；（2）不得以提供或承诺提供回扣等方式承揽业务；（3）不得利用新闻媒介或其他手段向其提供虚假信息或夸大自己的专业能力；（4）不得在名片上印有各种学术、学历、非律师业职称、社会职务以及所获荣誉等；（5）不得以明显低于同业的收费水平竞争某项法律事务。

律师执业不正当竞争行为具体如下：（1）诋毁、诽谤其他律师或者律师事务所的信誉、声誉；（2）无正当理由，以低于同地区同行业收费标准为条件争揽业务，或者采用承诺给予客户、中介人、推荐人回扣、馈赠金钱、财物或者其他利益等方式争揽业务；（3）故意在委托人与其代理律师之间制造纠纷；（4）向委托人明示或者暗示自己或者其所属的律师事务所与司法机关、政府机关、社会团体及其工作人员具有特殊关系；（5）就法律服务结果或者诉讼结果作出虚假承诺；（6）明示或者暗示可以帮助委托人达到不正当目的，或者以不正当的方式、手段达到委托人的目的。

> **◎ 案例分析**
>
> 　　长沙市律师协会官网公布的《湖南XH律师事务所、严某某律师不正当竞争一案》披露，2017年5月9日，委托人刘某某经朋友介绍请求律师严某某代理潘某某诉刘某某等人民间借贷纠纷一案，指派肖某律师担任该案刘某某一审程序的诉讼代理人。当日，湖南XH律师事务所与刘某某签订《委托代理合同》，代理费为5000元，至今未收到刘某某该笔律师费。但该案诉讼标的为15212400元，依据《湖南省律师服务收费行业指导标准》的相关规定，本案依照诉讼标的最低可收律师服务费411248元，但本案《委托代理合同》约定收费总额为5000元，属于采取过分低于律师收费指导标准进行收费的情形。①
>
> 　　**问题：**该律所的哪些行为属于不正当竞争？

律师和律师事务所在与行政机关、行业管理部门以及企业的接触中，不得采用下列不正当手段与同行进行业务竞争：（1）通过与某机关、某部门、某行业对某一类的法律服务事务进行垄断的方式争揽业务；（2）限定委托人接受其指定的律师或者律师事务所提供法律服务，限制其他律师或律师事务所正当的业务竞争。

律师和律师事务所在与司法机关及司法人员的接触中，不得采用利用律师兼有的其他身份影响所承办业务正常处理和审理的手段进行业务竞争。

依照有关规定取得从事特定范围法律服务的律师或律师事务所不得采取下列不正当竞争的行为：（1）限制委托人接受经过法定机构认可的其他律师或律师事务所提供法律服务；（2）强制委托人接受其提供的或者由其指定的律师提供的法律服务；（3）对抵制上述行为的委托人拒绝、中断、拖延、削减必要的法律服务或者滥

---

① 案例来源：《河南商报》。

收费用。

律师或律师事务所相互之间不得采用下列手段排挤竞争对手的公平竞争：（1）串通抬高或者压低收费；（2）为争揽业务，不正当获取其他律师和律师事务所收费报价或者其他提供法律服务的条件；（3）泄露收费报价或者其他提供法律服务的条件等暂未公开的信息，损害相关律师事务所的合法权益。

> ### ◉ 案例分析
>
> 在裴某委托震远律师事务所指派律师担任犯罪嫌疑人章某一审阶段辩护人、金某委托震远律师事务所指派律师担任犯罪嫌疑人史某侦查阶段辩护人、程某委托震远律师事务所为其人身伤害提供法律服务的过程中，震远律师事务所行政人员沈某通过其支付宝账户收取的25000元律师费和车马费，通过"杭州市江干区震远服装批发"账户收取的38000元律师费，没有依法如实入账。
>
> 震远律师事务所在其网站中以不真实、不适当的宣传手段承揽业务。如宣称该所不仅有多名律师具有博士、硕士、学士学历，同时还有数十名任职于各级公安部门、检察院、法院的资深专家，由他们组成的顾问团为一线律师提供强有力的专业背景知识支持……另外，在周某某律师尚未核准到震远律师事务所执业时，该所在其网站中已经对外公示周某某系其专职律师。[①]
>
> **问题**：该律所的哪些行为属于不正当竞争？

律师和律师事务所不得擅自或者非法使用社会专有名称或者知名度较高的名称以及代表其名称的标志、图形文字、代号以混淆误导委托人。此处的社会特有名称和知名度较高的名称是指：（1）有关政党、司法机关、行政机关、行业协会名称；（2）具有较高社会知名度的高等法学院校或者科研机构的名称；（3）为社会公众共知、具有较高知名度的非律师公众人物名称；（4）知名律师以及律师事务所名称。

律师和律师事务所不得伪造或者冒用法律服务荣誉称号。使用已获得的律师

---

① 案例来源：中国法律服务网（12348中国法网）司法行政（法律服务）案例库。

或者律师事务所法律服务荣誉称号的，应当注明获得时间和期限。律师和律师事务所不得变造已获得的荣誉称号用于广告宣传。律师事务所已撤销的，其原取得的荣誉称号不得继续使用。

第五节　律师与律师事务所的关系规范

📍 **案例引导**

2019年11月15日，湖南省长沙市律师协会收到投诉，反映湖南维毅律师事务所蒋术明律师存在违规收案收费等行为。经长沙市律师协会调查认定，蒋术明律师在湖南维毅律师事务所执业时，确有以广东金桥百信（长沙）律师事务所名义签订合同、收取费用的情形，构成同时在两个律师事务所执业的违规行为。[①]

思考：律师事务所对律师应承担何种义务？

律师只能在一个律师事务所执业。律师变更执业机构的，应当申请换发律师执业证书。设立律师事务所应当具备下列条件：（1）有自己的名称、住所和章程；（2）有符合《律师法》规定的律师；（3）设立人应当是具有一定的执业经历，且三年内未受过停止执业处罚的律师；（4）有符合国务院司法行政部门规定数额的资产。设立合伙律师事务所，还应当有三名以上合伙人，设立人应当是具有三年以上执业经历的律师。合伙律师事务所可以采用普通合伙或者特殊的普通合伙形式设立。合伙律师事务所的合伙人按照合伙形式对该律师事务所的债务依法承担责任。设立个人律师事务所，除应当符合前述条件外，设立人还应当是具有五年以上执业经历的律师。设立人对律师事务所的债务承担无限责任。

就律师与其所任职的律师事务所之间的关系而言，律师事务所是律师的执业

---

① 案例来源：中国法律服务网（12348中国法网）司法行政（法律服务）案例库。

机构，律师事务所对本所执业律师负有教育、管理和监督的职责。律师事务所应当建立健全执业管理、利益冲突审查、收费与财务管理、投诉查处、年度考核、档案管理、劳动合同管理等制度，对律师在执业活动中遵守职业道德、执业纪律的情况进行监督。同时，律师事务所也应该依法保障律师及其他工作人员的合法权益，为律师执业提供必要的工作条件。

依照《律师执业管理办法》《律师执业行为规范（试行）》《律师职业道德和执业纪律规范》等规定，律师在律师事务所应当遵循下列行为规范：

一、律师承办业务，由律师事务所统一接受委托，与委托人签订书面委托合同，按照国家规定统一收取费用并如实入账

律师承办业务，应当由律师事务所统一接受委托，与委托人签订书面委托合同。律师应当按照国家规定履行法律援助义务，为受援人提供符合标准的法律服务，维护受援人的合法权益，不得拖延、懈怠履行或者擅自停止履行法律援助职责，或者未经律师事务所、法律援助机构同意，擅自将法律援助案件转交其他人员办理。律师承办业务，应当按照规定由律师事务所向委托人统一收取律师费和有关办案费用，不得私自收费，不得接受委托人的财物或者其他利益。律师不得以个人名义私自接受委托，不得私自收取费用。律师不得违反律师事务所收费制度和财务纪律，挪用、私分、侵占业务收费。

◉ 案例分析

北京市德达律师事务所于2016年12月10日同刘某甲、陈某、刘某乙签订委托协议，并于2016年12月13日收到5万元律师费，但未按规定开具律师服务收费票据，后于2017年11月15日补开了上述律师服务收费票据。[①]

问题：北京市德达律师事务所在签订协议收取费用后，未开具发票的行为，是否属于违法行为？请说明理由。

---

① 案例来源：中国法律服务网（12348中国法网）司法行政（法律服务）案例库。

二、律师事务所对冲突利益的审查

律师承办业务，应当由律师事务所统一接受委托，与委托人签订书面委托合同，并服从律师事务所对受理业务进行的利益冲突审查及其决定。

三、律师事务所提供教育交流

律师事务所应当定期组织律师开展时事政治、业务学习，总结交流执业经验，提高律师执业水平。律师事务所应当认真指导申请律师执业实习人员实习，如实出具实习鉴定材料和相关证明材料。

四、律师事务所依规定进行法律援助

律师和律师事务所应当按照国家规定履行法律援助义务，为受援人提供法律服务，维护受援人的合法权益。

五、律师事务所不得指派没有取得律师执业证书的人员或者处于停止执业处罚期间的律师以律师名义提供法律服务

六、律师事务所的管理职责

律师事务所对受其指派办理事务的律师辅助人员出现的错误，应当采取制止或者补救措施，并承担责任。律师事务所有义务对律师、申请律师执业实习人员在业务及职业道德等方面进行管理。

> **◉ 案例分析**
>
> 2019年3月18日，北京市朝阳区律师协会接到投诉，反映北京罗斯律师事务所王志强律师代理不尽责、私自收费及刑事诉讼案件风险代理。经北京市律师协会调查认定，北京罗斯律师事务所确有刑事诉讼案件风险代理收费、未及时全额

开具相应发票的违规行为，其在收接案工作、财务管理和监督等方面存在疏于管理的情形，并在本案调查过程中存在逃避调查的行为；王志强律师作为北京罗斯律师事务所主任及相关案件承办律师应当承担该所上述违规行为的管理责任，同时王志强律师在代理相关案件过程中存在代理不尽责的违规行为。①

　　问题：该律师事务所未尽到哪些义务？

第六节　律师与律师协会的关系规范

案例引导

　　2018年3月28日，网友"正义勇士2004"在新浪微博发布了《天水最没职业道德端方律师事务所》一文，该文引起了省、市司法行政机关的高度重视。天水市律师协会通过查阅了解甘肃端方律师事务所承办案件卷宗后认为，网友"正义勇士2004"所反映的问题不是律师事务所及案件承办律师违反职业道德、执业纪律的问题，而是涉及侵犯律师行业及律师个人的名誉、权益事项。在天水市律师协会指导下，端方律师事务所及时向公安机关报案。公安机关受理此案后查明毛某某因在离婚诉讼案件中没能达到自己的诉求，恶意在新浪微博上公然辱骂、侮辱妻子庞某某的代理律师及其所属的端方律师事务所。公安机关根据《中华人民共和国治安处罚法》第42条第2项之规定，决定对毛某某给予500元罚款的行政处罚。毛某某接受了该行政处罚，到端方律师事务所承认了错误，并向承办律师道歉。该维权案件使律师事务所的声誉和律师个人的合法权益得到了依法维护。②

　　思考：在律师与客户之间的纠纷中，律师协会扮演着怎样的角色？它如何平衡维护律师权益和保障公众利益之间的关系？

---

① 案例来源：中国法律服务网（12348中国法网）司法行政（法律服务）案例库。
② 案例来源：北大法宝数据库。

一、律师协会的性质与设立

根据《律师法》的规定，律师协会是社会团体法人，是律师的自律性组织。所有律师和律师事务所均应加入律师协会，成为律师协会会员。全国设立中华全国律师协会，省、自治区、直辖市设立地方律师协会，设区的市根据需要可以设立地方律师协会。律师协会章程由全国会员代表大会统一制定，报国务院司法行政部门备案。律师必须加入所在地的地方律师协会。加入地方律师协会的律师，同时是中华全国律师协会的会员。律师协会会员按照律师协会章程，享有章程赋予的权利，履行章程规定的义务。

二、律师协会的职责

律师协会应当履行下列职责：（1）保障律师依法执业，维护律师的合法权益；（2）总结、交流律师工作经验；（3）制定行业规范和惩戒规则；（4）组织律师业务培训和职业道德、执业纪律教育，对律师的执业活动进行考核；（5）组织管理申请律师执业人员的实习活动，对实习人员进行考核；（6）对律师、律师事务所实施奖励和惩戒；（7）受理对律师的投诉或者举报，调解律师执业活动中发生的纠纷，受理律师的申诉等。

三、律师与律师协会的关系规范

律师和律师事务所应当遵守律师协会制定的律师行业规范和规则，依法享有律师协会章程规定的权利，并承担律师协会章程规定的义务。律师应当按时缴纳会费、参加律师协会组织的业务学习研究活动以及考核。律师参加国际性律师组织并成为其会员的，以及以中国律师身份参加境外会议等活动的，应当报律师协会备案。律师和律师事务所因执业行为成为刑、民事被告，或者受到行政机关调查、处罚的，应当向律师协会书面报告。律师应当妥善处理律师执业中发生的纠纷，履行经律师协会调解达成的调解协议。律师应当执行律师协会就律师执业纠纷作出的处理决定。律师应当履行律师协会依照法律、法规、规章及律师协会章程、规则作出的处分决定。

> **案例分析**
>
> 　　2018年1月19日，北京市律师协会获悉，北京某律师事务所胡某律师在安徽省淮南市凤台县新集法庭门口被当事人围堵。事件发生后，北京市律师协会第一时间启动维权机制，先后联系了胡律师本人和安徽省律师协会，请求安徽省律师协会协助维权。安徽省律师协会接到协助请求后，高度重视，立即向当地公安局反映情况。经过安徽省律师协会调查核实，本次事件因胡律师与本方当事人在律师费上产生纠纷而引起。北京市律师协会随即联系胡律师要求其妥善解决此事，同时通过公安机关向胡律师的当事人表明，如对律师执业有任何意见随时可以向北京市律师协会投诉。本案中律师协会及时介入，化解律师与委托人之间的纠纷，体现了律师协会对于律师权利的保护职能。①
>
> 　　**思考**：在律师与委托人发生纠纷时，律师协会如何发挥调解作用？它在调解过程中应遵循哪些原则和程序？

第七节　律师与司法行政机关的关系规范

> **案例引导**
>
> 　　张某律师于2016年1月22日私自收取委托人姜某某10000元（含诉讼费），后向崇州市人民法院缴纳诉讼费944元，实收代理费9056元，一直未出具正式票据，直至2017年9月28日才将该笔费用缴入四川某律师事务所账户，为委托人开具发票，张某律师的行为构成私自收取费用。②
>
> 　　**思考**：司法行政机关对律师违规执业行为的监督职责有哪些？

---

① 案例来源：北大法宝数据库。
② 案例来源：中国法律服务网（12348中国法网）司法行政（法律服务）案例库。

一、"两结合"律师管理体制

我国律师管理体制经历了从单一的政府管理到司法行政机关与律师行业协会共同管理的变化过程，自1993年《司法部关于深化律师工作改革的方案》发布后，确立了实行司法行政机关行政管理与律师协会行业自律相结合的"两结合"律师管理体制。

二、司法行政机关的管理职责

司法行政机关对律师工作主要实行宏观管理，其职责是制定律师行业发展规划，起草和制定有关律师工作的法律草案、法规草案和规章制度；批准律师事务所及其分支机构的设立；负责律师资格的授予和撤销；负责执业律师的年检注册登记；加强律师机构的组织建设和思想政治工作。

三、司法行政机关与律师协会职责的分工

律师协会作为律师的行业性群众组织，其主要职责是：总结律师工作经验，指导律师开展业务工作；组织律师的专业培训；维护律师的合法权益；开展律师的职业道德教育，对律师遵守执业纪律的状况进行监督检查；按照国家有关规定，组织与外国、境外律师民间团体的交流活动。我国《律师法》第4条规定："司法行政部门依照本法对律师、律师事务所和律师协会进行监督、指导。"

根据《律师法》《国家统一法律职业资格考试实施办法》《律师职务试行条例》等规定，司法部负责国家统一法律职业资格考试的实施工作，司法行政部门对律师资格授予、律师专业职务评审等工作负有管理职责。此外，司法行政部门的重要职能是制定律师行业的行业政策和行政规章，如司法部单独或联合其他部门制定的部门规范性文件《关于律师开展法律援助工作的意见》《关于开展律师调解试点工作的意见》等，以及部分部门规章如《律师执业管理办法》《律师和律师事务所违法行为处罚办法》等。司法行政部门对律师事务所的执业证书发放、律师事务所的年度检查等负有管理职责，司法部单独或联合其他部门针对律师事务所的

管理制定了一系列行政规章，如《律师事务所管理办法》《律师事务所收费程序规则》《律师事务所从事证券法律业务管理办法》《律师事务所名称管理办法》《律师事务所年度检查考核办法》等。

此外，根据《律师法》第47—56条的规定，司法行政部门对于律师和律师事务所的违法行为应作出相应的行政处罚。《律师和律师事务所违法行为处罚办法》对于相关行政处罚行为作出了更加明确的规定。

本章小结

律师执业行为规范是律师在执业活动中必须遵守的行为准则，是律师职业伦理的第二个层次，为律师执业活动提供了行为指引和行动指南。律师在执业活动中应秉持律师职业道德精神，严格遵守行为规范，一旦出现违规行为将引发律师职业责任的承担。

本章练习

1. 律师发布广告应遵循什么要求？

2. 什么是律师利益冲突规则？

3. 律师服务风险代理收费应遵循什么标准和要求？

4. 我国的律师管理体制的特征是什么？

5. 律师的庭外言论有什么具体要求？

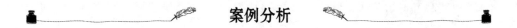

案例分析

2018年5月22日，汪某律师到市看守所会见犯罪嫌疑人向某某时，违规传递违禁物品香烟数包。6月14日，汪某律师再次会见犯罪嫌疑人向某某时，违规私自传递其妻子张某某的书信一封，并在接收向某某传递的书写纸条一张时被市看守所干警和驻所检察官现场挡获，后该纸条被汪某律师现场销毁。[①]

问题：

汪某律师违规会见行为触犯了哪些律师职业行为规范？应当承担什么责任？

2015年5月26日，兰某某之父与重庆君融律师事务所签订《法律事务委托合同》，约定该所指派张某律师为其子兰某某涉嫌非法游行、集会一案担任辩护人。后重庆市律师协会收到对张某律师违规会见的情况反映。2015年6月8日下午，张某律师在武胜县看守所会见兰某某时，接收兰某某书信三封，私自带出看守所后，将其中两封书信交付给兰某某亲属，并将另一封《给义工们的一封信》于同年6月9日在其实名认证的新浪微博上公开发布。重庆市律师协会于2015年7月6日立案调查，于9月17日召开听证会。[②]

问题：

张某律师的行为与律师执业过程中的通信权是否相同？其行为是否属于违反律师执业行为规范和执业纪律的行为？张某律师是否应当依法承担职业责任？

---

① 案例来源：中国法律服务网（12348中国法网）司法行政（法律服务）案例库。
② 案例来源：中国法律服务网（12348中国法网）司法行政（法律服务）案例库。

第五章　律师职业责任

学习目标

知识目标： 学习律师违反执业行为规范承担的职业责任内容；掌握律师纪律责任的种类、适用情形与实施程序等基本制度；深入理解律师及律师事务所行政法律责任、民事法律责任、刑事法律责任规范体系。

能力目标： 提升对律师职业责任制度的理解与应用能力；提高对违反执业行为规范的行为进行判断和处理的能力；养成职业伦理意识和法律职业共同体伦理素养。

思维导图：

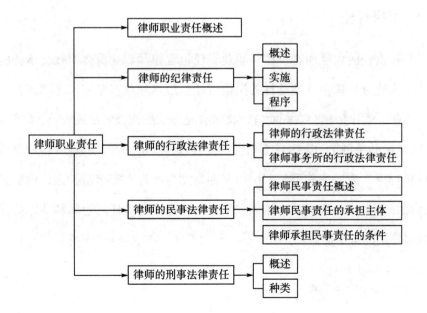

案例引导

宋某在上海市一中院审理W公司诉R公司欠款纠纷案中，担任被告R公司一审代理人，双方于2001年2月签署聘请律师合同，约定宋某律师的代理权限包括"申请执行"。2001年7月，一中院判决R公司偿付W公司工程款2319万元及利息。2003年4月28日，宋某律师又接受W公司的委托，成为W公司的执行代理人，代理W公司申请恢复该案对R公司债务的执行。宋某从W公司支付的律师费中获得93.5万元业务提成。[①]

思考：宋某在案件审理程序中担任一方当事人的诉讼代理人，在案件执行程序中又担任对方当事人的执行代理人，其行为是否构成律师执业利益冲突行为？对此，应承担什么职业责任？

第一节　律师职业责任概述

法律职业责任包含积极责任和消极责任。

一、积极责任

从积极责任的角度而言，律师职业责任包含律师职业群体对社会承担的责任和律师个人充分发挥主观能动性的岗位责任。法律职业者坚持以惩恶扬善、扶弱济困为己任，就律师社会责任而言，我国有充分的法律援助制度规范，《刑事诉讼法》《法律援助条例》等法律规范均规定被告人因经济困难或其他原因没有委托辩护人的情形下，人民法院可依照法律援助制度为被告人指定辩护人，由法律援助机构指派律师提供法律援助。这体现了对于律师职业责任的道德和法律要求，是律师扶弱济困的重要使命。

---

① 案例来源：东方律师网。

二、消极责任

从消极责任的角度而言，律师职业责任主要指律师违反法律和伦理规范的要求所应承担的法律后果，主要包括纪律责任、行政法律责任、民事法律责任和刑事法律责任。律师服务作为法律服务的重要组成部分，其职业行为和职业责任规范应严格依法实施，在保护律师执业权利的同时，要对违反律师执业行为规范的行为进行法律制裁。律师职业责任对于维护律师服务秩序，督促律师在执业活动中勤勉尽责、恪尽职守，维护律师良好的职业形象具有监督和保障作用。以下四节内容对律师的纪律责任、行政法律责任、民事法律责任和刑事法律责任分别予以论述。

第二节 律师的纪律责任

一、律师的纪律责任概述

律师的纪律责任是指律师协会对于律师和律师事务所违反律师执业规范行为作出的行业处分。在"两结合"管理体制中，司法行政部门和律师协会作为律师职业管理的主要机构，对于律师和律师事务所违反执业规范的行为规定了处罚措施。律师协会对于违反执业规范的律师违规行为作出行业处分，有助于律师服务市场的有效管理和健康发展。

二、律师的纪律处分种类与适用

根据《律师协会会员违规行为处分规则（试行）》第15条的规定，律师协会对会员的违规行为实施纪律处分的种类包括训诫、警告、通报批评、公开谴责、中止会员权利（一个月以上一年以下）、取消会员资格。

训诫，是一种警示性的纪律处分措施，是最轻微的惩戒方式，适用于会员初次因过失违规或者违规情节显著轻微的情形。训诫采取口头或者书面方式实施。采取口头训诫的，应当制作笔录存档。

警告，是一种较轻的纪律处分措施，适用于会员的行为已经构成了违规，但情节较轻，应当予以及时纠正和警示的情形。

通报批评、公开谴责适用于会员故意违规、违规情节严重，或者经警告、训诫后再次违规的行为。

中止会员权利一个月以上一年以下，是指在会员权利中止期间，暂停会员享有律师协会章程规定的全部会员权利，但并不免除该会员的义务。除口头训诫外，其他处分均需作出书面决定。

根据《律师协会会员违规行为处分规则（试行）》第四章的规定，律师违规行为主要包括以下八类：

（一）利益冲突行为及其处分

律师利益冲突行为包含"绝对利益冲突行为"和"相对利益冲突行为"，《律师协会会员违规行为处分规则（试行）》第20条和第21条分别就律师利益冲突行为的职业责任作出规定。

1. 绝对利益冲突行为

"绝对利益冲突行为"指不需要附加任何条件，只要存在下列行为即构成利益冲突，主要包括以下11种：（1）律师在同一案件中为双方当事人担任代理人，或代理与本人或者其近亲属有利益冲突的法律事务的；（2）律师办理诉讼或者非诉讼业务，其近亲属是对方当事人的法定代表人或者代理人的；（3）曾经亲自处理或者审理过某一事项或者案件的行政机关工作人员、审判人员、检察人员、仲裁员，成为律师后又办理该事项或者案件的；（4）同一律师事务所的不同律师同时担任同一刑事案件的被害人的代理人和犯罪嫌疑人、被告人的辩护人，但在该县区域内只有一家律师事务所且事先征得当事人同意的除外；（5）在民事诉讼、行政诉讼、仲裁案件中，同一律师事务所的不同律师同时担任争议双方当事人的代理人，或者本所或其工作人员为一方当事人，本所其他律师担任对方当事人的代理人的；

（6）在非诉讼业务中，除各方当事人共同委托外，同一律师事务所的律师同时担任彼此有利害关系的各方当事人的代理人的；（7）在委托关系终止后，同一律师事务所或同一律师在同一案件后续审理或者处理中又接受对方当事人委托的；（8）担任法律顾问期间，为顾问单位的对方当事人或者有利益冲突的当事人代理、辩护的；（9）曾经担任法官、检察官的律师从人民法院、人民检察院离任后，二年内以律师身份担任诉讼代理人或者辩护人；（10）担任所在律师事务所其他律师任仲裁员的仲裁案件代理人的；（11）其他依据律师执业经验和行业常识能够判断为应当主动回避且不得办理的利益冲突情形。

根据《律师协会会员违规行为处分规则（试行）》第20条的规定，具有上述利益冲突行为之一的，分别给予训诫、警告或者通报批评的纪律处分；情节严重的，给予公开谴责、中止会员权利三个月以下的纪律处分。

2. 相对利益冲突行为

"相对利益冲突行为"是指因未征得委托人同意而造成的利益冲突。包括：（1）接受民事诉讼、仲裁案件一方当事人的委托，而同所的其他律师是该案件中对方当事人的近亲属的；（2）担任刑事案件犯罪嫌疑人、被告人的辩护人，而同所的其他律师是该案件被害人的近亲属的；（3）同一律师事务所接受正在代理的诉讼案件或者非诉讼业务当事人的对方当事人所委托的其他法律业务的；（4）律师事务所与委托人存在法律服务关系，在某一诉讼或仲裁案件中该委托人未要求该律师事务所律师担任其代理人，而该律师事务所律师担任该委托人对方当事人的代理人的；（5）在委托关系终止后一年内，律师又就同一法律事务接受与原委托人有利害关系的对方当事人的委托的；（6）其他与本条第（1）至第（5）项情况相似，且依据律师执业经验和行业常识能够判断的其他情形。

根据《律师协会会员违规行为处分规则（试行）》第21条的规定，未征得各方委托人的同意而从事上述代理行为之一的，给予训诫、警告或者通报批评的纪律处分。

> **◉ 案例分析**
>
> 　　实习律师胡某原任湄潭县人民法院、播州区人民法院法官，2020年4月离职。离职后，其在二年执业回避期间以实习律师身份违规代理诉讼案件4件。[①]
>
> 　　**问题**：胡某在执业回避期内以实习律师身份代理诉讼案件违反了哪些职业伦理规范?
>
> 　　2023年2月，湖南苍松律师事务所存在与原告签订委托代理协议，指派律师担任原告诉讼代理人后，又与同一案件中的被告签订委托代理协议，指派本所律师担任被告诉讼代理人的行为，违反利益冲突规定。[②]
>
> 　　**问题**：该律师事务所对上述双方代理行为应当承担什么法律责任?

（二）代理不尽责行为及其处分

　　根据《律师协会会员违规行为处分规则（试行）》第四章第二节的规定，"代理不尽责行为"包括提供法律服务不尽责行为和利用提供法律服务的便利牟取不正当利益的行为。

　　1. 提供法律服务不尽责行为

　　《律师协会会员违规行为处分规则（试行）》第22条规定了以下四类提供法律服务不尽责行为：（1）超越委托权限，从事代理活动的；（2）接受委托后，无正当理由，不向委托人提供约定的法律服务的，拒绝辩护或者代理的，包括：不及时调查了解案情，不及时收集、申请保全证据材料，或者无故延误参与诉讼、申请执行，逾期行使撤销权、异议权等权利，或者逾期申请办理批准、登记、变更、披露、备案、公告等手续，给委托人造成损失的；（3）无正当理由拒绝接受律师事务所或者法律援助机构指派的法律援助案件的，或者接受指派后，拖延、懈怠履

---

　　① 案例来源：贵州律管家微信公众号。
　　② 案例来源：中国律师网。

行或者擅自停止履行法律援助职责的，或者接受指派后，未经律师事务所或者法律援助机构同意，擅自将法律援助案件转交其他人员办理的；（4）因过错导致出具的法律意见书存在重大遗漏或者错误，给当事人或者第三人造成重大损失的，或者对社会公共利益造成危害的。对于具有上述情形之一的，给予训诫、警告或者通报批评的纪律处分；情节严重的，给予公开谴责、中止会员权利三个月以上一年以下或者取消会员资格的纪律处分。

2. 利用提供法律服务的便利牟取不正当利益的行为

《律师协会会员违规行为处分规则（试行）》第23条规定了三种利用提供法律服务的便利牟取不正当利益的行为：（1）利用提供法律服务的便利牟取当事人利益；接受委托后，故意损害委托人利益的；（2）接受对方当事人的财物及其他利益，与对方当事人、第三人恶意串通，向对方当事人、第三人提供不利于委托人的信息、证据材料，侵害委托人的权益的；（3）为阻挠当事人解除委托关系，威胁、恐吓当事人或者扣留当事人提供的材料的。

具有上述情形之一的，给予训诫、警告或者通报批评的纪律处分；情节严重的，给予公开谴责、中止会员权利三个月以上一年以下或者取消会员资格的纪律处分。

> **案例分析**
>
> 2019年8月16日，黔东南州施秉县法律援助中心向州法律援助中心请求对施秉县人民法院审理的被告人张某九等人涉嫌冲击国家机关罪、寻衅滋事罪、故意伤害罪一案提供法律援助。黔东南州法律援助中心指派贵州某律师事务所某律师担任被告人张某九的辩护律师，该案开庭前某律师已收到施秉县人民法院开庭传票，但该律师作为张某九的辩护律师无故不参加庭审，且尚未经过律师事务所或法律援助机构的同意，擅自将法律援助案件转交同所另一律师办理。[①]
>
> **问题**：该律师无故不参加法律援助案件庭审，不履行相应法律援助职责，且

---

① 案例来源：贵州省律师协会微信公众号。

尚未经过律师事务所或法律援助机构的同意，擅自将法律援助案件转交同所律师办理，这些行为违反了哪些职业伦理规范？应当承担什么法律责任？

顾某律师参加再审案件听证迟到，导致案件作自动撤回申请处理。此外，顾某律师收案收费未及时交至律所，在代理费5000元之外另收取委托人价值2000元的酒卡。①

问题：顾某律师的上述行为违反了哪些职业伦理规范？应当承担什么法律责任？

（三）违反保密义务的行为及其处分

根据《律师协会会员违规行为处分规则（试行）》第四章第三节的规定，对于泄露国家秘密、委托人的商业秘密和个人隐私、不公开审理案件的信息和材料等违反律师保密义务的行为，应予以相应的行业处分。

1. 泄露当事人的商业秘密或者个人隐私的，给予警告、通报批评或者公开谴责的纪律处分；情节严重的，给予中止会员权利三个月以上六个月以下的纪律处分。

2. 违反规定披露、散布不公开审理案件的信息、材料，或者本人、其他律师在办案过程中获悉的有关案件重要信息、证据材料的，给予通报批评、公开谴责或者中止会员权利六个月以上一年以下的纪律处分；情节严重的，给予取消会员资格的纪律处分。

3. 泄漏国家秘密的，给予公开谴责、中止会员权利六个月以上一年以下的纪律处分；情节严重的，给予取消会员资格的纪律处分。

（四）违规收案、收费的行为及其处分

根据《律师协会会员违规行为处分规则（试行）》第四章第四节的规定，对于违规收案、收费应给予行业纪律处分。违规收案和收费的行为主要包括：

---

① 案例来源：中国律师网。

1. 不按规定与委托人签订书面委托合同的。

2. 不按规定统一接受委托、签订书面委托合同和收费合同，统一收取委托人支付的各项费用的，或者不按规定统一保管、使用律师服务专用文书、财务票据、业务档案的。

3. 私自接受委托，私自向委托人收取费用，或者收取规定、约定之外的费用或者财物的；违反律师服务收费管理规定或者收费协议约定，擅自提高收费的。

4. 执业期间以非律师身份从事有偿法律服务的。

5. 不向委托人开具律师服务收费合法票据，或者不向委托人提交办案费用开支有效凭证的。

6. 在实行政府指导价的业务领域违反规定标准收取费用，或者违反风险代理管理规定收取费用。

《律师协会会员违规行为处分规则（试行）》第27条规定，对上述违规收案、收费行为，应给予训诫、警告或者通报批评的纪律处分；情节严重的，给予公开谴责、中止会员权利一个月以上一年以下或者取消会员资格的纪律处分。

📍 案例分析

广西领地律师事务所李晖律师在代理一起涉土地权属纠纷的行政诉讼案件时，与当事人签订风险代理委托协议并收取律师费15万元。[①]

问题：李律师的风险代理收费方式是否符合《律师法》的规定？

北京罗斯律师事务所王志强律师被投诉代理不尽责、私自收费且未及时全额开具相应发票、对刑事诉讼案件采用风险代理收费方式。[②]

问题：王律师的行为违反了哪些法律职业伦理规范？其所在的律师事务所是否要承担不当管理的职业责任？

---

① 案例来源：中国律师网。
② 案例来源：中国律师网。

（五）不正当竞争行为及其处分

根据《律师协会会员违规行为处分规则（试行）》第四章第五节的规定，对于律师和律师事务所不正当竞争行为应给予行业纪律处分。其中第29条规定了一般不正当竞争行为，第30条规定了性质恶劣的不正当竞争行为。

1. 一般不正当竞争行为

一般不正当竞争行为包括：（1）为争揽业务，向委托人作虚假承诺的；（2）向当事人明示或者暗示与办案机关、政府部门及其工作人员有特殊关系的；（3）利用媒体、广告或者其他方式进行不真实或者不适当宣传的；（4）以支付介绍费等不正当手段争揽业务的；（5）在事前和事后为承办案件的法官、检察官、仲裁员牟取物质的或非物质的利益，为了争揽案件事前和事后给予有关人员物质的或非物质利益的；（6）在司法机关、监管场所周边违规设立办公场所、散发广告、举牌等不正当手段争揽业务的。

对于以上述不正当手段争揽业务的行为，给予训诫、警告或者通报批评的纪律处分；情节严重的，给予公开谴责、中止会员权利一个月以上一年以下或者取消会员资格的纪律处分。

2. 性质恶劣的不正当竞争行为

性质恶劣的不正当竞争行为包括：（1）捏造、散布虚假事实，损害、诋毁其他律师、律师事务所声誉的；（2）哄骗、唆使当事人提起诉讼，制造、扩大矛盾，影响社会稳定的；（3）利用与司法机关、行政机关或其他具有社会管理职能组织的关系，进行不正当竞争的。

对于以上述不正当手段争揽业务的行为，给予通报批评、公开谴责或者中止会员权利一个月以上一年以下的纪律处分；情节严重的，给予取消会员资格的纪律处分。

> 案例分析
>
> 焦律师以个人名义签订委托代理合同，并通过私人账户收取当事人支付的70万元律师费，同时在签订的代理协议中约定保证案件胜诉。①
>
> **问题**：焦律师的行为违反了哪些职业伦理规范？应当承担什么职业责任？

（六）妨碍司法公正的行为及其处分

妨碍司法公正的行为包括私下会见司法机关工作人员、利用与司法工作人员的特殊关系影响依法办案的、向司法机关工作人员行贿等。

1. 私下会见司法机关工作人员

根据《律师协会会员违规行为处分规则（试行）》第31—33条的规定，承办案件期间，为了不正当目的，在非工作期间、非工作场所，会见承办法官、检察官、仲裁员或者其他有关工作人员，或者违反规定单方面会见法官、检察官、仲裁员的，给予中止会员权利六个月以上一年以下的纪律处分；情节严重的给予取消会员资格的纪律处分。

2. 利用与司法工作人员的特殊关系影响依法办案的

利用与法官、检察官、仲裁员以及其他有关工作人员的特殊关系，打探办案机关内部对案件的办理意见，承办其介绍的案件，影响依法办理案件的，给予中止会员权利六个月以上一年以下的纪律处分；情节严重的给予取消会员资格的纪律处分。

3. 向司法机关工作人员行贿

向法官、检察官、仲裁员及其他有关工作人员行贿，许诺提供利益、介绍贿赂或者指使、诱导当事人行贿的，给予中止会员权利六个月以上一年以下的纪律处分；情节严重的给予取消会员资格的纪律处分。

---

① 案例来源：中国律师网。

案例分析

2019年1月25日，四川省自贡市律师协会接到中共自贡市纪律检查委员会案件监督管理室移送的函，反映四川某律师事务所代某律师为影响二审判决结果，向委托人提议行贿法官。[①]

问题：律师向委托人提议向法官行贿属于何种性质的违法行为？可能承担什么法律责任？

（七）以不正当方式影响依法办理案件的行为及其处分

"以非法方式影响司法机关依法办理案件""违反遵守法庭、仲裁庭纪律和监管场所规定、行政处理规则""故意提供虚假证据违法行为""违规炒作案件"等行为属于以不正当方式影响依法办理案件的行为，依法应予以纪律处分。

1. 以非法方式影响司法机关依法办理案件

《律师协会会员违规行为处分规则（试行）》第34条规定了以非法方式影响司法机关依法办理案件的六种情形：（1）未经当事人委托或者法律援助机构指派，以律师名义为当事人提供法律服务、介入案件，干扰依法办理案件的；（2）对本人或者其他律师正在办理的案件进行歪曲、有误导性的宣传和评论，恶意炒作案件的；（3）以串联组团、联署签名、发表公开信、组织网上聚集、声援等方式或者借个案研讨之名，制造舆论压力，攻击、诋毁司法机关和司法制度的；（4）煽动、教唆和组织当事人或者其他人员到司法机关或者其他国家机关静坐、举牌、打横幅、喊口号、声援、围观等扰乱公共秩序、危害公共安全的非法手段，聚众滋事，制造影响，向有关机关施加压力的；（5）发表、散布否定宪法确立的根本政治制度、基本原则和危害国家安全的言论，利用网络、媒体挑动对党和政府的不满，发起、参与危害国家安全的组织或者支持、参与、实施危害国家安全的活动的；（6）以歪曲事实真相、明显违背社会公序良俗等方式，发表恶意诽谤他人的言论，或者发

---

① 案例来源：律动郑东微信公众号。

表严重扰乱法庭秩序的言论的。

对于上述影响司法机关依法办理案件的行为，给予中止会员权利六个月以上一年以下的纪律处分；情节严重的给予取消会员资格的纪律处分。

2. 违反遵守法庭、仲裁庭纪律和监管场所规定、行政处理规则

《律师协会会员违规行为处分规则（试行）》第35条规定了违反遵守法庭、仲裁庭纪律和监管场所规定、行政处理规则的三种情形：（1）会见在押犯罪嫌疑人、被告人时，违反有关规定，携带犯罪嫌疑人、被告人的近亲属或者其他利害关系人会见，将通讯工具提供给在押犯罪嫌疑人、被告人使用，或者传递物品、文件；（2）无正当理由，拒不按照人民法院通知出庭参与诉讼，或者违反法庭规则，擅自退庭；（3）聚众哄闹、冲击法庭，侮辱、诽谤、威胁、殴打司法工作人员或者诉讼参与人，否定国家认定的邪教组织的性质，或者有其他严重扰乱法庭秩序的行为。

对于上述违反遵守法庭、仲裁庭纪律和监管场所规定、行政处理规则的行为，给予中止会员权利六个月以上一年以下的纪律处分；情节严重的给予取消会员资格的纪律处分。

3. 故意提供虚假证据违法行为

《律师协会会员违规行为处分规则（试行）》第36条规定了故意提供虚假证据违法行为的三种情形：（1）故意向司法机关、仲裁机构或者行政机关提供虚假证据；（2）威胁、利诱他人提供虚假证据；（3）妨碍对方当事人合法取得证据。

对于上述行为，给予中止会员权利六个月以上一年以下的纪律处分；情节严重的给予取消会员资格的纪律处分。

4. 违规炒作案件

《中华全国律师协会关于禁止违规炒作案件的规则（试行）》中规定律师事务所应当严格履行管理职责，建立健全内部管理制度，禁止本所律师违规炒作案件，发现问题及时予以纠正。律师协会应当加强律师职业道德和执业纪律培训，教育引导律师明晰执业底线和红线，依法依规诚信执业，自觉抵制违规炒作案件行为。律师、

律师事务所违反本规则的，由其所属的地方律师协会通过主动调查或根据投诉进行调查处理等方式进行监督管理。律师协会收到人民法院、人民检察院、公安机关等办案机关告知律师存在违规炒作行为的，应当开展调查，并及时反馈结果。

> ### 📍 案例分析
>
> 2022年10月，经长春市司法局调查认定，吉林马克庆律师事务所马律师在法院开庭时不遵守法庭纪律，在法庭上侮辱法院工作人员，构成扰乱法庭秩序、干扰诉讼活动正常进行。[①]
>
> **问题**：马律师扰乱法庭秩序，应承担什么职业责任？
>
> 2015年，公安部指挥多地公安机关摧毁一个以律师事务所为平台，少数律师、推手、"访民"相互勾连、滋事扰序的涉嫌重大犯罪团伙，该案犯罪嫌疑人不以"公平正义"为职业理想，反而以"谋名谋利"为奋斗目标，在代理案件时不惜牺牲当事人的合法权益，把注意力放在"这个案子能带来多大影响力"等问题上；不以"法律素养"为组建团队的考量标准，反而以"名气大小"论"英雄"，代理案件时，不以法律为准绳，不以事实为依据，甚至根本不从法律文本上、案件卷宗中寻找辩护依据，反而是通过闹法庭、搞"死磕"、聚众闹事、抹黑法官、煽动舆论等各种非法手段，将严肃的法庭辩护破坏为闹剧。该涉嫌犯罪团伙非但不是"国家法治体系中的桥梁纽带"，不是社会公平正义的维护者，反而是法治秩序与尊严的破坏者，是社会公共利益的侵害者。这不仅与律师使命相背离，更是法治社会绝不容许的。[②]
>
> **问题**：律师在与媒体互动时，应如何确保其行为符合职业责任，避免对司法公正造成影响？

---

① 案例来源：中国律师网。
② 案例来源：人民网。

（八）违反司法行政管理或行业管理的行为及其处分

根据《律师协会会员违规行为处分规则（试行）》第四章第八节的规定，对于同时在两个律师事务所以上执业或同时在律师事务所和其他法律服务机构的执业行为、不服从司法行政管理或者行业管理等行为应予以纪律处分。律师事务所管理失职，依法应承担职业责任。

1. 同时在两个律师事务所以上执业或同时在律师事务所和其他法律服务机构的执业行为

《律师协会会员违规行为处分规则（试行）》第37条规定，同时在两个律师事务所以上执业的或同时在律师事务所和其他法律服务机构执业的，给予警告、通报批评或者公开谴责的纪律处分；情节严重的，给予中止会员权利一个月以上三个月以下的纪律处分。

2. 不服从司法行政管理或者行业管理等行为

《律师协会会员违规行为处分规则（试行）》第38条规定了不服从司法行政管理或者行业管理的三种具体行为：（1）向司法行政机关或者律师协会提供虚假材料、隐瞒重要事实或者有其他弄虚作假行为的；（2）在受到停止执业处罚期间，或者在律师事务所被停业整顿、注销后继续执业的；（3）因违纪行为受到行业处分后在规定的期限内拒不改正的。

对于上述不服从司法行政管理或行业管理的行为，给予中止会员权利六个月以上一年以下的纪律处分；情节严重的给予取消会员资格的纪律处分。

3. 律师事务所管理失职的职业责任

律师事务所存在管理失职的情况下应当依法承担职业责任。《律师协会会员违规行为处分规则（试行）》第39条规定了律师事务所应承担纪律处分责任的九种情形：（1）不按规定建立健全执业管理和其他各项内部管理制度，规范本所律师执业行为，履行监管职责，对本所律师遵守法律、法规、规章及行业规范，遵守职业道德和执业纪律的情况不予监督，发现问题未及时纠正的；（2）聘用律师或者其他工作人员，不按规定与应聘者签订聘用合同，不为其办理社会统筹保险的；

（3）不依法纳税的；（4）受到停业整顿处罚后拒不改正，或者在停业整顿期间继续执业的；（5）允许或者默许受到停止执业处罚的本所律师继续执业的；（6）未经批准，擅自在住所以外的地方设立办公点、接待室，或者擅自设立分支机构的；（7）恶意逃避律师事务所及其分支机构债务的；（8）律师事务所无正当理由拒绝接受法律援助机构指派的法律援助案件；或者接受指派后，不按规定及时安排本所律师承办法律援助案件或者拒绝为法律援助案件的办理提供条件和便利的；（9）允许或者默许本所律师为承办案件的法官、检察官、仲裁员牟取物质的或非物质的利益的；允许或者默许给予有关人员物质的或非物质利益的。

律师事务所疏于管理，具有上述情形之一的，给予警告、通报批评或者公开谴责的纪律处分；情节严重的，给予中止会员权利一个月以上六个月以下的纪律处分；情节特别严重的，给予取消会员资格的纪律处分。

> **⊙ 案例分析**
>
> 2018年6月，天津市律师协会收到投诉，反映天津鼎双铭月律师事务所存在不正当竞争行为。经天津市律师协会调查认定，天津鼎双铭月律师事务所实习人员李某某确有冒充执业律师，与几名未取得律师执业证的人员在某置业有限公司的商品房交付现场设置摊位，鼓动业主起诉开发商，为天津鼎双铭月律师事务所带来业主起诉该置业有限公司案件500余件。①
>
> **问题：**实习人员李某某冒充执业律师身份承揽律师业务的行为违反了哪些职业伦理规范？应当承担什么职业责任？
>
> 2018年4月26日，黑龙江省齐齐哈尔市律师协会接到投诉，反映黑龙江百发律师事务所杨某律师不按规定统一接受委托，未向委托人开具律师服务收费合法票据。②

---

① 案例来源：济南律师网。
② 案例来源：济南律师网。

> **问题：** 杨某律师不按规定统一接受委托，未向委托人开具律师服务收费合法票据的行为触犯了哪些职业伦理规范？应当承担什么职业责任？

三、律师纪律处分的实施机构

（一）惩戒委员会的组成

根据《律师协会会员违规行为处分规则（试行）》第二章的规定，中华全国律师协会设立惩戒委员会，负责律师行业处分相关规则的制定及对地方律师协会处分工作的指导与监督。各省、自治区、直辖市律师协会及设区的市律师协会设立惩戒委员会，负责对违规会员进行处分。

惩戒委员会由具有八年以上执业经历和相关工作经验，或者具有律师行业管理经验，熟悉律师行业情况的人员组成。根据工作需要，可以聘请相关领域专家担任顾问。

（二）惩戒委员会的职责

惩戒委员会日常工作机构为设在律师协会秘书处的投诉受理查处中心，职责是：参与起草投诉受理查处相关规则和制度；接待投诉举报；对投诉举报进行初审，对于符合规定的投诉提交惩戒委员会受理；负责向惩戒委员会转交上一级律师协会交办、督办的案件；负责向下一级律师协会转办、督办案件；负责与相关办案机关、司法行政机关和律师协会间的组织协调有关工作，参与投诉案件调查、处置、反馈工作；定期开展对投诉工作的汇总、归档、通报、信息披露和回访；研究起草惩戒工作报告；其他应当由投诉中心办理的工作。

四、律师纪律处分的程序规定

（一）受理与立案程序

根据《律师协会会员违规行为处分规则（试行）》第五章的规定，律师协会依照程序接收投诉人的会员违规行为投诉信息并进行调查处理，对于没有投诉人投诉的会员涉嫌违规行为，律师协会也有权主动调查并作出处分决定。律师协会受理投诉时应当要求投诉人提供具体的事实和相关证据材料。律师协会应妥善保管投诉材料并建立会员诚信档案。

惩戒委员会应当在接到投诉之日起十个工作日内对案件作出是否立案的决定。对于不属于律师协会受理范围、不能提供相关证据材料或者证据材料不足以及证据材料与投诉事实没有直接或者必然联系、匿名投诉或者投诉人身份无法核实导致相关事实无法查清、超过处分时效情形、投诉人就被投诉会员的违规行为已提起诉讼或仲裁等司法程序案件、对律师协会已处理违规行为的重复投诉等情形不予立案。不予立案的，律师协会应当在惩戒委员会决定作出之日起七个工作日内向投诉人书面说明不予立案的理由，但匿名投诉的除外。

律师协会惩戒委员会应当自立案之日起十个工作日内向投诉人、被调查会员发出书面立案通知。送达立案通知时，同时告知本案调查组组成人员和日常工作机构工作人员名单，告知被调查会员有申请回避的权利。惩戒委员会委员存在本人与本案投诉人或者被调查的会员有近亲属关系、与本案被调查会员在同一律师事务所执业、被调查会员为本人所在的律师事务所以及其他可能影响案件公正处理的情形时应当自行回避，投诉人、被调查会员也有权向律师协会申请其回避。

（二）调查程序

根据《律师协会会员违规行为处分规则（试行）》第五章的规定，惩戒委员会对决定立案调查的案件应当委派两名以上委员组成调查组进行调查，并出具调查函。重大、疑难、复杂案件可以成立由惩戒委员会委员和律师协会邀请的相关部门人员组成联合调查组进行共同调查。调查人员应当全面、客观、公正地调查案情，调查范围不受投诉内容的限制。调查发现投诉以外的其他违纪违规行为的，应当一并调查，无需另行立案。发现其他会员涉嫌有与本案关联的涉嫌违规行为的，律师协会可以依职权进行调查。

调查人员可以询问被调查会员，出示相关材料，并制作笔录。被调查会员拒绝提交业务档案、拒绝回答询问或者拒绝申辩的，视为逃避、抵制和阻挠调查，应当从重处分。调查人员可以通过电话、电子邮件或者直接与投诉人面对面调查等调查方式进行，要求投诉人提供相关证据材料。调查人员应当按照所在省、自治区、直辖市律师协会规定的期限完成调查工作，并在调查、收集、整理、归纳、分析全部案卷调查材料的基础上，形成本案的调查终结报告，报告应当载明会员行为是否构成违规，是否建议给予相应的纪律处分。与案件有直接关联的事实或者争议进入诉讼、仲裁程序或者发生其他导致调查无法进行的情形的，经惩戒委员会主任及主管会长批准可以中止调查，待相关程序结束后或者相关情形消失后，再行决定是否恢复调查，中止期间不计入调查时限。

（三）决定程序

根据《律师协会会员违规行为处分规则（试行）》的规定，惩戒委员会在作出处分决定前，应当告知被调查会员有要求听证的权利，被调查会员可在惩戒委员会告知后七个工作日内提出书面听证申请；惩戒委员会认为有必要举行听证的，可以组成听证庭进行。

惩戒委员会会议作出决定后，应当制作书面决定书，决定书应当载明如下内容：投诉人的基本信息；被调查会员的基本信息；投诉的基本事实和诉求；被调查会员的答辩意见；惩戒委员会依据相关证据查明的事实；惩戒委员会对本案作出的决定及其依据；申请复查的权利、期限等基本要素。处分决定书应当在签发后的十五个工作日内，由律师协会送达被调查会员并报上一级律师协会备案。惩戒委员会作出撤销案件、不予处分的决定书应当在签发后十个工作日内由律师协会日常工作机构人员送达投诉人、被调查会员。惩戒委员会认为会员的违规行为依法应当给予行政处罚的，应当及时移送有管辖权的司法行政机关，并向其提出处罚建议。同一个违法行为已被行政处罚的不再建议行政处罚。投诉的案件涉及违反《律师法》《律师和律师事务所违法行为处罚办法》可能构成刑事犯罪的，或有重大社会影响的，惩戒委员会应及时报告同级司法行政机关和上一级律师协会。

被调查会员对省、自治区、直辖市律师协会或者设区的市律师协会惩戒委员会作出的处分决定不服的，可以在决定书送达之次日起的十五个工作日内向所在省、自治区、直辖市律师协会复查委员会申请复查。

第三节　律师的行政法律责任

　　2016年12月7日，辽宁鸿鹤鸣律师事务所接受刑事案件被告人王某利三姐王某艳的委托，指派张守宽律师担任王某利的一审辩护人。2017年7月，辽宁鸿鹤鸣律师事务所薛明侠律师接受同案附带民事诉讼原告张某东的委托担任其代理人。该刑事附带民事诉讼一案于2017年11月2日公开审理，张守宽律师、薛明侠律师均出庭参加了诉讼，此时张守宽律师、薛明侠律师发现他们分别担任了同一刑事案件被告人的辩护人和被害人的代理人，但双方均未退出庭审。①

　　思考： 辽宁鸿鹤鸣律师事务所违反了何种规范？应受怎样的处罚？

　　律师行政法律责任指的是司法行政机关对于律师及律师事务所在执业过程中因违反法律、法规及规章的行为所应当承担的行政处罚的后果。

　　目前，律师及律师事务所的行政法律责任由负责律师工作的监督机关——司法行政机关来具体追责。可以说对律师及律师事务所的行政法律责任进行追究是司法行政机关对律师实行管理的一种有效手段。司法行政机关对律师及律师事务所的追责主要依据《律师法》《律师和律师事务所违法行为处罚办法》《律师执业管理办法》《律师服务收费管理办法》等相关法律法规予以处罚。

　　根据《律师法》以及《律师和律师事务所违法行为处罚办法》的规定，对违反相关律师法律法规的律师的处罚种类有：警告、罚款、没收违法所得、停止执业、吊销律师执业证书。对律师事务所违法执业行为实施行政处罚的种类有：警告、没收违法所得、罚款、停业整顿、吊销执业证书。

---

　　① 案例来源：中国法律服务网（12348中国法网）司法行政（法律服务）案例库。

> **◉ 案例分析**
>
> 2018年5月22日，律师汪洋到市看守所会见犯罪嫌疑人向某某时，违规传递违禁物品香烟数包。6月14日，汪洋再次会见犯罪嫌疑人向某某时，违规私自传递其妻子张某某的书信一封，并在接收向某某传递的书写纸条一张时被市看守所干警和驻所检察官现场挡获，后该纸条被汪洋现场销毁。①
>
> **问题：律师汪洋违反了何种规范？应受怎样的处罚？**

一、律师的行政法律责任

《律师法》第47条规定，律师有下列行为之一的，由设区的市级或者直辖市的区人民政府司法行政部门给予警告，可以处五千元以下的罚款；有违法所得的，没收违法所得；情节严重的，给予停止执业三个月以下的处罚：（1）同时在两个以上律师事务所执业的；（2）以不正当手段承揽业务的；（3）在同一案件中为双方当事人担任代理人，或者代理与本人及其近亲属有利益冲突的法律事务的；（4）从人民法院、人民检察院离任后二年内担任诉讼代理人或者辩护人的；（5）拒绝履行法律援助义务的。

> **◉ 案例分析**
>
> 2017年5月3日，北京首润律师事务所律师陈昊以银行转账的方式收取张某某1万元作为委托代理费用，并于2017年9月20日签订《民事委托代理协议》，陈昊未将此笔委托代理费交到北京首润律师事务所，也未向当事人开具收据。陈昊于2018年3月28日将委托代理费用1万元退还给张某。陈昊在代理案件过程中，法院要求到庭5次，陈昊有3次无故未到庭。②
>
> **问题：陈昊律师违反了何种规定？应承担何种责任？**

---

① 案例来源：中国法律服务网（12348中国法网）司法行政（法律服务）案例库。
② 案例来源：中国法律服务网（12348中国法网）司法行政（法律服务）案例库。

《律师法》第48条规定，律师有下列行为之一的，由设区的市级或者直辖市的区人民政府司法行政部门给予警告，可以处一万元以下的罚款；有违法所得的，没收违法所得；情节严重的，给予停止执业三个月以上六个月以下的处罚：（1）私自接受委托、收取费用，接受委托人财物或者其他利益的；（2）接受委托后，无正当理由，拒绝辩护或者代理，不按时出庭参加诉讼或者仲裁的；（3）利用提供法律服务的便利牟取当事人争议的权益的；（4）泄露商业秘密或者个人隐私的。

> **◎ 案例分析**
>
> 　　四川海棠律师事务所律师刘敏代理税某某与戴某某、王某某民间借贷纠纷申请执行案时，在乐山市市中区人民法院并未立案受理该案之前，自行制作加盖"乐山市市中区人民法院立案庭"公章，落款日期为2017年7月14日，编号为（2017）川1102民执1572号，注明需要交纳7314元执行费的《预交诉讼费通知单》，通过手机拍照发给税某某，并收取了税某某7314元。后于2017年11月15日，在乐山市市中区人民法院将7314元全部退还税某某。[①]
>
> 　　**问题**：该律师违反了何种规定？应受何种处罚？

《律师法》第49条规定，律师有下列行为之一的，由设区的市级或者直辖市的区人民政府司法行政部门给予停止执业六个月以上一年以下的处罚，可以处五万元以下的罚款；有违法所得的，没收违法所得；情节严重的，由省、自治区、直辖市人民政府司法行政部门吊销其律师执业证书；构成犯罪的，依法追究刑事责任：（1）违反规定会见法官、检察官、仲裁员以及其他有关工作人员，或者以其他不正当方式影响依法办理案件的；（2）向法官、检察官、仲裁员以及其他有关工作人员行贿，介绍贿赂或者指使、诱导当事人行贿的；（3）向司法行政部门提供虚假材料或者有其他弄虚作假行为的；（4）故意提供虚假证据或者威胁、利诱他人提供虚假证据，妨碍对方当事人合法取得证据的；（5）接受对方当事人财物或者其他利

---

　　① 案例来源：中国法律服务网（12348中国法网）司法行政（法律服务）案例库。

益，与对方当事人或者第三人恶意串通，侵害委托人权益的；（6）扰乱法庭、仲裁庭秩序，干扰诉讼、仲裁活动的正常进行的；（7）煽动、教唆当事人采取扰乱公共秩序、危害公共安全等非法手段解决争议的；（8）发表危害国家安全、恶意诽谤他人、严重扰乱法庭秩序的言论的；（9）泄露国家秘密的。律师因故意犯罪受到刑事处罚的，由省、自治区、直辖市人民政府司法行政部门吊销其律师执业证书。

律师因违反《律师法》规定，在受到警告处罚后一年内又发生应当给予警告处罚情形的，由设区的市级或者直辖市的区人民政府司法行政部门给予停止执业三个月以上一年以下的处罚；在受到停止执业处罚期满后二年内又发生应当给予停止执业处罚情形的，由省、自治区、直辖市人民政府司法行政部门吊销其律师执业证书。

> **案例分析**
>
> 　　李荣贵律师为了开展业务，自2013年起，于律师所住所外，先后私自在信宜市××路某市场、信宜市××路悬挂内容为"××街××小后门律师办事处15976501×××"的两个招牌，在信宜市××小后门、信宜市区的自建房门口悬挂内容为"律师工作室15976501×××"两个招牌，并在位于信宜市第××小学后门的自建房设立工作室承揽律师业务。①
>
> 　　**问题：**该律师违反了何种规定？应承担何种责任？

二、律师事务所的行政法律责任

《律师法》第50条规定，律师事务所有下列行为之一的，由设区的市级或者直辖市的区人民政府司法行政部门视其情节给予警告、停业整顿一个月以上六个月以下的处罚，可以处十万元以下的罚款；有违法所得的，没收违法所得；情节特别严重的，由省、自治区、直辖市人民政府司法行政部门吊销律师事务所执业证

---

① 案例来源：中国法律服务网（12348中国法网）司法行政（法律服务）案例库。

书：（1）违反规定接受委托、收取费用的；（2）违反法定程序办理变更名称、负责人、章程、合伙协议、住所、合伙人等重大事项的；（3）从事法律服务以外的经营活动的；（4）以诋毁其他律师事务所、律师或者支付介绍费等不正当手段承揽业务的；（5）违反规定接受有利益冲突的案件的；（6）拒绝履行法律援助义务的；（7）向司法行政部门提供虚假材料或者有其他弄虚作假行为的；（8）对本所律师疏于管理，造成严重后果的。律师事务所因前款违法行为受到处罚的，对其负责人视情节轻重，给予警告或者处二万元以下的罚款。

律师事务所因违反《律师法》规定，在受到停业整顿处罚期满后二年内又发生应当给予停业整顿处罚情形的，由省、自治区、直辖市人民政府司法行政部门吊销律师事务所执业证书。

> **◎ 案例分析**
>
> 北京首冠律师事务所于2017年12月15日开始已经不在北京市朝阳区建设路万达广场5号楼3001室办公。2018年1月，北京首冠律师事务所将办公地址搬迁至北京市西城区西四北大街232号。截止到2018年4月12日，北京首冠律师事务所仍未向北京市司法行政机关办理地址变更备案手续。①
>
> **问题**：北京首冠律师事务所违反了何种规范？应承担何种法律责任？

第四节　律师的民事法律责任

> **◎ 案例引导**
>
> 2006年9月，南京市公民李忠平以南京艺术学院在《扬子晚报》上发表的"律师声明"侵犯其名誉权为由，以南京艺术学院和江苏振泽律师事务所为共同被

---

① 案例来源：中国法律服务网（12348中国法网）司法行政（法律服务）案例库。

告向南京市鼓楼区人民法院起诉。"律师声明"中的专家责任首次进入司法审查视野。南京市鼓楼区人民法院确认"律师声明"失实，认定该律师事务所未尽审查义务，存在过错，在全国首次判定律师事务所与南京艺术学院构成共同侵权、承担连带名誉侵权责任。[①]

思考：律师事务所会承担何种民事法律责任？

一、律师民事法律责任概述

律师的民事法律责任是指律师及律师事务所在执业过程中，因违法执业或者因过错给当事人的合法权益造成损害而应承担的民事赔偿责任。

我国《律师法》第54条规定："律师违法执业或者因过错给当事人造成损失的，由其所在的律师事务所承担赔偿责任。律师事务所赔偿后，可以向有故意或者重大过失行为的律师追偿。"这就是律师及律师事务所承担民事法律责任的法律依据。那么我们应如何看待律师及律师事务所承担民事法律责任的理论依据呢？首先，考虑到律师与当事人之间是基于一份委托合同联系起来的，也就是于民法领域的代理关系。《民法典》第164条规定："代理人不履行或者不完全履行职责，造成被代理人损害的，应当承担民事责任。"由此可知，当作为代理人的律师不履行或者不完全履行职责而给当事人造成损失的应当承担相应责任。而且"建立律师的民事赔偿制度，对于促进律师自觉遵守执业行为规范，正确处理与当事人之间的民事权利义务关系，增强律师的工作责任心，提高律师服务质量，维护律师社会声誉都具有重要意义"。[②]可见，建立完善民事赔偿制度，不仅有利于加强对律师的管理与监督，减少不规范现象的发生，更能促进律师行业的长远发展，有助于社会法治建设。

[①]　案例来源：北大法宝数据库。
[②]　王新清主编：《法律职业伦理》，法律出版社，2021年，第207页。

二、律师民事法律责任的承担主体

律师出现违法执业行为或者因过错给当事人造成损失的，其赔偿的主体是律师事务所。首先，根据《律师法》第25条规定："律师承办业务，由律师事务所统一接受委托，与委托人签订书面委托合同，按照国家规定统一收取费用并如实入账。"也就是说，从委托合同的角度来看，合同的双方是律师事务所与当事人，因此依照合同法的基础理论，当合同的一方当事人侵害另一方当事人合法权益，应承担相应民事责任。其次，从律师与律师事务所的关系角度来考虑，律师与律师事务所的关系相对来说具备一定的独立性，律师事务所承担民事责任，在一定程度上能够增强律师事务所的责任感，促使律师事务所对律师的执业活动给予切实有效的监督，从而有助于减少律师执业的违法现象、提高律师的整体水平。最后，考虑到对当事人利益的保护，这一点可以参考《国家赔偿法》中公务员的行为给相对人造成损失后由国家承担责任，机关履行赔偿义务，后再追偿。此处也是考虑到由律师事务所先来赔偿能更大程度上保证当事人拿到赔偿，与之相反的是律师个人财力有限，很可能出现不足以赔偿的情况。因此，由律师事务所承担民事赔偿责任无论是从合同法的法理角度还是从更大程度上保障当事人的合法权益层面都有积极意义。

三、律师承担民事法律责任的条件

一般来看，律师承担民事法律责任应具备以下构成要件：首先，律师在主观上必须存在过错。这里的"存在过错"也可以是一种故意或重大过失，也就是说从主观上来看律师的违法行为是"希望发生"或至少是"放任发生"的心态。其次，具有损害事实。此处可从两方面进行解读：其一，律师确实实施了违法行为；其二，当事人确实因此而受到了损失。据此可得出第三个要件也就是律师的违法行为与损害事实之间是具有因果关系的。此处的"违法行为"既可以是作为，也可以是不作为。而给当事人造成的损害一般来说属于直接的财产损失。

最后，律师给当事人造成的损失一定是发生在律师依法执业的过程中的。根据《律师法》第54条规定："律师违法执业或者因过错给当事人造成损失的，由其所在的律师事务所承担赔偿责任。"可见，律师承担责任的前提是在执业中给当事人造成损失，即行为发生的时间必须是"执业过程中"。如果是律师私自接受当事人的委托而给当事人造成损失的，其责任承担主体并非律师事务所，换句话说其责任承担的依据并非委托合同，而是侵权责任，由此承担责任的主体也变更为律师。

> **⊙ 案例分析**
>
> 　　2001年，原告王保富之父王守智与被告三信律师事务所签订了《非诉讼委托代理协议书》一份，约定：三信律师事务所接受王守智的委托，指派张合律师作为王守智的代理人，但该协议书未标注日期。同年9月10日，王守智又与三信律师事务所指派的律师张合签订了一份《代理非诉讼委托书》，内容为：因见证事由，需经律师协助办理，特委托三信律师事务所律师张合为代理人。9月17日，三信律师事务所出具一份《见证书》，附王守智的遗嘱和三信律师事务所的见证各一份。王守智遗嘱的第一项为：将位于北京市海淀区北太平庄钟表眼镜公司宿舍11门1141号单元楼房中我的个人部分和我继承我妻遗产部分给我大儿子王保富继承。见证的内容为：兹有北京市海淀区北太平庄钟表眼镜公司宿舍3楼4门2号的王守智老人于我们面前在前面的遗嘱上亲自签字，该签字系其真实意思表示，落款处有见证律师张合的签字和三信律师事务所的盖章。王守智于9月19日收到该《见证书》。2002年12月9日，王守智去世。三份见证书引起纠纷。①
>
> 　　**问题**：该律师事务所是否履行了代理人应尽的职责？是否应当承担民事责任？

---

① 案例来源：北大法宝数据库。

第五节　律师的刑事法律责任

　　被告人严峻系上海市南星律师事务所律师，其于2015年八九月间，在所在律师事务所不知情的情况下，私自接受被害人张某1的委托，代理张某1与前妻的离婚诉讼案件。同年9月11日、23日，严峻以需要向法院交纳一定费用以示诚意为由，要求张某1先后两次向其指定账户转账100万元、50万元。上述150万元，严峻均向张某1谎称已全部转至法院账户用于支付离婚赔偿款。同年9月29日，上海市普陀区人民法院出具《民事调解书》，约定张某1应于当年10月30日前支付其前妻250万元。同年11月，上海市普陀区人民法院执行庭法官通知张某1尽快支付上述钱款。至此，被告人严峻才在张某1的质问下被迫承认其之前收取的钱款并未转交相关法院。此后，严峻又以各种理由拖延归还上述钱款。2017年4月1日，被告人严峻被公安人员抓获归案。[①]

　　思考：律师承担刑事法律责任的构成要件有哪些？

一、律师刑事法律责任概述

　　律师的刑事法律责任即指律师在执业活动中实施了违反刑事法律规范的行为，构成了犯罪，从而应当承担刑事法律责任。可以说律师违法的情节有多种，但是承担刑事法律责任的违法行为是诸多违法行为中最严重的，其社会危害性也最高。另外，此处的律师刑事法律责任，也需注意是律师在执业过程中实施的违反法律规范、触犯刑法的行为。若其并未是在履职中，此行为不能算作律师的刑

---

　　① 案例来源：北大法宝数据库。

事法律责任，只是律师个人或是说作为自然人而非律师身份应当承担的刑事法律责任。

二、律师刑事法律责任的种类

律师有违反我国《律师法》规定的相关情形，构成犯罪的，依法追究其刑事法律责任。结合《律师法》以及《刑法》的有关规定，主要有以下犯罪：泄露国家秘密罪；行贿罪；介绍贿赂罪；辩护人、诉讼代理人毁灭、伪造证据罪；妨害作证罪等。

具体来说，如下行为构成犯罪的，依法追究刑事法律责任：（1）违反规定会见法官、检察官、仲裁员以及其他有关工作人员，或者以其他不正当方式影响依法办理案件的；（2）向法官、检察官、仲裁员以及其他有关工作人员行贿，介绍贿赂或者指使、诱导当事人行贿的；（3）向司法行政部门提供虚假材料或者有其他弄虚作假行为的；（4）故意提供虚假证据或者威胁、利诱他人提供虚假证据，妨碍对方当事人合法取得证据的；（5）接受对方当事人财物或者其他利益，与对方当事人或者第三人恶意串通，侵害委托人权益的；（6）扰乱法庭、仲裁庭秩序，干扰诉讼、仲裁活动的正常进行的；（7）煽动、教唆当事人采取扰乱公共秩序、危害公共安全等非法手段解决争议的；（8）发表危害国家安全、恶意诽谤他人、严重扰乱法庭秩序的言论的；（9）泄露国家秘密的。

律师因故意犯罪受到刑事处罚的，由省、自治区、直辖市人民政府司法行政部门吊销其律师执业证书。

本章小结

律师和律师事务所在执业过程中因违反执业行为规范的要求而承担的不利后果即为律师职业责任，包括纪律责任、民事法律责任、行政法律责任、刑事法律责任。律师职业责任对于规范律师执业行为、保障执业目标的实现具有重要意义，通过对违规执业行为进行制裁与惩戒，以督促广大律师群体勤勉负责、恪尽职守，最大限度地维护当事人合法权益。

●●●●●●●●●●●●●●●●●●●●●●●● **本章练习** ●●●●●●●●●●●●●●●●●●●●●●●●

1. 律师职业责任包括哪些？

2. 律师纪律处分的实施机构是如何组成的？

3. 律师纪律处分的种类有哪些？

4. 律师承担民事法律责任的条件。

5. 帮助毁灭、伪造证据罪的犯罪构成。

案例分析

贵州某律师事务所于2020年1月6日与杨某签订《委托代理合同》，由某律师作为其一审代理人，代理权限为特别授权。合同约定"甲方应支付乙方的律师费为：壹万元（￥10000.00），于协议签订之日支付2000元，余款七日内支付完毕"。当日，杨某向律师事务所支付2000元律师代理费，2021年2月21日，杨某通过微信向某律师支付立案费用2700元。但因律师事务所对未全面收取律师代理费是否应开具合法票据存在误解，故未及时向当事人开票。此外，因本案被告主体无法明确而未能向法院提起诉讼，该案一直未进入立案程序，而某律师未向杨某解释清楚未能向法院提起诉讼的原因，也未及时考虑退案退费的情况。①

---

① 案例来源：贵州省律师协会微信公众号。

问题：

该律师事务所是否尽到了内部管理和对律师执业行为的监督责任？应当承担什么法律责任？该律师未按照统一收案方式进行收费以及未及时向当事人开发票、未能和当事人有效沟通案件进展等行为违反了哪些职业规范？

第六章　法官职业伦理

╭─────── 学习目标 ───────╮

　　知识目标：掌握法官职业伦理的概念；掌握法官职业伦理的内容；掌握法官职业责任的形式；掌握法官职业伦理的培养。

　　能力目标：通过本章内容的学习，能准确对法官职业进行定位，并能够运用职业伦理具体要求分析实践中法官的职业行为；熟练运用法官职业责任、惩戒制度评析法官违反职业伦理的行为。

思维导图：

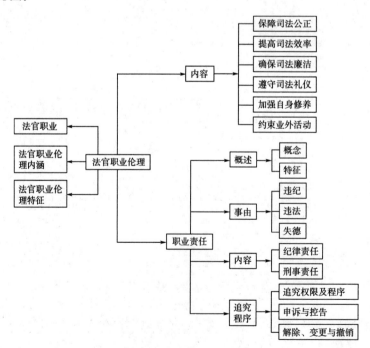

> **📍 案例引导**
>
> 　　2001年9月27日，区法院法官莫某开庭审理李某状告张氏夫妇等4人借款1万元纠纷案。李某持有张氏夫妇的借条，而张氏夫妇辩称借条是被李某、冯某持刀威逼所写的。经审理，莫某作出判决，认为借条有效，被告应予还钱。11月14日中午，张氏夫妇觉得冤枉，在区法院外喝农药自杀身亡。11月15日，公安机关传唤李某、冯某，两人承认借条系他们持刀威逼张氏等人所写。2002年11月4日，莫某被逮捕，涉嫌罪名是玩忽职守。2003年12月4日，市法院一审判决莫某无罪，市检察院不服判决，提出抗诉。①
>
> 　　**思考**：法官在职业行为中应如何体现职业道德，维护司法的尊严和公信力？

第一节　法官职业概述

一、法官职业概述

（一）法官职业发展概况

　　在古代中国，法官算不上一个独立的职业，因为司法审判的官员由行政官员兼任，并且不具备最终裁判的功能，因此中国历史上没有现代意义中的法官存在。总体而言，古代中国法官制度的特点主要有：（1）皇权至上。皇帝是全国最高的法官；（2）司法与行政合一。古代中国没有像西方国家那样形成独立的司法制度和法官职业。特别是地方上，行政机关和司法机关混同，行政长官又兼任司法官，司法断案的清明正确与否成为评价一个地方官政绩的依据之一；（3）主管官员并非终身制。司法机关作为整体官僚体系中的一个部分，其成员总是处于不停的职务变动和降级升迁之中，其主管官员并不实行终身制；（4）司法不独立。古代各级司法

---

　　①　案例来源：中国法院网。

官员都受到来自上级或专门的监察机关的严密监视，没有司法独立可言。①

19世纪末期，西方的司法独立思想开始传入中国。1902年，清政府派沈家本等人修订大清律例，当时就有人提出司法与行政互相要分离，确立司法独立地位，只有如此法律才能保护人民权益且不受行政干涉。1910年，清政府颁布了《法院编制法》，首次明确规定选任法官的先决条件是通过专门性的法律考试，其后所附的《法官考试任用暂行章程》详细规定了法官考试的具体办法。依照规定，法官须经过两次考试，合格者始准任用。但是这部法律尚未来得及颁行，清朝就灭亡了。②

1912年颁布的《中华民国临时约法》明确提出了法官独立审判的基本原则，其第48—50条规定，法院由大总统与司法总长任命的法官组成，法院依法律审判民、刑事诉讼，法院审判公开。1915年，北洋政府颁布《司法官考试令》和《关于司法官考试令第三条甄录规则》。其中，《司法官考试令》规定了应试人员具体的年龄条件、学历条件以及考试程序。1932年10月，南京国民政府公布《法院组织法》，该法第6章第33条对法官、检察官的资格作了规定。③

1949年新中国成立之前，革命根据地的司法机关已经初具雏形。但是当时的司法机关是完全隶属于革命政府的，司法理念集中表现为：司法工作是政权工作的一部分。1949年10月1日中华人民共和国成立，这标志着我国法官制度的发展进入新的阶段。1954年，《宪法》和《人民法院组织法》的颁布实施，标志着我国人民司法制度及法官制度建设进入了新的发展时期。1957年下半年开始，"左"倾思想和法律虚无主义错误地批判了《宪法》和《人民法院组织法》中规定的一些司法原则和制度。1966年，"文化大革命"开始，随着公检法被砸烂，我国法官制度也遭到了严重破坏。1978年以后，我国法官制度进入了恢复发展时期。1979年，重新制定了《人民法院组织法》，对以往的经验进行了总结。1995年，《法官法》颁布实施，该法对法官的职责、义务、权利，一级法官的条件、任免等内容作了

---

① 参见李丽：《从历史角度看中国法官制度发展》，《理论界》2011年第11期。

② 参见施玮：《法官制度近代化研究》，《武汉科技大学学报（社会科学版）》2014年第2期。

③ 参见施玮：《法官制度近代化研究》，《武汉科技大学学报（社会科学版）》2014年第2期。

比较详细的规定。此外，最高人民法院也颁布了一系列的规定和办法，采取诸多措施，对促进我国法官的职业化发展发挥了重要作用。

（二）法官的任职条件

根据我国《法官法》第2条规定，法官是依法行使国家审判权的审判人员，包括最高人民法院、地方各级人民法院和军事法院等专门人民法院的院长、副院长、审判委员会委员、庭长、副庭长和审判员。根据我国《法官法》第12条之规定，担任中华人民共和国法官需要具备以下条件：（1）具有中华人民共和国国籍；（2）拥护中华人民共和国宪法，拥护中国共产党领导和社会主义制度；（3）具有良好的政治、业务素质和道德品行；（4）具有正常履行职责的身体条件；（5）具备普通高等学校法学类本科学历并获得学士及以上学位；或者普通高等学校非法学类本科及以上学历并获得法律硕士、法学硕士及以上学位；或者普通高等学校非法学类本科及以上学历，获得其他相应学位，并具有法律专业知识；（6）从事法律工作满五年。其中获得法律硕士、法学硕士学位，或者获得法学博士学位的，从事法律工作的年限可以分别放宽至四年、三年；（7）初任法官应当通过国家统一法律职业资格考试取得法律职业资格。适用前款第5项规定的学历条件确有困难的地方，经最高人民法院审核确定，在一定期限内，可以将担任法官的学历条件放宽为高等学校本科毕业。此外，根据《法官法》第13条之规定，下列人员不得担任法官：（1）因犯罪受过刑事处罚的；（2）被开除公职的；（3）被吊销律师、公证员执业证书或者被仲裁委员会除名的；（4）有法律规定的其他情形的。根据我国《法官法》之规定，法官职务的任免，依照宪法和法律规定的任免权限和程序办理：（1）最高人民法院院长由全国人民代表大会选举和罢免，副院长、审判委员会委员、庭长、副庭长和审判员，由院长提请全国人民代表大会常务委员会任免；（2）最高人民法院巡回法庭庭长、副庭长，由院长提请全国人民代表大会常务委员会任免；（3）地方各级人民法院院长由本级人民代表大会选举和罢免，副院长、审判委员会委员、庭长、副庭长和审判员，由院长提请本级人民代表大会常务委员会任免；（4）在省、自治区内按地区设立的和在直辖市内设立的中级人民法院的院长，由省、自治区、直辖市人民代表大会常务委员会根据主任会议的提名决定任免，副院长、审判委员会委员、庭长、副庭长和审判员，由高级人民法院院长提请省、自治区、直辖市人民代表大会常务委员会任免；（5）新疆生产建设兵团各级人民法院、专门人民法院的院长、副院长、审判委员会委员、庭长、副庭长和审判员，依照全国人民代表大会常务委员会的有关规定任免；（6）初任法官采用考试、考核的办法，按照德才兼备的标准，从具备法官条件的人员中择优提出人选。人民法院的院长应当具有法学专业知识和法律职业经历。副院长、审判委员会委员应当从法官、检察官或者其他具备法官条件的人员中产生。同时，人民法院可以根据审判工作需要，从律师或者法学教学、研究人员等从事法律职业的人员中公开选拔法官。除应当具备法官任职条件外，参加公开选拔的律师应当实际执业不少于五年，执业经验丰富，从业声誉良好；参加公开选拔的法学教学、研究人员应当具有中级以上职称，从事教学、研究工作五年以上，具有突出的研究能力和相应的研究成果。省、自治区、直辖市设立法官遴选委员会，负责初任法官人选专业能力的审核。

（三）法官的职业属性

关于法官的职业属性，目前不同的学者持不同的观点，以下为一些具有代表性的观点：

有学者认为，法官的职业属性主要包括客观性、公正性、中立性、正当性、便利性。亦有学者认为，就司法职业属性而言，法官具有保守性、平等性和专业性。其中，保守性是法官的职业特色。在现代文明社会，司法权威越来越多地依赖于公众对司法的信任，因此法官要严格约束自己的业务活动，尽量减少业务活动与司法职责的冲突，以最大限度地树立法律的权威，而这必然形成法官保守的职业风格。平等性是指法官之间的平等。法官之间不存在领导与被领导的关系，不存在权力高低大小之分。法官之上不允许再有法官凌驾，法官有资格深浅之别，但并不意味着资深法官就可以命令资浅法官。专业性是法官职业的必然要求。法官的司法工作是一项专业性很强的工作，特别是随着社会的快速发展，纠纷数量越来越多，法律关系越来越复杂，势必要求法官更加强化和提升其专业技能。

本书认为，法官作为法律职业的重要组成部分，其职业属性与法律职业本身的特征密切相关。因此，法官的职业属性主要体现为独立性与专业性。法官的独立性或独立地位在内容上可以归纳为如下两个问题：一是法官独立于什么？二是何种程度的独立？从严格意义上来讲，法官的独立性体现为法官享有独立的权利和法官负有保持独立的义务。具体而言，法官的独立性主要体现在法官的身份独立和法官的职业判断独立。法官的身份独立是指为了确保法官不受政府干涉，法官职位的条件及任期等应当有适当的保障；法官的职业判断独立是指法官在面对案件时应该根据自己的知识、技能、良知独立作出职业判断，不受其他干涉。法官的专业性来源于法律职业本身的专业性。法律职业不同于其他职业，法律职业人员区别于一般人的主要地方在于法律职业人员掌握特殊的职业技能，这种职业技能是一种"理性技术"，需要经过完整及系统的训练与学习才能掌握。

二、法官职业伦理内涵与特征

所谓法官职业伦理，是指法官在履行其职责过程中所应具备的与法官职能、性质相适应的优良道德品质，以及在调处各种社会关系时所应遵循的优良道德规范的总和。法官职业伦理是由审判工作的任务和性质决定的，为适应审判工作需要而产生的一种特殊的社会意识和活动准则，是法官履行职责所必须具备的业务素质、思想情操、品性修养、价值观念、行为准则的总和。法官职业伦理对于实现公正司法、维护司法权威、树立法院良好形象、保障法官廉洁具有十分重要的意义。基于法官司法实践活动的特殊性，法官职业伦理相对于其他的职业伦理，有着一些比较突出的特性。

（一）特定的主体

按照法院内部的机构设置，法院内部除了职业法官之外，还设有书记员、司法警察、行政后勤人员等岗位。这些工作人员协助职业法官行使审判权，根据自己的职业行为规范和职业操守，与职业法官保持着紧密的联系。当然他们与法官的职业特性和职业任务还是有着本质区别的，因此两者之间的职业伦理要求也不同。如法院的司法行政人员、司法警察等，要遵循下级服从上级的行为准则，服从领导。但法官基于公正裁判的需要，必须在审判活动中保持独立性，按照自己对法律的内心确信进行裁判。法官除了遵循法律外，不需要服从任何上级的命令与指示。

法官职业伦理的主体是在法院专门行使审判权的职业法官，并不包括法院的其他组成人员。至于陪审员是否应该遵循法官职业伦理，成为其主体，应视情况而定。目前世界各国的陪审团制度大致可以分为两类：一类是英美法系国家实行的陪审团制度，另一类是大陆法系国家实行的陪审员制度（参审制）。在陪审团制度中，陪审团集体负责认定案件事实，审案法官则负责适用法律。陪审团存在的目的主要是依靠普通民众的良心和理性对案件事实实行一般判断，对法官的审判理性形成制约和影响。一般而言陪审团成员基本上是普通公民，在此角度上陪审团成员不应成为法官职业伦理的主体。与此不同的是，在实行陪审员制度的国家，陪审员和法官共同审理案件，在裁判的过程中享有与法官相同的权力，而且一般要求陪审员尽可能熟悉法律知识和业务，从而补充法官对案件的判断。在这种情形下，陪审员实际上承担了部分裁判的角色，可以看作是对法官的补充。因此，当陪审员在履行陪审职责的时候，也应当遵循法官职业伦理的要求。根据我国《人民陪审员法》第2条和第3条的规定，公民有依法担任人民陪审员的权利和义务。人民陪审员依照《人民陪审员法》产生，依法参加人民法院的审判活动，除法律另有规定外，同法官有同等权利。人民陪审员依法享有参加审判活动、独立发表意见、获得履职保障等权利。人民陪审员应当忠实履行审判职责，保守审判秘密，注重司法礼仪，维护司法形象。根据最高人民法院《法官职业道德基本准则》第27条的规定，人民陪审员依法履行审判职责期间，应当遵守本准则。人民法院其他工作人员参照执行本准则。

（二）特定的对象

法官职业伦理规范的对象是法官职业行为及其各种社会活动。一般的职业伦理是社会各行业从业人员在职业活动中应当遵循的行为准则，是适应社会分工、职业分工的需要，在各自的职业实践活动中产生的，是与人的职业角色和职业行为相联系的一种高度社会化的伦理。法官职业伦理是与法官职业紧密关联的，它产生于法官的职业活动，是对法官职业活动的行为规范和道德要求。但是，在社会公众看来，法官是公平正义的符号和象征，是法律的代言人。法官职业伦理与普通公民的职业伦理不同，法官的职业伦理具有更高的道德使命感和责任感。因此，首先法官职业伦理要调整的是法官的职业行为。如公正的伦理义务要求法官在诉讼中自觉地遵守回避制度，在有可能影响案件公正审理的情况下主动回避。中立的伦理义务要求法官在诉讼中平等地对待双方当事人。其次，法官职业伦理要体现在法官的社会活动中。法官的言行应体现法律的至公无私，对人们的思想、行为具有指导和参考作用，能够引导社会伦理风尚。法官不仅要在职业活动中严格遵守法官职业伦理，在社会生活中也应该成为公民的楷模。

（三）特定的内容

法官职业伦理的内容是特定的，其核心是公正司法。《法官职业道德基本准则》第2条规定，法官职业道德的核心是公正、廉洁、为民。其中为民是法官在政治上的使命，廉洁是对法官个人品质的要求，在某种意义上两者体现了法律职业伦理的共性。但法官职业伦理的特点在于，各种具体的法律职业伦理都是围绕着公正司法而言的，其原因即在于法官职业的特殊性质和使命。法官作为一种特殊的社会职业，其任务是通过司法裁决，解决争端，服务社会。要使法官的工作能够切实地有益于社会，就必须保证法官的裁判能力与行为为整个社会所公认。要实现这一目的，司法上的强制力是必不可少的。当然，根本还在于当事人和社会公众认为其能够通过公正司法获得公平正义，从内心相信法官。在这个意义上，法官的裁判行为才能够称为司法公正。一方面，公正司法是整个司法制度赖以建立和维护的根本目的和标准；另一方面，公正司法是法官、当事人和社会互相之间共同信奉的精神依靠。而法官职业伦理为法官职业确立标尺的主要目的，是确保法院在审理案件过程中做到公正无私，从而使得公正司法成为法官职业行为追求的最崇高的目标与法官职业伦理的核心内容。

　　欣欣公司聘请王法官担任企业法律顾问，王法官未置可否，平时也不参与公司的法务或就相关案件提供法律意见，但公司在两年内仍旧按月把薪水打入王法官的账户。[①]

　　问题： 王法官的行为是否违反了法官职业伦理？为什么？

　　李法官出生在一个偏僻的小山村，大学毕业后一直从事法官工作，在审理一起案件时，李法官突然发现当事人是老家小时候一起玩的朋友。二人已经有十多年未见面，且平时也没有交流。李法官觉得二人的关系都是过去的事了，不会影响现在的审判，于是继续审判该案件。[②]

　　问题： 法官在发现当事人是过去的熟人时，应如何评估这种关系对案件审理可能产生的影响？

第二节　法官职业伦理的基本内容

案例引导

　　马玉萍法官自1994年加入法院系统，长期从事民事、刑事审判工作，以其卓越的职业表现和高尚的职业道德获得多项荣誉称号。在处理案件时，她不仅追求法律的公正，更注重案件的社会效果和群众利益，努力实现法律效果与社会效果的统一。2010年，在一起交通肇事案中，她通过耐心调解，促使双方达成和解，不仅使受害者家属得到赔偿，也使被告人有机会改过自新，体现了她"群众利益重于泰山"的司法理念。在另一起故意杀人案中，她深入了解案情背景，通过调

---

① 案例来源：自拟案例。
② 案例来源：自拟案例。

> 解使被告人获得谅解并被判处缓刑，同时帮助被告人重返社会，展现了她促进社
> 会和谐、修复社会关系的司法追求。马玉萍法官的事迹，充分展现了新时代法官
> 的良好形象和职业操守。①
>
> 　　**思考：**法官的职业伦理如何影响司法公信力和社会对法律制度的信任？

一、保障司法公正

　　"公正"是整个人类社会共同的价值目标，包含了公平、正义两层含义。司法活动作为一种社会控制方式，是用来消除矛盾、定分止争的工具，承担着守护社会良心的作用。因此，司法公正是法官职业伦理的第一准则，是一切司法工作的本质特征和生命线，也是法官必须遵循的基本准则。《法官职业道德基本准则》第8—14条规定的就是这一准则。具体来说，保障司法公正主要包括以下内容：

（一）独立行使审判权

　　我国宪法和法律规定人民法院独立行使审判权，不受任何行政机关、社会团体和个人干涉。法官在具体的司法实践活动中应当严格地依照法律规定，忠于宪法和法律，坚决维护独立行使审判权的权力。《法官职业道德基本准则》第2条规定，法官职业道德的核心是公正、廉洁、为民。基本要求是忠诚司法事业、保证司法公正、确保司法廉洁、坚持司法为民、维护司法形象。同时，法官也应注意避免受到来自法院系统内部的影响和压力。《法官职业道德基本准则》第14条规定，尊重其他法官对审判职权的依法行使，除履行工作职责或者通过正当程序外，不过问、不干预、不评论其他法官正在审理的案件。《法官职业道德基本准则》第26条规定，法官退休后应当遵守国家相关规定，不利用自己的原有身份和便利条件过问、干预执法办案，避免因个人不当言行对法官职业形象造成不良影响。具体而言，除非基于履行审判职责或者通过适当的程序，不得对其他法官正在审理

---

　　① 案例来源：淘豆网。

的案件发表评论，不得对与自己有利害关系的案件提出处理建议和意见；不得擅自过问或者干预下级人民法院正在审理的案件；不得向上级人民法院就二审案件提出个人的处理建议和意见。当然，依法独立行使审判权，最主要还是取决于法官自觉。《法官职业道德基本准则》第8条明确规定，法官在审判活动中，应当独立思考、自主判断，敢于坚持原则，不受任何行政机关、社会团体和个人的干涉，不受权势、人情等因素的影响。法官在裁判过程中应当有独立判断的意识，运用自己的法律专业知识和技能作出正确的判断，排除各种不利的影响和干扰，坚持观点，坚守职责。

（二）中立裁决纠纷

法官在审判活动中应当保持中立，不偏不倚，维护司法公正的形象。只有裁判中立，以控、辩、裁为基础的现代诉讼制度才能得以存续并良好运行。因此，在刑事诉讼、民事诉讼以及行政诉讼中，法官中立裁决纠纷都是一项基本的诉讼要求。《法官职业道德基本准则》第13条规定，法官应自觉遵守司法回避制度，审理案件保持中立公正的立场，平等对待当事人和其他诉讼参与人，不偏袒或歧视任何一方当事人，不私自单独会见当事人及其代理人、辩护人。在与一方当事人接触时，应当保持公平，避免他方当事人对法官的中立性产生合理怀疑。法官应当抵制当事人及其代理人、辩护人或者案外人利用各种社会关系的说情。《法官行为规范》第40条和第42条规定，法官不得违背当事人意愿，以不正当的手段迫使当事人接受调解。法官在履行职责时，不得以其言语和行为表现出任何歧视，并有义务制止和纠正诉讼参与人和其他人员的歧视性言行。根据《人民法院组织法》等法律的规定，法官还应充分注意到由于当事人和其他诉讼参与人的民族、种族、性别、职业、宗教信仰、教育程度、健康状况和居住地等因素而可能产生的差别，切实采取措施保障诉讼各方的诉讼地位，保障他们充分行使诉讼权利和维护好实体权利。法官也不得在宣判前通过言语、表情、行为等流露出自己对裁判结果的观点或态度。《法官职业道德基本准则》第17条明确规定，法官不得从事或者参与营利性的经营活动，不在企业及其他营利性组织中兼任法律顾问等职务，不得就未决案件或者再审案件给当事人及其他诉讼参与人提供咨询意见。

（三）恪守公开原则

公正以公开为前提，司法活动的公正在很大程度上在于其能够以人们看得见的方式来实现正义。《法官职业道德基本准则》第12条规定，法官应认真贯彻司法公开原则，尊重人民群众的知情权，自觉接受法律监督和社会监督，同时避免司法审判受到外界的不当影响。公开原则要求法官在履行职责过程中，除了法律规定不应该公开或可以不公开的情况以外，其他司法活动都应当以公开的方式进行。公开的内容和范围应当在法律规定的范围之内。向当事人和社会公开的案件，法官应当允许公民旁听，允许新闻媒体采访，只要公众接触案件的方式符合法律规定，法官都应当对其行为给予适当的尊重。法官在司法裁判活动中应当避免主观擅断、滥用法官职权和枉法裁判等行为。对涉案当事人诉讼权利的限制应当依法说明原因，避免出现因主观臆断而武断地得出结论。公开原则是诉讼活动中的一项基本诉讼原则，是确保司法公正的重要方式，还体现在司法裁判的说理过程中。司法裁判本身就包含着一定的推理过程，对法律观念和法律价值的选择对于案件的裁断是必要的，对其进行科学合理的阐释有助于公众正确地理解国家的司法活动和由衷地接受司法裁判的结果，同时还有利于司法权威的加强。《法官行为规范》第51条第3项规定，法官应对证明责任、证据的证明力及证明标准等问题进行合理解释。诉讼过程中的诉讼文书是法律运用于实践的典范，法官应当将法律允许公开的司法文书公之于众，接受公众对司法裁判活动的监督和普通民众正义观念的检验，真正做到以理服人。

（四）坚守司法公正

司法公正是司法工作的良心和底线，也是法官从事司法实践工作努力达到的目标。法官应当以维护司法公正为己任，认真履行法官职责。根据《法官职业道德基本准则》第9条的规定，法官应坚持以事实为根据，以法律为准绳，努力查明案件事实，准确把握法律精神，正确适用法律，合理行使裁量权，避免主观臆断、超越职权、滥用职权，确保案件裁判结果公平公正。在具体的案件审理上，法官不仅要坚持实体公正，也要做到程序公正。《法官职业道德基本准则》第10条规定，法官应牢固树立程序意识，坚持实体公正与程序公正并重，严格按照法定程序执法办案，充分保障当事人和其他诉讼参与人的诉讼权利，避免执法办案中的随意行为。实体公正是程序公正的目的，程序公正是实体公正的保障。法治更多的是程序/规则之治，这也是《法官职业道德基本准则》将程序公正独立出来的价值所在。程序公正和实体公正是法官司法活动的基本要求，除此之外，法官职业伦理还要求法官在司法实践中做到形象公正。法官在裁决案件过程中，应尽量做到客观中立，避免公众对司法公正产生合理的怀疑，这既是裁判中立的要求，也是司法公正的要求。法官的行为代表司法职业的形象，法官的言行体现了国家公职的严肃和庄重，形象公正能够产生程序公正和实体公正所不具有的作用，能够强化司法的权威和公信力。《法官职业道德基本准则》第3条规定，法官应当自觉遵守法官职业道德，在本职工作和业外活动中严格要求自己，维护人民法院形象和司法公信力。

二、提高司法效率

"迟来的正义非正义"，即司法裁决要保持一定的效率，才能实现其定分止争的社会功效。换言之，司法公正存在的基础是效率，离开效率，公正也就无从谈起。在当前的社会转型期，诉讼大量涌现，法官职业伦理要求法官重视司法效率的提高，发挥其在司法实践中的主观能动性，迅速、便捷地履行好司法职责。司法效率在法官职业伦理中占据着重要的地位，主要体现在以下三个方面：

（一）勤勉敬业

勤勉敬业是法官工作态度的直接体现，体现了法官的工作作风、工作能力以及待人接物的态度。只有勤勉敬业，法官才能优质、高效地完成审判任务，履行司法职责。根据《法官行为规范》第7条的规定，敬业奉献是法官应具备的基本精神。法官应热爱人民司法事业，增强职业使命感和荣誉感，加强业务学习，提高司法能力，恪尽职守，任劳任怨，无私奉献，不得麻痹懈怠、玩忽职守。在日常的实践和学习中，法官应当增强责任感和使命感，忠于职守，勤恳工作，尽职尽责，树立良好的工作作风，端正工作态度，遵守工作要求的各项纪律，努力掌握和熟悉法律知识和司法实务技能。当下，司法改革对法官的勤勉敬业提出了更高的要求，新的改革举措的出台，新的法律实务技能的学习等，都要求法官勇于创新，积极进取，不断地在实践中完善各项司法制度，提升法院整体的司法水平。

（二）守时

遵守审限和其他时限方面的要求，是提高司法效率、实现司法公正的重要保障。三大诉讼法以及最高人民法院的各种司法解释对案件的审限问题进行了明确的规定，这就要求法官在规定审限内审结案件并在法定时间内完成特定司法文书的制作和执行。法官一方面在司法活动中要严格地遵守审限的规定，在法定期限内尽快立案、审理、判决、执行，认真、及时、有效地完成本职工作；另一方面也要有效地监督诉讼参与人在诉讼活动中严格地遵守诉讼期间。《法官职业道德基本准则》第11条规定，法官应当严格遵守法定办案时限，提高审判执行效率，及时化解纠纷，注重节约司法资源，杜绝玩忽职守、拖延办案等行为。因此，法官应当合理安排各项审判事务，提高效率，重视各项司法职责的履行，保证投入足够的、合理的时间、精力在自己承办的案件中，注重实践中团队合作的有效性。

（三）注重效率和效果

注重效率和效果，要求法官对案件的审理和判决既要注重法律效果，也要注重社会效果。《法官行为规范》第3条规定了法官要高效办案。法官应树立效率意识，科学合理安排工作，在法定期限内及时履行职责，努力提高办案效率，不得无故拖延、贻误工作、浪费司法资源。《法官职业道德基本准则》第20条规定，法官应注重发挥司法的能动作用，积极寻求有利于案结事了的纠纷解决办法，努力实现法律效果与社会效果的统一。《法官行为规范》第2条也规定，法官应努力实现办案法律效果和社会效果的有机统一，不得滥用职权、枉法裁判。可见，在保证效率的基础上，法官的司法活动还要追求法律效果和社会效果的统一。因此，作为一项法律职业伦理的基本要求，法官应当注重效率和效果，努力避免只管判决不管执行，保证裁决结果的实现。对于一些情况特殊的案件应综合考虑，比如可以先予执行的案件，在审理过程中就应考虑执行的问题；还有一些其他的特殊案件，若法官在判决前就预测到将会发生执行难的问题，可以在必要的时候凭借法律允许的手段防止判决成为一纸空文。如对于一些明显没有执行能力的案件，法官可以进行调解，尽量做到法律效果和社会效果的统一。

> 📍 案例分析
>
> 　　2013年6月9日，上海市高级人民法院民一庭副庭长赵某等5名法官接受企业邀请，参与晚餐并随后在夜总会参与嫖娼活动，严重违反了法官职业伦理和国家法律法规。此事件严重损害了司法公信力和法官形象，引起了社会的广泛关注和强烈反响。上海市纪委和市高级人民法院党组对此事件作出了严肃处理，赵某、陈某被开除党籍并撤销审判职务，倪某同样被开除党籍并撤销职务，王某则受到留党察看处分并被免去职务。涉案的社会人员郭某也被开除党籍，并由企业给予撤职及解除劳动合同的处分。此外，上海市公安局依法对赵某等人作出了行政拘留的处罚，涉案夜总会被勒令停业整顿。这起事件的处理体现了对法官违纪违法行为零容忍的态度，彰显了维护司法公正和法官职业伦理的坚定决心。①
>
> 　　问题：法官在非工作场合应遵守哪些行为规范以维护司法形象和公正性？

三、确保司法廉洁

　　作为一个合格的法官，保持清正廉洁是树立法官良好形象、树立司法权威、实现公正判决的重要保障。这就要求法官在物质生活和精神生活上均保持纯洁和清廉：首先，法官在职业活动中要能够合理恰当地处理好公职与私利之间的关系，自觉抵制外部不正当利益的诱惑，不直接或间接利用职务和地位谋取不正当利益；其次，法官在生活上要保持简朴的本色，积极维护司法形象和司法公信力。《法官职业道德基本准则》第15条规定，法官应树立正确的权力观、地位观、利益观，

---

　　① 案例来源：《上海市法治报》。

坚持自重、自省、自警、自励，坚守廉洁底线，依法正确行使审判权、执行权，杜绝以权谋私、贪赃枉法行为。在我国，司法腐败虽然只是少数，但是已经对法官职业群体的声誉造成了极其恶劣的影响，极大地破坏了司法权威。因此，清正廉洁作为法官职业伦理的要求之一，任何法官都必须做到以下几个方面：

（一）禁止获取不正当利益

法官在司法活动中，不得直接或间接地利用其职务和地位谋取任何不正当利益。《法官行为规范》第4条规定，法官应遵守各项廉政规定，不得利用法官职务和身份谋取不正当利益，不得为当事人介绍代理人、辩护人以及中介机构，不得为律师、其他人员介绍案源或者给予其他不当协助。当然法官除了薪酬之外，也可以有自己正当合法的业外收入，如合法投资、稿酬、遗产继承等，但是法官不得获得可能影响司法公正与廉洁的收入，更不得取得法律禁止取得的收入。法官只有遵守法官职业伦理，严于律己，对不正当利益，不论大小，一律拒绝，才能做到清正廉洁。

（二）限制从事业外活动

世界各国大多对法官从事业外活动进行限制性规定，以免影响其公正廉洁的形象和削弱司法权威，例如法官不得兼任律师、代理人、辩护人等。《法官职业道德基本准则》第17条规定，法官不得从事或参与营利性的经营活动，不在企业及其他营利性组织中兼任法律顾问等职务，不就未决案件或者再审案件给当事人及其他诉讼参与人提供咨询意见。只有法官在从事业外活动方面受到限制，才能基本保证其在司法活动中处于中立的地位，既有利于裁决案件，也有利于保护自己，维护自己职业的尊严与社会关系的稳定。职业法官在履行法官职责的时候，禁止为律师介绍案件并从中获利，或者充当案件的诉讼代理人、辩护人；并且离职后一定年限内也禁止从事上述活动。

（三）保持正当的生活方式

法官是国家的公务员，代表着国家公务人员的形象和尊严。法官应当保证消费水平和生活方式与自己的合法收入水平相一致。如果法官经常出入高档奢华的消费场所，生活腐化堕落，公众就会对法官收入的来源和其职业的公信力产生怀疑。因此，《法官职业道德基本准则》第25条规定，法官应加强自身修养，培育高尚道德操守和健康生活情趣，杜绝与法官职业形象不相称、与法官职业道德相违背的不良嗜好和行为，遵守社会公德和家庭美德，维护良好的个人声誉。

📍 **案例分析**

2015年4月2日，广东省某中级人民法院党组成员、副院长黄某因涉嫌严重违纪而接受组织调查。黄某酷爱麻将，在麻将台上迷失了自我，忘记了底线。调查中发现，向黄某行贿的几乎都是黄某麻将房的座上宾。2001年黄某就任区法院院长，律师蔡某抓住黄某爱打麻将的特点，随叫随到，开车接送，有时开局前先塞给黄某赌资，牌局中放放水，散局后赌债免单，甚至包揽黄某其他赌债。于是蔡某打着黄某的旗号揽了不少案件，而黄某有时候甚至连案情都不问就直接帮蔡某给主审法官打招呼。黄某的下属们自然投其所好，在麻将桌上买官卖官。据调查，黄某先后收受多名下属"麻友"买官行贿款近百万，区法院先后有8名法官因行贿、受贿被查处。4月22日，黄某因涉嫌受贿400余万元被开除党籍并移送司法机关。[①]

问题： 法官应如何与律师保持适当的职业距离，以避免利益冲突和司法不公？

（四）约束家庭成员的行为

《法官职业道德基本准则》第18条规定，法官应妥善处理个人和家庭事务，不利用法官身份寻求特殊利益。按规定如实报告个人有关事项，教育督促家庭成员不利用法官的职权、地位谋取不正当利益。按照该条规定，法官必须告知其家庭成员有关法官的行为规范和职业伦理要求，并监督其家庭成员遵守规定，不得违反。在一般的司法实践中，少数法官家属或多或少地利用法官的影响，从事律师或其他职业，给法官正常的司法工作带来不少问题。因此，最高人民法院和地方法院相继出台了一些规定，限制法官家属从事司法活动或与此有关的活动。这些

---

① 案例来源：《中国纪检监察报》。

规定的目的在于防止法官家属利用法官的职位和身份获取不正当利益，影响司法公正和法官形象。

案例分析

经天津市第二中级人民法院审理查明：1996年至2015年，奚某在先后担任最高人民法院经济审判庭副庭长、民事审判庭第二庭庭长、审判委员会委员、副院长期间，利用职务上的便利或者职务和工作中形成的便利条件，为相关单位和个人在案件处理、公司上市等事项上提供帮助，认可其亲属收受以及本人直接收受相关人员给予的财物折合人民币共计1.14596934亿元。

天津市第二中级人民法院认为，奚某的行为构成受贿罪。鉴于奚某为他人谋利的行为绝大部分基于亲属接受行贿人请托，贿赂款项亦为亲属收受使用，其本人系事后知情；奚某到案后能够如实供述自己的罪行，并主动交代办案机关尚未掌握的部分受贿犯罪事实；奚某认罪悔罪，积极退赃，赃款赃物已全部追缴，具有法定、酌定从轻处罚情节，依法可以对其从轻处罚。2017年2月16日，天津市第二中级人民法院公开宣判，对奚某以受贿罪判处无期徒刑，剥夺政治权利终身，并处没收个人全部财产；对奚某受贿所得财物及其孳息予以追缴，上缴国库。[①]

问题： 亲属在法官受贿行为中扮演了什么角色？如何从制度上预防此类情况发生？

王某，最高人民法院民一庭原审判长，因涉嫌受贿罪在2016年7月被羁押并随后逮捕。经审理，北京市东城区人民法院于2017年12月作出判决，认定王某在2005年至2012年间，利用职务之便，为多个案件的代理律师及当事人提供帮助，并非法收受财物，数额特别巨大，其行为构成受贿罪。具体包括与律师孙某约定分配代理费，收取人民币4.4万元及约100余万元现金；接受某农村合作银行副行长陈某贿赂1万元；以及收受于某和某房地产开发有限公司董事长包某共计65万元。法院认为王某的行为严重违反了国家工作人员的职务廉洁性，损害了司

[①] 案例来源：中央纪委国家监委网。

法的独立性和公正性。因此，判处王某有期徒刑6年，处罚金30万元，并对120万元赃款予以没收，继续追缴剩余的26万元赃款。[①]

　　问题：法官在履行职责时，应如何避免利益冲突和防范岗位廉政风险？

四、遵守司法礼仪

　　司法礼仪，是司法活动的主体（包括法官、检察官、律师、当事人、其他诉讼参与人以及其他参与司法活动的官员、旁听人员等）在司法活动中应当遵守的礼节、仪式。《法官职业道德基本准则》第24条规定，法官应坚持文明司法，遵守司法礼仪，在履行职责过程中行为规范、着装得体、语言文明、态度平和，保持良好的职业修养和司法作风。良好的司法礼仪不仅能维护法庭上的正常活动秩序和法官的形象，更重要的是它为司法的文明和权威提供了保证。具体而言，法官职业伦理要求法官遵守以下司法礼仪：

（一）保持适当的仪表

　　法官在法庭和日常生活中应当注意保持与自身职位和身份相符合的礼仪和形象。在与国家权力相关的职业中，法官是公众期望值最高的职业之一。法官群体被称为"运送正义的使者"，法官本人也应具有极强的道德荣誉感，应时刻注意自身的仪表举止，不得做出与法官职业伦理和业务要求不相协调的举动。根据《法官职业道德基本准则》第23条规定，法官应坚持学习，精研业务，忠于职守，秉公办案，惩恶扬善，弘扬正义，保持昂扬的精神状态和良好的职业操守。

（二）遵守法庭礼仪

　　法官的司法活动主要发生在法庭之内，这里也是最能体现法官礼仪的地方。根据《法官行为规范》的相关规定，法官应做到：（1）准时出庭，不迟到，不早退，不缺席；（2）在进入法庭前必须更换好法官服或者法袍，并保持整洁和庄重，

---

　　① 案例来源：澎湃新闻。

严禁着便装出庭，合议庭成员出庭的着装应当保持统一；（3）设立法官通道的，应当走法官通道；（4）一般在当事人、代理人、辩护人、公诉人等入庭后进入法庭，但前述人员迟到、拒不到庭的除外；（5）不得与诉讼各方随意打招呼，不得与一方有特别亲密的行为；（6）严禁酒后出庭。以上只是庭审前法官需要遵守的礼仪，更详细的法庭礼仪见《法官行为规范》"庭审"一节，此不赘述。

（三）对相关人员以礼相待

这里的相关人员主要是指当事人和其他诉讼参与人。法官应当尊重当事人和其他诉讼参与人的权利，以礼貌、文明、善意的态度对待他们以及旁听人员，为其正常、顺利地参与庭审提供良好的条件。《法官职业道德基本准则》第21条规定，法官应认真执行司法便民规定，努力为当事人和其他诉讼参与人提供必要的诉讼便利，尽可能降低其诉讼成本。第22条规定，法官应尊重当事人和其他诉讼参与人的人格尊严，避免盛气凌人、"冷硬横推"等不良作风；尊重律师，依法保障律师参与诉讼活动的权利。《法官行为规范》第5条明确了"一心为民"的法官职业规范，法官应落实司法为民的各项规定和要求，做到听民声、察民情、知民意，坚持能动司法，树立服务意识，做好诉讼指导、风险提示、法律释明等便民服务，避免"冷硬横推"等不良作风。《法官行为规范》还规定了法官在不同的情况下对待当事人和其他诉讼参与人、旁听者等的态度和行为规范。

五、加强自身修养

法官的入职门槛相较普通职业来说要高很多，是一个高度专业化的职业群体。在英美法系国家，法官被认为是有学识和修养的人，有着较高的社会地位；在大陆法系国家，法官也是一个被社会特别尊重的职业。法官裁决纠纷，既要保证裁决的公正合理，还要确保裁判文书的权威性得到公众的认可。这就要求法官不仅要拥有丰富的法律知识、敏锐的观察力和分析能力，还能够准确精练地发现事实、分析问题，并适用法律解决问题。时代在发展，新形势下的法官必然会面临一个不断变化的司法环境。要成为一名称职的法官，为国家和人民做出自己的贡献，就要不断加强自身修养,不断提高自身综合素质。《法官职业道德基本准则》第25条规定,法官应加强自身修养,培育高尚道德操守和健康生活情趣,杜绝与法官职业形象不相称、与法官职业道德相违背的不良嗜好和行为,遵守社会公德和家庭美德,维护良好的个人声誉。根据《法官职业道德基本准则》,法官应当在以下三个方面加强自身修养:

(一)良好的政治素质

良好的政治素质是法官恪尽职守、公正司法的先决条件。作为人民法院的法官,履职时要一心为民,有坚定的政治信念、坚定的政治立场,准确地把握司法改革的动向,在大是大非面前,有着坚定的政治操守,不断提高政治水平。关注党和国家政策的制定和变动,不断提升自己对政治情势的分析和思考能力。

(二)良好的业务素质

法官职业水平和裁判质量直接和业务素质相关,良好的业务素质是国家审判权发挥作用的保障。法官在任职期间,必须不断地补充法律知识,掌握法律技能,熟悉新颁布的法律法规和司法解释,研习法理,提高庭审和制作裁判文书的能力。我国《法官法》第五章、第六章详细地规定了法官进行理论培训和业务培训的方式、原则、主体和成绩考核的办法。《法官行为规范》第7条明确规定,法官应加强业务学习,提高司法能力。

(三)良好的个人品行

法官作为国家公职人员,首先是该国的公民,应具备一个普通人的道德品行。一个合格的法官,在个人品质上肯定也是严于律己,十分注意自己的言行,具有崇高的道德操守,遵守社会公德和家庭美德。我国台湾地区著名法学家史尚宽先生曾经说过:"虽有完美的保障审判独立之制度,有彻底的法学之研究,然若受外界之引诱,物欲之蒙蔽,舞文弄墨,徇私枉法,则反而以其法学知识为其作奸犯科之工具,有如为虎傅翼,助纣为虐,是以法学修养虽为切要,而品格修养尤为重要。"[1]法官应具有丰富的社会经验,忠于职守,刚正不阿,惩恶扬善,弘扬正

---

[1] 史尚宽:《宪法论丛》,台湾荣泰印书馆,1973年,第336页。

义，正直善良，谦虚谨慎，在社会生活中拥有良好的个人声誉。

六、约束业外活动

业外活动在法官的行为中占有很大比重，在一定程度上与法官的职业能力、个人素养、工作态度和司法职责等密切相关。如果要树立法官公正无私、独立中立的形象，就要尽量减少法官个人利益与社会公益相冲突的机会，而严格限制法官的业外活动是一个重要的手段。我国《法官法》第22条规定，法官不得兼任人民代表大会常务委员会的组成人员，不得兼任行政机关、监察机关、检察机关的职务，不得兼任企业或者其他营利性组织、事业单位的职务，不得兼任律师、仲裁员和公证员。第46条规定，法官不得从事或参与营利性活动，否则将承担相应的责任。这些规定都是对法官业外活动的限制。《法官行为规范》专门规定了"业外活动"，共10个条文。具体而言，法官应从以下三个方面约束自己的业外活动：

（一）严格遵守保密义务

保密义务既是法官的道德义务，也是法官的法律义务。在法官的审判活动中，不可避免地要接触国家机密、商业秘密、个人隐私和其他不能公开的信息。这既是法官职业所必需的，也是国家法律所允许的。《法官法》第10条规定，法官应保守国家秘密和审判工作秘密；对履行职责中知悉的商业秘密和个人隐私予以保密。法官在写作、授课过程中，应当避免对具体案件和当事人进行评论，不披露或者使用在

---

① 案例来源：自拟案例。

工作中获得的国家秘密、商业秘密、个人隐私及其他非公开信息。法官需要经过组织安排或者批准，才能接受新闻媒体对与法院工作有关的采访。在接受采访时，法官不得发表有损司法公正的言论，不对正在审理的案件和有关当事人进行评论，不披露在工作中获得的国家秘密、商业秘密、个人隐私及其他非公开信息。

（二）培养健康的爱好和习惯

法官应培养健康的爱好和习惯，不得接受有违清正廉洁要求的吃请、礼品和礼金。在本人或者亲友与他人发生矛盾时法官应保持冷静、克制，通过正当、合法途径解决。法官不得利用法官身份寻求特殊照顾，不得妨碍有关部门解决问题。健康良好的生活习惯和个人爱好，对于培养高尚的情操也至关重要。奢侈浪费、虚荣自私的个人品行不可能培养出公正无私、秉公执法的法官。法官应严格按照法官职业伦理行事，不得参加邪教组织或者封建迷信活动，应向家人和朋友宣传科学，引导他们相信科学，反对封建迷信；同时对利用封建迷信活动进行违法犯罪的，应当立即向有关组织和公安部门反映。

（三）谨慎参加社会活动

法官参加社会活动应当谨慎，要自觉维护法官形象。法官在受到邀请参加座谈、研讨活动时，对与案件有利害关系的机关、企事业单位、律师事务所、中介机构等的邀请应当拒绝；对与案件无利害关系的党、政、军机关或学术团体、群众组织的邀请，经向单位请示批准后方可参加。法官确需参加在各级民政部门登记注册的社团组织的，应及时报告并由所在法院按照法官管理权限审批。法官在业务时间从事写作、授课等活动，应以不影响审判工作为前提；对于参加司法职务外活动获得的合法报酬应当依法纳税。法官不得乘警车、穿制服出入营业性娱乐场所。法官因私出国探亲、旅游应如实向组织申报所去的国家、地区及返回的时间，经组织同意后方可出行，应准时返回工作岗位；法官出行或出国应遵守当地法律，尊重当地民风民俗和宗教习惯。

（四）退休后自我约束

法官在履职期间，基于职责所系，当然要约束自己的行为；在离职之后，基于法律职业伦理和法律规定，在一定时期内，也不得从事与法律相关的职业。根据《法官职业道德基本准则》第26条的规定，法官退休后应当遵守国家相关规定，不利用自己的原有身份和便利条件过问、干预执法办案，避免因个人不当言行对法官职业形象造成不良影响。

> ### ◉ 案例分析
>
> 　　上诉人唐某因与被上诉人众力公司劳动争议纠纷一案，不服襄阳市城区人民法院的民事裁定，向襄阳市中级人民法院提起上诉。襄阳市中级人民法院认为在原审过程中，原审原告的委托代理人李某、朱某均曾是樊城区人民法院的法官，根据原《法官法》第17条（现《法官法》第36条）的规定，其二人从法院离任后，不得担任原任职法院办理案件的诉讼代理人，原审未对此任职回避情形认真审查，程序严重违法。综上，原审法院适用法律错误，程序严重违法，裁定撤销襄阳市樊城区人民法院原民事裁定，由襄阳市樊城区人民法院继续审理该案。①
>
> 　　**问题**：什么情形下法官应当回避？
>
>
> 　　上诉人周某因与被上诉人某镇政府名誉权纠纷一案，不服辽宁省本溪满族自治县人民法院的民事判决，向辽宁省本溪市中级人民法院提起上诉。上诉人周某认为：镇政府的代理人王某是原审法院某庭庭长的配偶，依照原《法官法》第17条第3款规定不得担任本案代理人（现《法官法》第24条将此情形确定为法官任职回避的情形），而原审法院对此并未禁止，故程序违法。辽宁省本溪市中级人民法院认为：关于周某主张王某不得担任镇政府的代理人这一情节因该瑕疵并不影响一审判决结果，故周某以此为由主张发回重审不予支持。②
>
> 　　**问题**：法官违反回避规定是否会导致审判程序违法？

---

① 案例来源：爱企查。
② 案例来源：爱企查。

第三节　法官的职业责任

　　湖北省某中级人民法院在2002年因"腐败窝案"受到广泛关注，涉及多名法院官员和律师。其中，常务副院长柯某和副院长胡某分别被判刑13年和6年半。2003年，周某接任院长，采取了反腐措施，但三年后因严重违纪被判有期徒刑10年。2018年，第13任院长王某因严重违纪和职务违法被调查，最终被开除党籍和公职，并移送检察机关。王某涉嫌多项违纪违法行为，包括受贿、巨额财产来源不明等，其行为严重违反了政治纪律、组织纪律、廉洁纪律，且涉嫌国家法律。这一系列事件反映出司法系统内部存在的腐败问题。[①]

　　思考：法官在履行职责时应承担哪些职业责任？这些职业责任如何影响司法公正？

一、法官职业责任的概念与特征

（一）法官职业责任的概念

　　所谓法官职业责任是指法官因违反法官职业伦理而违反了国家公务员管理纪律或者法律法规的规定，从而应承担的不利后果。通常法官在法治国家都享有崇高的地位和威望，例如，布莱克斯通（Blackstone）把英国法官誉为"法律的保管者""活着的圣谕"。在如此的盛誉之下，很多国家的法官都被赋予了高度的信任，其行为不得轻易加以追究，也就是说其行为的法律责任被压到了最低的限度。例如，德国《基本法》第97条规定："法官独立并服从法律。"德国《法官法》第26

---

　　① 案例来源：网易新闻。

条第1款也明确规定："法官只在不影响其独立的范围内接受职务监督。"当然，这并不意味着法官的责任被完全抛弃，各个国家在赋予法官宽泛的免责权的同时，也为法官责任的承担设计了相应的制度。法官的责任可以分为法官的职业责任和法官的个人责任，本书主要探讨法官的职业责任。

（二）法官职业责任的特征

科学合理地界定法官的职业责任，是当下司法改革的重要目标之一。法官职业责任具有以下特征：

1. 责任追究的主体特定

人民法院独立行使审判权，法官的司法独立地位是受到法律保障的。对于法官在履职过程中或者在离职后产生的各种不当行为的追究理应由特殊的主体来进行，以摆脱各种社会团体和个人的干涉，避免司法为舆论、为公众所操纵。特殊的责任追究主体一般是熟悉法律知识的司法公务人员或资深律师，他们精通法律业务和司法活动规律，能够更好地就法官违反法官职业伦理和法律的不当行为进行区分、调查，乃至确立其职业责任。

2. 责任追究的客体特定

法官因违反法官职业伦理而应承担的责任，要区分两种情况。第一种情况，法官因业务水平、能力和经验的局限，在事实和法律上对负责的案件发生错误判断，一般会将这种情形排除在法官职业责任之外；第二种情况，法官确实是由于其不当行为违反了法官职业伦理，触犯了组织纪律或法律规定，需要受到处罚。比较而言，第二种情况下产生的法官职业责任在我国更为普遍。当然，法官需要承担法官职业责任的行为是特定的，一般要根据各国的司法传统、文化背景和法治建设的程度等而定。我国的法官需要承担法官职业责任的七类行为规定在《人民法院工作人员处分条例》第二章中，后面会详细阐述。本书认为，基于我国法治的现状和法官职业的特殊性，对于法官职业责任适用的范围应该严格控制。

3. 责任追究的特定程序

基于司法形象的庄严和神圣，世界各国一般在追究法官职业责任时都是非常慎重的，对追究程序的规定往往是十分细致和严格的。对法官职业责任的追究，无论是弹劾程序还是惩戒程序，都必须遵循程序正义和实体正义的基本要求，尽量做到公开、公平、公正，保证涉案法官享有正当程序的保障。《人民法院工作人员处分条例》第3条规定："人民法院工作人员依法履行职务的行为受法律保护。非因法定事由、非经法定程序，不受处分。"

二、法官职业责任的内容

（一）职业责任承担的具体事由

我国《法官法》在第46条中对法官的禁止行为作了规定。法官不得有下列行为：（1）贪污受贿、徇私舞弊、枉法裁判的；（2）隐瞒、伪造、变造、故意损毁证据、案件材料的；（3）泄露国家秘密、审判工作秘密、商业秘密或者个人隐私的；（4）故意违反法律法规办理案件的；（5）因重大过失导致裁判结果错误并造成严重后果的；（6）拖延办案，贻误工作的；（7）利用职权为自己或者他人谋取私利的；（8）接受当事人及其代理人利益输送，或者违反有关规定会见当事人及其代理人的；（9）违反有关规定从事或者参与营利性活动，在企业或者其他营利性组织中兼任职务的；（10）有其他违纪违法行为的。法官的处分按照有关规定办理。

如果说上述规定较为笼统的话，《人民法院工作人员处分条例》则规定得较为具体。在"分则"一章中，《人民法院工作人员处分条例》列举了7大类85种禁止行为。

1. 违反政治纪律的行为

一般而言，违反政治纪律的行为主要包括以下几种：（1）散布有损国家声誉的言论，参加反对国家的集会、游行、示威等活动；（2）参加非法组织或者参加罢工；（3）违反国家民族宗教政策，造成不良后果；（4）在对外交往中损害国家荣誉和利益；（5）非法出境，或者违反规定滞留境外不归；（6）未经批准获取境外永久居留资格，或者取得外国国籍；（7）有其他违反政治纪律的行为。

2. 违反办案纪律的行为

根据《人民法院工作人员处分条例》第二章第二节的规定，违反办案纪律的行为共有26种，按照案件的进展程度，大致可以分为：（1）立案过程中的行为。主要是违反法律关于立案的规定、给司法活动制造障碍、妨害司法形象和司法权威的行为；（2）庭审过程中的行为。主要是指违反回避规定，或违反规定与当事人联系，不遵守证据规定、保密规定等行为；（3）诉讼调解中的行为。主要是指违反当事人意愿，违反法律关于调解的规定的行为；（4）文书制作中的不当行为。主要是指违反法律关于文书制作的规定，妨碍法院司法审判和执行的行为；（5）执行过程中的不当行为。主要是指违反执行纪律，给当事人或其他相关人员造成不良后果的行为。

3. 违反廉政纪律的行为

该行为主要是指法官违反了清正廉洁的法官职业伦理，利用自己职权或职务之便，为自己或他人牟利的行为。《人民法院工作人员处分条例》在第二章第三节对违反廉政纪律的行为作了列举，共11种表现形式。其中需要注意的是对单位或者以单位名义违反廉政纪律行为的处罚。

4. 违反组织人事纪律的行为

该行为主要是指不按照国家或单位集体制定的章程或程序，违反组织人事纪律，给人事关系或人事制度的管理带来不良后果的行为。《人民法院工作人员处分条例》第二章第四节列举了11种违反组织人事纪律的表现形式，主要包括：（1）违反议事规则，个人或少数人决定最大事项，或者改变集体作出的重大决定，造成决策错误；（2）故意拖延或者拒不执行上级法院作出的决定、决议；（3）对职责范围内发生的重大事故、事件不按规定报告、处理；（4）对职责范围内发生的违纪违法问题隐瞒不报、压案不查、包庇袒护的，或者对上级交办的违纪违法案件故意拖延或者拒不办理；（5）压制批评，打击报复，扣压、销毁举报信件，或者向被举报人透露举报情况；（6）在人员录用等工作中徇私舞弊、弄虚作假；（7）弄虚作假，骗取荣誉，或者谎报学历、学位、职称；等等。

5. 违反财经纪律的行为

该行为主要是指利用自己经手财务的便利，违反规定牟利或浪费、违反国家财经管理纪律的行为。《人民法院工作人员处分条例》第二章第五节列举了5种表现形式，主要包括：（1）违反规定进行物资采购或者工程项目招投标，造成不良后果；（2）违反规定擅自开设银行账户或者私设"小金库"；（3）伪造、变造、隐匿、毁弃财务账册、会计凭证、财务会计报告；（4）违反规定挥霍浪费国家资财；（5）有其他违反财经纪律的行为。

6. 失职行为

法官的失职行为主要是指法官在履职过程中出现失误、影响司法过程的顺利进行、造成不良或严重后果的行为。《人民法院工作人员处分条例》第二章第六节列举了9种表现形式，主要包括：（1）因过失导致依法应当受理的案件未予受理，或者不应当受理的案件被违法受理；（2）因过失导致错误裁判、错误采取财产保全措施、强制措施、执行措施，或者应当采取而未采取造成不良后果；（3）因过失导致所办案件严重超出规定办理期限，造成严重后果；（4）因过失导致羁押人员脱逃、自伤、自杀或者行凶伤人；（5）因过失导致诉讼、执行文书内容错误，造成严重后果；等等。

7. 违反管理秩序和社会道德的行为

该行为主要是指法官因故意或过失违反国家的管理规定、扰乱社会管理秩序、败坏社会公序良俗的不当行为。《人民法院工作人员处分条例》第二章第七节列举了16种表现形式，主要包括：（1）因工作作风懒怠、工作态度恶劣，造成不良后果；（2）故意泄露国家秘密、工作秘密，或者故意泄露因履行职责掌握的商业秘密、个人隐私；（3）参与赌博；（4）吸食、注射毒品或者参与嫖娼、卖淫、色情淫乱活动；等等。

（二）承担职业责任的主要形式

法官承担法官职业责任的形式主要包括两种：纪律责任和刑事责任。根据《人民法院工作人员处分条例》规定，法官因违反法律、法规或者本条例规定，应当承担纪律责任的，依照本条例给予处分。人民法院法官违纪违法涉嫌犯罪的，应当移送司法机关处理。

1. 纪律责任

法官违反法官职业伦理，其行为尚未构成犯罪，情节较轻且没有危害后果的，要给予诫勉谈话和批评教育；构成违纪的，根据人民法院有关纪律处分的规定进行处理。根据我国《法官法》和《人民法院工作人员处分条例》的规定，纪律处分的种类分为警告、记过、记大过、降级、撤职、开除。警告的期间为6个月，记过的期间为12个月，记大过的期间为18个月，降级、撤职的期间为24个月。受处分期间不得晋升职务、级别。其中，受记过、记大过、降级、撤职处分的，不得晋升工资档次；受撤职处分的，应当按照规定降低级别；受开除处分的，自处分决定生效之日起，解除与人民法院的人事关系，不得再担任公务员职务。《人民法院工作人员处分条例》还具体规定了两种以上处分的合并执行、二人以上共同违纪行为的处理，以及在法定幅度范围内从重、从轻、减轻和免除的情形。关于纪律责任和刑事责任的竞合问题，该条例也作了非常详细的规定。在人民法院作出处分决定前，已经被依法判处刑罚、罢免、免职或者已经辞去领导职务的法院工作人员，确实需要给予处分的，应当根据其违纪违法事实给予处分。被依法判处刑罚的，一律给予开除处分。该条例还在第一章第三节详细规定了"处分的解除、变更和撤销"。从总体上说，根据我国《公务员法》和《法官法》制定的《人民法院工作人员处分条例》中的纪律处分是行政处分，相关人员承担的是行政责任。《人民法院工作人员处分条例》第二章"分则"对7类85种禁止行为的表现形式都规定了相应的纪律处分。《最高人民法院关于违反"五个严禁"规定的处理办法》规定，人民法院纪检监察部门要按照管辖权限及时对违反"五个严禁"规定的线索进行检查。一经核实，需要调离审判、执行岗位的，应当及时提出处理意见报院党组决定。人民法院政工部门根据院党组的决定，对违反"五个严禁"规定的人员履行组织处理手续。

2. 刑事责任

法官因违反法官职业伦理而触犯刑律，就需要承担相应刑事责任，由纪检监察部门负责移送相关部门。根据刑事司法相关法律，法官触犯的罪名可以分为两类：一类是普通主体都能构成的犯罪，如杀人罪、抢劫罪等；另一类是特殊主体的职务犯罪。特殊主体的职务犯罪主要是我国《刑法》第八章、第九章规定的以下罪名：贪污罪；贿赂罪；滥用职权罪；玩忽职守罪；故意泄露国家秘密罪、过失泄露国家秘密罪；徇私枉法罪；枉法裁判罪；徇私舞弊减刑、假释、暂予监外执行罪。这一类犯罪主体都需要具有法官身份，一般是法官在履行职务过程中，利用职务便利实施的犯罪。只要法官触犯刑律，构成犯罪，就应该追究其刑事责任。

三、法官职业责任的追究程序

法官是国家的公务员，因此对其的纪律处分也应该按照对公务员的处分程序进行。我国《公务员法》和《行政机关公务员处分条例》等规定，对法官的处分，应当事实清楚、证据确凿、定性准确、处理恰当、程序合法、手续完备。法官违纪的，应当由处分决定机关决定对公务员违纪的情况进行调查，并将调查认定的事实及拟给予处分的依据告知法官本人。法官有权进行陈述和申辩。处分决定机关认为对法官应当给予处分的，应当在规定的期限内，按照管理权限和规定的程序作出处分决定。处分决定应当以书面形式通知法官本人。实际上，2008年最高人民法院针对法官职业责任制定了《人民法院监察工作条例》。根据该条例，人民法院内部设立监察部门，依照法律法规对法官和其他工作人员进行监察。最高人民法院及高级、中级人民法院设立监察室，基层人民法院设立监察室或者专职监察员。监察部门受理对人民法院及其法官和其他工作人员违纪违法行为的控告、检举；调查处理人民法院及其法官和其他工作人员违反审判纪律、执行纪律及其他纪律的行为；受理法官和其他工作人员不服纪律处分的复议和申诉等。

（一）追究的权限及程序

对本院审判委员会委员、庭长、副庭长、审判员、助理审判员和其他工作人员，下一级人民法院院长、副院长、副院级领导干部、监察室主任、专职监察员，拟给予警告、记过、记大过处分的，由监察部门提出处分意见，报本院院长批准后下达纪律处分决定；拟给予降级、撤职、开除处分的，由监察部门提出处分意见，经本院院长办公会议批准后下达纪律处分决定。纪律处分决定以人民法院名义下达，加盖人民法院印章；给予违纪人员撤职、开除处分，需要先由本院或者下一级人民法院提请同级人民代表大会罢免职务，或者提请同级人民代表大会常务委员会免去职务或者撤销职务的，应在人民代表大会或者其常务委员会罢免职务或者撤销职务后，再执行处分决定。对违反纪律的人员作出纪律处分后，有关法院人事部门应当办理处分手续。纪律处分决定等有关材料应当归入受处分人员的档案。

（二）申诉和控告

法官对人民法院关于本人的处分、处理不服的，自收到处分、处理决定之日起30日内可以向原处分、处理机关申请复议，并有权向原处分、处理机关的上级机关申诉。受理申诉的机关必须按照规定作出处理。复议和申诉期间，不停止对法官处分、处理决定的执行。对于国家机关及其工作人员侵犯法律规定的法官权利的行为，法官有权提出控告。行政机关、社会团体或者个人干涉法官依法审判案件的，应当依法追究其责任。法官提出申诉和控告，应当实事求是。捏造事实、诬告陷害的，应当依法追究其责任。对法官处分或者处理错误的应当及时予以纠正；造成名誉损害的，应当恢复名誉、消除影响、赔礼道歉；造成经济损失的，应当赔偿。对实施打击报复的直接责任人员，应当依法追究其责任。

（三）处分的解除、变更与撤销

受开除以外处分的，在受处分期间有悔改表现，并且没有再发生违纪违法行为的，处分期满后应当解除处分。解除处分后，晋升工资档次、级别、职务不再受原处分的影响。但是解除降级、撤职处分的，不视为恢复原级别、原职务。有下列情形之一的，应当变更或者撤销处分决定：（1）适用法律、法规或者相关规定错误的；（2）对违纪违法行为的事实、情节认定有误的；（3）处分所依据的违纪违法事实证据不足的；（4）调查处理违反法定程序，影响案件公正处理的；（5）作出处分决定超越职权或者滥用职权的；（6）有其他处分不当情形的。

处分决定被变更，需要调整被处分人员的职务、级别或者工资档次的，应当按照规定予以调整；处分决定被撤销的，应当恢复其级别、工资档次，按照原职务安排相应的职务，并在适当范围内为其恢复名誉。因变更而减轻处分或者被撤销处分人员的工资福利受到损失的，应当予以补偿。

本章小结

法官职业伦理是指法官在履行其职责过程中所应具备的与法官职能、性质相适应的优良道德品质，以及在调处各种社会关系时所应遵循的优良道德规范的总和。法官职业伦理的内容包括：保障司法公正、提高司法效率、确保司法廉洁、遵守司法礼仪、加强自身修养。法官职业责任的形式主要有两种：纪律责任和刑事责任。法官职业伦理的培养应注重强化法官的职业道德意识、建立和完善职业道德规范、加强对法官职业行为的监督和评价几个方面，并对违反职业伦理的法官进行适当的惩戒，同时为其提供改正错误的机会。

本章习题

1. 法官是以其业务知识和能力裁决纠纷，实现司法公正。法官个人的品行与专业知识和业务能力关系并不密切，那么法官职业伦理对法官个人的道德品行要求是不是过于严格？

2. 网络化时代的来临使得社会舆论有了更多更好的表达渠道，微博等公共平台更是在社会上有着巨大的影响力。其积极作用是使案件的办理过程更加透明和公开，消极作用则在于给法官的职业行为带来了很大压力。那么网络时代中法官如何在社会舆论面前坚守职业伦理？

3. 法官职业责任包括哪几种形式？法官又是如何实现责任承担的？

案例分析

黄某，最高人民法院原副院长，2009年8月因涉嫌受贿、贪污被捕。案件由最高检立案，经河北省检察院移交廊坊市检察院起诉。廊坊市中院审理后认定黄某犯受贿罪和贪污罪，因其利用职务为他人谋利，非法收受财物，伙同他人骗取公款。黄某受贿数额巨大，贪污数额亦巨大，且为主犯，社会影响恶劣，应依法严惩。2010年1月，廊坊市中院一审判处黄某无期徒刑，剥夺政治权利终身，没收全部财产；受贿款项300万元上缴国库，贪污款项278万元发还湛江市中院，其余赃款继续追缴。黄某上诉，河北省高院二审维持原判。①

问题：

1. 我国法官的惩戒主体模式有哪些？
2. 我国法官惩戒事由有哪些？

昆明某律师事务所何律师在澄江县法院代理土地使用权转让纠纷案，庭审后发现庭审笔录遗漏其辩论观点，要求补正但遭庭长洪某拒绝。何律师拒签笔录，洪某威胁拘留，何律师要求合法手续。洪某未提供，反提出拘留、罚款、写检查三个选择。何律师拒绝写检查，洪某命令法警拘留何律师，将其铐在篮球架上40分钟。副院长得知后，释放何律师，解释洪某行为，请求理解。何律师感到委屈，认为自己作为律师，依法维权却遭非法对待。②

问题：

对本案中洪某应依法给予何种惩戒？

---

① 案例来源：《中华人民共和国最高人民检察院公报》。
② 案例来源：《人民日报》《中国青年报》。

第七章　检察官职业伦理

学习目标

知识目标：了解检察官制度的基本内容；理解与其他法律职业的关系；理解检察官职业伦理的内涵和价值；掌握检察官职业伦理的基本内容和具体要求；熟练掌握检察官职业伦理的三个职业责任：司法责任、纪律处分、政务处分。

能力目标：具备熟练适用检察官职业伦理的能力；提升运用法律职业伦理思维分析问题的能力；具有应用检察官职业伦理解决案例和实例的能力。

思维导图：

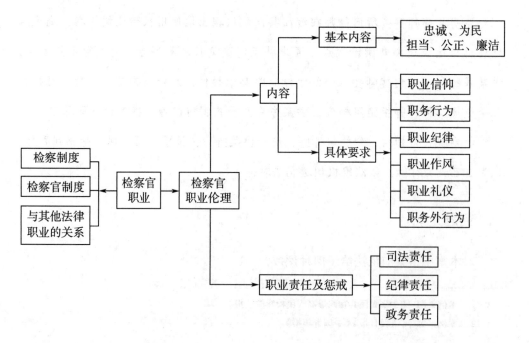

> **⦿ 案例引导**

2020年，河南省人民检察院在办理"群众信访件件有回复"案件工作中，收到反映洛阳市某基层院在办理张某某寻衅滋事一案中存在违规违法办案问题的举报信件。经查：李某某在原案办理中，为争取办案时间，错误理解和适用退回补充侦查的有关法律规定，在原案指定管辖前已经两次退回补充侦查的情况下，第三次退回公安机关补充侦查，违反刑事诉讼法关于"补充侦查以二次为限"规定，造成办案期限超期，并引发信访问题；且李某某在后期已经意识到此问题的情况下，为掩盖自身错误，在该院检委会研究此案时未如实汇报有关情况，导致该问题未被及时发现和处理。河南省检察官惩戒工作办公室认为"李某某存在违反检察职责行为，属重大过失"，并依《河南省检察官惩戒工作实施办法（试行）》等规定，决定给予李某某警告处分。①

思考： 我国检察改革为何要加强检察官职业伦理建设？

第一节 检察官职业伦理概述

一、检察官职业概述

（一）检察制度简述

检察是一种由特定机关代表国家向法院提起诉讼及维护法律实施的司法职能。由于各国政治法律制度的传统和法律文化发展的脉络不同，检察机关的权力和功能差别较大。在国家发展历史上，对犯罪的起诉曾有过三种形式，即私人起诉、公共起诉和国家起诉。原始社会私人复仇盛行，而后随着社会和经济的发展，公共起诉应运而生，有行为能力的人均可起诉，但容易造成滥告或无人起诉。到了

---

① 案例来源：中华人民共和国最高人民检察院网。

中世纪以后，实行国家起诉制度，这就是现代检察制度的雏形。当今世界上有三种类型的检察制度，以英国、美国为代表的英美法系的检察制度，以德国、法国为代表的大陆法系的检察制度，以中国为代表的社会主义国家的检察制度。

一般认为，检察制度始于欧陆中世纪的英国和法国，国王律师和国王代理人后演变为现代检察官。英国和法国作为检察制度的发源地，分别是英美法系和大陆法系检察制度的代表。

1. 英美法系

1164年英国国王亨利二世发布《克拉灵顿诏令》，确立了重大刑事案件由陪审团负责起诉的制度。1275年，爱德华一世颁布了《威斯敏斯特条例》，规定刑事案件必须实行起诉陪审制。13世纪40年代至80年代，英国出现国王律师和国王法律顾问，代表国王就关于皇室利益的财产诉讼案件和行政诉讼案件进行起诉。1461年，国王律师更名为总检察长，国王法律顾问更名为国王辩护人。1515年，国王辩护人更名为副总检察长。由于陪审团制度传统的影响力比较大，英国的检察制度发展较晚，而且其检察机关长期以来规模较小、职能较弱。直到1986年英国才建立起统一独立的全国性检察机关——皇家检察署（Crown Prosecution Service，简称为CPS）。

随着英国18—19世纪的殖民扩张，其检察制度亦流传到马来西亚、爱尔兰、巴拿马、斯里兰卡、澳大利亚、加拿大、巴基斯坦、美国、哥伦比亚等国家和地区，并为这些国家或地区摆脱殖民统治独立后沿袭继受，形成英美法系的检察制度贡献巨大。

2. 大陆法系

12世纪初，法国出现了类似检察官的"国王代理人"。13世纪，路易九世实行司法改革，凡涉及作为王室收入的罚金和没收财产的诉讼，均由国王代理人提起，并赋予其监督地方官吏的权力。从国王腓力四世开始，国王代理人的职权范围扩大到检举、追诉有害于社会安宁之所有犯罪。此时的国王代理人被视为现代意义上检察官的开端。15世纪，国王代理人的职权范围由追诉权扩张到对判决的执行以及对裁判官的监督。1670年，路易十四发布敕令规定，在最高审判机关中设检察官，称总检察官。在各级审判机关中设一定数量的检察官和辅助检察官，对刑事案件行使侦查起诉权。1790年"国民议会"通过法令，规定检察官是行政派在各级法院的代理人。1808年，资本主义国家最早的一部刑事诉讼法典——法国《刑事诉讼法典》对检察官在刑事诉讼中的地位、职权和行使职权的程序作了全面规定，赋予检察院主动提起公诉的权力，由此确立了国家追诉制度。这是法国现代检察制度正式确立的标志。

德国、芬兰、意大利、俄罗斯及曾属法国殖民地的一些国家，在继受大陆法传统的同时，也相继采用或选择了法国的检察制度，形成大陆法系的检察制度。

3. 我国的检察制度

中国近代检察制度建立于清末。1906年，清政府颁布的《大理院审判编制法》规定大理院在京师高等审判厅内附设检察局，大理院以下审判厅、局均须设有检察官。1907年的《高等以下各级审判厅试办章程》规定检察官统属于法部大臣，受其长官节制，对于审判厅独立行使其职权。1909年的《法院编制法》明确规定，各审判衙门分别配置初级检察厅、地方检察厅、高等检察厅和总检察厅，并对派出厅及检察官的配置和隶属、监督关系作了规定。清末建立的检察制度，是中国近现代检察制度最早的探索和实践。

1954年9月，第一届全国人民代表大会第一次全体会议通过了《中华人民共和国宪法》和《中华人民共和国人民检察院组织法》等法律，以宪法和基本法律的形式确立了国家检察制度。1979年，我国重新制定了《人民检察院组织法》，明确规定了人民检察院为国家法律监督机关。1982年宪法对检察制度相关问题作了明确规定："国家行政机关、审判机关、检察机关都由人民代表大会产生，对它负责，受它监督。"从而以宪法原则明确了检察机关与国家权力机关、国家行政机关、国家审判机关的关系，确定了检察机关在国家机构中的重要地位。1995年，我国制定了《检察官法》，使检察官制度进一步完善。

根据宪法和组织法的规定，我国的检察机关，分为最高人民检察院、地方各级人民检察院、军事检察院等专门人民检察院，其中地方人民检察院包括省级人民检察院、设区的市级人民检察院、基层人民检察院。人民检察院独立行使职权，除提起刑事诉讼外，还享有广泛的法律监督权。

《人民检察院组织法》第20条规定了检察院行使的八项职权：（1）依照法律规定对有关刑事案件行使侦查权；（2）对刑事案件进行审查，批准或者决定是否逮捕犯罪嫌疑人；（3）对刑事案件进行审查，决定是否提起公诉，对决定提起公诉的案件支持公诉；（4）依照法律规定提起公益诉讼；（5）对诉讼活动实行法律监督；（6）对判决、裁定等生效法律文书的执行工作实行法律监督；（7）对监狱、看守所的执法活动实行法律监督；（8）法律规定的其他职权。

作为专门的法律监督机关，检察机关的职权由最高国家权力机关授予并受其领导和监督，代表国家并以国家的名义依据法律，对法律的实施和遵守进行监督，维护国家利益。检察机关使用专门的监督手段，依照法定的程序实施监督权，通过程序性的制约权实现对实体的监督。由于检察机关的监督权不包括实体处分权，因此不具有终局和实体意义。这是检察权与行政权、审判权的重要区别。

（二）检察官制度

1. 检察官的任职及管理

根据我国《检察官法》第2条的规定，检察官是依法行使国家检察权的检察人员，包括最高人民检察院、地方各级人民检察院和军事检察院等专门人民检察院的检察长、副检察长、检察委员会委员、检察员。

担任检察官需要具备以下条件：（1）具有中华人民共和国国籍；（2）拥护中华人民共和国宪法，拥护中国共产党领导和社会主义制度；（3）具有良好的政治、业务素质和道德品行；（4）具有正常履行职责的身体条件；（5）具备普通高等学校法学类本科学历并获得学士及以上学位；或者普通高等学校非法学类本科及以上学历并获得法律硕士、法学硕士及以上学位；或者普通高等学校非法学类本科及以上学历，获得其他相应学位，并具有法律专业知识；（6）从事法律工作满五年。其中获得法律硕士、法学硕士学位，或者获得法学博士学位的，从事法律工作的年限可以分别放宽到四年、三年；（7）初任检察官应当通过国家统一法律职业资格考试取得法律职业资格。其中，第五项的学历条件确有困难的地方，经最高人民检察院审核确定，在一定期限内可以放宽为高等学校本科毕业。

因犯罪受过刑事处罚、被开除公职、被吊销律师或公证员执业证书、被仲裁委员会除名以及有法律规定的其他情形的，不得担任检察官。

根据《检察官法》第14条的规定，初任检察官采用考试、考核的办法，按照德才兼备的标准，从具备检察官条件的人员中择优提出人选。人民检察院的检察长应当具有法学专业知识和法律职业经历，副检察长、检察委员会委员应当从检察官、法官或者其他具备检察官条件的人员中产生。

人民检察院也可以根据检察工作需要，从律师或者法学教学、研究人员等从事法律职业的人员中公开选拔检察官。

初任检察官一般到基层人民检察院任职。上级人民检察院检察官一般逐级遴选；最高人民检察院和省级人民检察院检察官可以从下两级人民检察院遴选。

我国检察官实行员额制管理，根据案件数量、经济社会发展情况、人口数量和人民检察院层级等因素确定，优先考虑基层人民检察院和案件数量多的人民检察院办案需要。

检察官实行单独职务序列管理，共分为十二级。最高人民检察院检察长为首席大检察官，往后依次是一至二级大检察官、一至四级高级检察官、一至五级检察官。2002年，我国首次任命了1名首席大检察官、41名大检察官，并于同年3月21日在北京人民大会堂举行了大检察官颁证仪式。时任最高人民检察院检察长、首席大检察官韩杼滨向41名大检察官颁发了大检察官等级证书。

2. 检察官的职责、权利和义务

根据《检察官法》的规定，检察官有以下职责：（1）对法律规定由人民检察院直接受理的刑事案件进行侦查；（2）对刑事案件进行审查逮捕、审查起诉，代表国家进行公诉；（3）开展公益诉讼工作；（4）开展对刑事、民事、行政诉讼活动的监督工作；（5）法律规定的其他职责。

检察官对其职权范围内就案件作出的决定负责。

根据《检察官法》的规定，检察官享有下列权利：（1）履行检察官职责应当具有的职权和工作条件；（2）非因法定事由、非经法定程序，不被调离、免职、降职、辞退或者处分；（3）履行检察官职责应当享有的职业保障和福利待遇；（4）人身、财产和住所安全受法律保护；（5）提出申诉或者控告；（6）法律规定的其他权利。

根据《检察官法》的规定，检察官应当履行下列义务：（1）严格遵守宪法和法律；（2）秉公办案，不得徇私枉法；（3）依法保障当事人和其他诉讼参与人的诉讼权利；（4）维护国家利益、社会公共利益，维护个人和组织的合法权益；（5）保守国家秘密和检察工作秘密，对履行职责中知悉的商业秘密和个人隐私予以保密；（6）依法接受法律监督和人民群众监督；（7）通过依法办理案件以案释法，增强全民法治观念，推进法治社会建设；（8）法律规定的其他义务。

3. 检察官的职业特点

作为法律职业共同体之一，检察官与法官、律师等一样，具有法律职业的共性，即受过系统的法律职业教育和训练，有以权利、义务为中心概念的参照系，有以理性的、专业的话语和独特的推理方法去实现法律的确定性，有以维护社会正义和自由、维护法律权威为价值追求的职业意识。但是检察官因其角色特点又具有诸多有别于法官、律师的职业特性。

基于我国检察官的法律监督角色，检察官职业具有以下特征：

（1）主动性。法治对检察官的角色定位要求检察官代表国家而非基于当事人的请求，主动对违反法律秩序的犯罪行为进行追诉并对诉讼中的其他违法行为进行纠正。从检察官独具的主动追诉的职能看，检察官是法律秩序的积极守护者。

（2）客观性。检察官不仅代表国家对犯罪行为进行追诉，维护法律秩序，同时还有责任保护人权。检察官为了发现真实情况，不应站在当事人的立场上，而应站在客观的立场上进行活动，检察官是依法言法、客观公正的守护人，适用法律要恪守客观性义务。

（三）检察官与其他法律职业的关系

法官、检察官与律师都是法律职业共同体的重要角色，是社会主义法治工作队伍的重要组成部分，是全面依法治国的重要力量，是维护国家法治和社会公平正义的中坚力量，在维护司法公正和社会正义上三者殊途同归。毋庸置疑的是，作为法律职业共同体的三大主要角色，法官、检察官与律师三者具有天然的亲和性和交融性。

1. 检察官与法官

法官和检察官是司法机关中两个不同职能的代表。法官是独立的，负责根据法律和证据作出公正的裁决。检察官则是公共利益的维护者，负责起诉犯罪嫌疑人并在法庭上扮演控诉方的角色。同时检察机关作为宪法确定的法律监督机关，代表国家行使法律监督的权力，监督法律实施，维护国家法制的统一。因此，检察官肩负着对司法审判全过程的监督、纠错职责。比如通过对诉讼活动实行法律监督，确保司法裁判正确适用法律；通过对判决、裁定等生效法律文书的执行工作实行法律监督，确保法律适用的结果得到完整有效的执行；通过对在履职过程中发现的行政机关违法行为实行法律监督，确保违法行政行为得到及时纠正；通过提起公益诉讼，确保损害公共利益的违法主体受到法律的追究。

法官和检察官之间的关系应建立在相互尊重和法律原则的基础上，法官需要评估检察官提供的证据和法律观点，并根据法律规定作出独立的裁决。

法官和检察官应当依法履行各自职责，恪尽职守，相互砥砺，相互监督，共同维护宪法、法律的尊严和司法权威；法官与检察官应当保持适当的距离，规范层面也应限制法官和检察官在办公场所外私下进行约见、宴请等非公务活动，确保公正廉洁的司法形象和公信力。

2. 检察官与律师

我国的检察制度和律师制度都是中国特色社会主义司法制度的重要组成部分，二者相辅相成，共同推进法治中国建设的发展、进步。检察官既是诉讼参与者，又是诉讼监督者，同时还是诉讼权利的救济者。而作为司法活动的重要参与者，律师则通过履行辩护代理职责保护和救济受到侵害的权利，制裁和惩罚违法犯罪活动，保障犯罪嫌疑人的合法权益，在整个司法制度中具有不可或缺的重要地位。

虽然检察官和律师的职责任务、诉讼角色各不相同，在诉讼活动中双方的诉讼主张存在差异，但在许多方面双方都有共同特点：

（1）在职能定位上，二者都是全面推进依法治国基本方略，加快建设社会主义法治国家的重要力量。

（2）在价值目标上，二者都以捍卫司法公正和法律尊严为己任，都必须维护当事人的合法权益，确保法律正确实施，维护社会公平正义。

（3）在履职要求上，二者都要坚持以事实为根据，以法律为准绳，自觉坚持客观公正立场，接受社会各方面和当事人的监督。

（4）在职业特点上，二者同为法律工作者，秉承相同的法治理念、职业信仰和核心价值观，具有相同的职业素养和职业技能要求，都依法受到法律保护，是法律职业共同体的重要组成部分。

因此，检察官和律师既不是简单的诉辩关系，更不是简单的对抗关系，而是对立中有统一、诉辩中相依存、探讨中共促进的良性互动关系。具体而言，二者的关系主要表现在以下几个方面：

（1）平等关系。表现为实质上的平等和形式上的平等，其中形式上的平等又表现为职业身份上的平等、地位上的平等、权利上的平等。

（2）对抗关系。检察官与律师在刑事诉讼中的职能是天然对立的，检察官代表的是国家利益，其职能是让被告接受惩罚；律师是维护个人利益者，在诉求上跟检察官对立，其职能就是减轻或免除当事人的处罚。

（3）协作关系。二者虽然职业分工不同，但都以追求社会公平正义为终极目标。在依据事实和法律的前提下，二者通过对话与合作的方式来缓和冲突对抗关系，共同推进诉讼进程、确保刑事案件公正处理。

二、检察官职业伦理的内涵

（一）检察官职业伦理的概念和特征

1. 检察官职业伦理的含义

检察官职业伦理，是检察官与其职业相关主体之间的一种客观交往关系。它是指检察官在履行检察职能的活动中，应当遵守的行为规范，是检察官的职业义务、职业责任和职业行为在伦理规范上的体现。

检察官职业伦理既调整检察机关内部关系，也调整检察机关及检察官与其服务对象，即与民众之间的关系。因此，检察官职业伦理可以进一步分为外部伦理和内部伦理。检察官的外部伦理，是指检察官基于职务行使及其特殊身份而在对外联系中应当遵循的行为准则，旨在约束检察官的对外行为，包括检察官在职务行使过程中应当恪守的行为准则和检察官因为其特殊身份而在私人活动和社交活动中应当遵守的行为准则。检察官的内部伦理，是指检察官在检察机关内部工作中应当遵循的行为准则，旨在约束检察官在检察机关内部的行为，包括检察官与上级检察首长的行为关系准则，以及检察官与同僚的行为关系准则。

关于检察官助理、书记员、司法警察等检察辅助人员是否适用检察官职业伦理，目前有不同的观点。有的观点的认为，这些辅助人员的职责是协助职业检察官行使检察权，他们根据自己职业的行为规范来工作，与职业检察官的司法活动有本质上的区别。因此，检察官职业伦理的主体仅限于在检察院专门行使检察权的职业检察官，并不包括检察院的其他组成人员。[①]有的观点认为，检察官辅助人员以及其他相关人员均属于检察官职业伦理的主体。根据2010年《检察官职业行为基本规范（试行）》第51条规定："人民检察院的其他工作人员参照本规范执行。"2016年最高人民检察院检察委员会通过《检察官职业道德基本准则》，要求全体检察官遵照执行，检察辅助人员参照执行。"因此检察官职业伦理适用于检察

---

① 参见许身健：《法律职业伦理》，中国政法大学出版社，2021年，第154页。

官、检察官助理、书记员、司法警察等人员。"[1]

本书认为，2019年修订的《检察官法》第2条明确规定了检察官的范围，即检察长、副检察长、检察委员会委员和检察员，不包括其他人员。2018年修订的《人民检察院组织法》第40条、第41条、第43条至第46条，明确了检察人员分为检察官、检察辅助人员和司法行政人员三类，并实行分类管理。其中，检察辅助人员是协助检察官履行检察职责的工作人员，包括检察官助理、书记员、司法警察、检察技术人员等；司法行政人员是从事行政管理事务的工作人员。

根据相关规定，检察官助理与书记员原则上按照综合管理类公务员进行管理；司法警察按照《中华人民共和国人民警察法》《人民检察院司法警察条例》进行管理；检察技术人员按照国家有关规定执行专业技术类公务员的职务序列和职数；其他检察辅助人员执行综合管理类公务员的有关规定。而司法行政人员则按照综合管理类公务员进行管理。

由此可见，检察辅助人员和司法行政人员的职责是协助检察官完成相关工作，有各自专门的管理制度和行为规范。其职业属性与检察官完全不同，因此其职业伦理也应有单独的要求，所以不属于本章所讨论的检察官职业伦理范畴。

2. 检察官职业伦理的特征

（1）特定的主体。检察官职业伦理的主体是检察官。如前文所述，检察机关内的检察辅助人员和司法行政人员，虽然与职业检察官的司法活动有着极为密切的联系，但其工作有着本质的区别。因此检察官职业伦理的主体只能是在检察院专门行使检察权的职业检察官，不包括其他人员。

（2）特定的对象。检察官职业伦理规范的对象主要指向检察官的职业行为及其各种社会活动。检察官代表着法律公正无私的形象，因此，无论是职业活动还是业外活动，检察官应模范地遵守法律职业伦理，尤其是检察官职业伦理，成为公民行为的道德楷模。

---

[1]　王进喜：《法律职业伦理》，中国人民大学出版社，2021年，第302页。

（3）特定的内容。检察官的职业伦理具有两方面的内容：一是规范检察官的职业行为；二是培养其高尚的生活情操和道德水平。检察官只是法律职业中的一种，检察官职业伦理因而也只约束检察人员的职业行为和社会活动。

（二）检察官职业伦理的作用

具体而言，检察官职业伦理的作用包括以下几个方面：

（1）检察官职业伦理可以优化检察官职业的内在结构。检察官职业伦理既产生于检察官这一职位本身，同时又对检察官个体具有濡化作用。因此，检察官职业伦理不仅可以在很大程度上优化检察官职业的内在结构，将检察官职业巩固为一种更加稳定、更具影响力的职业存在，还能强化检察官职业共同体成员的法律认同感、伦理认同感，从而增强检察官职业共同体成员之间的有效互动。

（2）检察官职业伦理是检察官职业的黏合剂。对内而言，其能从精神和气质方面将检察官职业共同体黏合成一个整体；对外而言，检察官职业伦理通过满足社会或者民众对检察官职业行为预期的理念要求，从而助力检察官赢得社会公信，继而获得法律职业权威。

（3）检察官职业伦理是检察官职业自我规制的需要。检察官职业伦理是法律职业伦理的重要组成部分，其本身也是来自职业内部的规制要求。检察队伍作为法律监督者依法具有一定的独立性，而检察队伍的自我规制是这种独立性的重要保障。

（4）检察官职业伦理是处理检察官职业所面临的具体行为困境的需要。检察官是司法工作人员，不能以纯粹追求有罪判决为目的，还要承担客观义务，兼顾为实现社会和谐所要维护的其他社会价值。对于这些多元化甚至相互冲突的要求，必须通过具体的检察官职业伦理加以调整。

（5）检察官职业伦理为检察官的具体业务活动划定了明确的界限。检察官职业伦理，是检察官开展法律监督活动的指引和保障。

检察官肩负法律监督和促进公正实现的重任，在全面推进依法治国背景下，加强检察官职业伦理道德的建构，是崇尚法治精神、维护公平正义和保障社会民生秩序的体现。

（三）检察官职业伦理的渊源

从渊源上看，除《宪法》《刑事诉讼法》《民事诉讼法》等法律外，检察官职业伦理主要体现在《检察官法》、最高人民检察院司法解释以及一些行业性规范中。

1.《检察官法》

《检察官法》于1995年2月28日由第八届全国人民代表大会常务委员会通过，根据2001年6月30日第九届全国人民代表大会常务委员会第二十二次会议《关于修改〈中华人民共和国检察官法〉的决定》第一次修正，根据2017年9月1日第十二届全国人民代表大会常务委员会第二十九次会议《关于修改〈中华人民共和国法官法〉等八部法律的决定》第二次修正，2019年4月23日第十三届全国人民代表大会常务委员会第十次会议又对其加以修订。《检察官法》第4条规定："检察官应当勤勉尽责，清正廉明，恪守职业道德。"第10条规定："检察官应当履行下列义务：（一）严格遵守宪法和法律；（二）秉公办案，不得徇私枉法；（三）依法保障当事人和其他诉讼参与人的诉讼权利；（四）维护国家利益、社会公共利益，维护个人和组织的合法权益；（五）保守国家秘密和检察工作秘密，对履行职责中知悉的商业秘密和个人隐私予以保密；（六）依法接受法律监督和人民群众监督；（七）通过依法办理案件以案释法，增强全民法治观念，推进法治社会建设；（八）法律规定的其他义务。"第23条规定："检察官不得兼任人民代表大会常务委员会的组成人员，不得兼任行政机关、监察机关、审判机关的职务，不得兼任企业或者其他营利性组织、事业单位的职务，不得兼任律师、仲裁员和公证员。"这都是检察官职业伦理的具体体现。

2. 人民检察院行业性规范

为了加强检察官队伍建设和管理，提高检察官的职业道德素养，最高人民检察院先后出台了一系列检察官职业伦理方面的规范性文件。

2010年10月9日发布《检察官职业行为基本规范（试行）》，对检察官职业行为提出统一要求。

2014年7月14日出台《关于加强执法办案活动内部监督防止说情等干扰的若干规定》，要求各级检察机关进一步加强检察机关执法办案活动的内部监督，严肃办案纪律，保障检察人员依法履行职责，维护司法公正和检察机关的形象。

2015年1月制定了《最高人民检察院机关严肃纪律作风的规定》，重申相关纪律作风要求，从严肃政治纪律作风、办案纪律作风、工作纪律作风、生活纪律作风和廉政纪律作风等方面提出禁止性的要求。

2015年9月28日出台《完善人民检察院司法责任制若干意见》，明确了"谁办案谁负责、谁决定谁负责"的总目标，推行检察官办案责任制，对办案质量终身负责，将检察官的司法责任分为故意违反法律法规责任、重大过失责任和监督管理责任三类。

2016年11月4日通过《检察官职业道德基本准则》，赋予检察官"忠诚""为民""担当""公正""廉洁"更深刻的内涵。

2016年12月9日修订《检察人员纪律处分条例》，明确了检察人员应当严格遵守的政治纪律、组织人事纪律、办案纪律和廉洁从检等纪律性要求。

2020年10月19日印发了《人民检察院司法责任追究条例》，要求对检察官故意实施16项行为、重大过失造成11项结果追究司法责任。

2022年3月印发了《检察官惩戒工作程序规定（试行）》，作为《司法责任追究条例》的补充性规定，适用对象仅为检察官。

第二节　检察官职业伦理的内容

一、检察官职业伦理的基本内容

最高人民检察院于2016年经第十二届检察委员会第五十七次会议通过《中华人民共和国检察官职业道德基本准则》，并要求全体检察官遵照执行，检察辅助人员参照执行。该准则共五条：

第一，坚持忠诚品格，永葆政治本色。第二，坚持为民宗旨，保障人民权益。第三，坚持担当精神，强化法律监督。第四，坚持公正理念，维护法制统一。第五，坚持廉洁操守，自觉接受监督。

（一）忠诚：坚持忠诚品格，永葆政治本色

"忠诚"是对检察官政治品性方面的要求，彰显了我国检察官的政治本色。

1. 忠于党、忠于国家

检察官要做中国特色社会主义事业的建设者、捍卫者和社会公平正义的守护者；不得散布有损国家声誉的言论，不得参加非法组织，不得参加旨在反对国家的集会、游行、示威等活动，也不得参加罢工；维护国家安全、荣誉和利益，维护国家统一和民族团结，严守国家秘密和检察工作秘密；保持高度的政治警觉，严守政治纪律，不参加危害国家安全、带有封建迷信、邪教性质等非法组织及其活动；加强政治理论学习，提高对政策的理解、把握和运用能力，提高从政治上、全局上观察问题、分析问题和解决问题的能力。

2. 忠于人民

忠诚执行宪法和法律，全心全意为人民服务；坚持"立检为公，执法为民"的宗旨，维护最广大人民的根本利益，保障民生，服务群众，亲民、为民、利民、便民。

3. 忠于宪法和法律

尊崇宪法和法律，严格执行宪法和法律的规定，自觉维护宪法和法律的统一、权威和尊严；在履行职务过程中，检察官应当坚持"以事实为根据，以法律为准绳"的原则，实事求是，依法办案。

4. 忠于检察事业

热爱检察事业，珍惜检察官荣誉，忠实履行法律监督职责，自觉接受监督制约，维护检察机关的形象和检察权的公信力；恪尽职守，乐于奉献，勤勉敬业，尽心竭力，不因个人事务及其他非公事由影响职责的正常履行。

　　1993年1月，51岁的陕西省蓝田县检察院原助理检察员朱某参加非法组织"门徒会"，在其中担任蓝田小会配执，主抓"开新工"工作。朱某先后5次参加"门徒会"蓝田小会"同工会"会议。1993年3月，蓝田县政府发出了关于坚决取缔非法组织"门徒会"的公告。县检察院党组发现了朱某的问题，及时对朱某进行了批评教育，朱某拒绝党组织的批评教育和挽救，不正视自己的严重错误，背着党组织继续参加"门徒会"活动。自1994年6月任"门徒会"蓝田小会配执主抓"开新工"期间，朱某共组织发展新工教会50个、新教徒100多人。1994年10月19日"门徒会"被公安机关取缔后，朱某打探消息，烧毁自己存放在"门徒会"的资料。1995年，组织对朱某作出开除党籍和开除公职处理。[①]

　　问题：朱某在担任助理检察员期间参与非法组织活动，这违反了哪些检察官职业伦理规范？检察官应如何处理个人信仰与职业责任之间的冲突？

（二）为民：坚持为民宗旨，保障人民权益

　　"为民"突出强调，让人民群众在每一个司法案件中都感受到检察机关在维护公平正义。

1. 坚持以人民利益为重的理念

　　检察权来源于人民，其行使必须始终坚持执法为民，维护人民权益；从思想深处打牢维护人民权益的根基，始终坚持执法为民的理念，自觉从人民最满意的事情做起，从人民最不满意的问题改起，更好地尊重和保障人权，维护公平正义。

2. 坚持严格、规范、公正、文明执法

　　检察工作承担着对整个诉讼活动进行法律监督的职责，因而对保证每个司法案件得到依法公正办理具有重要作用；必须确保检察职能依法、客观、公正履行，深入查找并认真解决检察官在执法办案中存在的执法不严格、不规范的具体问题。

---

　　① 案例来源：林广成主编《检察人员廉洁守纪指南》。

3. 坚持融入群众，倾听群众呼声，解决群众诉求，接受群众监督

检察工作虽然专业性较强，但是其人民性决定了检察工作必须紧密依靠人民。离开了人民群众的信任、支持、监督，检察工作将成为无源之水、无本之木。

> ### 📍 案例分析
>
> 　　潘志荣作为"全国模范检察官"和"自治区优秀共产党员"，以其深入基层、司法为民的实践行动，赢得了社会的广泛认可和尊敬。他30年如一日，将大量时间投入到基层农牧区的检察工作中，通过巡访、记录民情日记、发放检民联系卡等方式，积极化解矛盾纠纷，为农牧民群众提供法律服务和帮助。他的工作不仅体现了检察官高度的责任心和敬业精神，也彰显了司法为民的职业伦理。
>
> 　　潘志荣的事迹生动地诠释了检察官职业伦理中的几个关键点：一是勤勉敬业，他通过不懈努力，确保了600多起案件无一错案；二是守时，他始终兑现24小时不关手机的承诺，及时响应农牧民的诉求；三是注重效率和效果，他在办案过程中既追求法律效果，也注重社会效果，努力实现案结事了；四是确保司法廉洁，他为70多岁老阿妈追回养命钱的行为，体现了他清正廉洁的职业品格。
>
> 　　潘志荣的故事激励着所有检察官和法律工作者，要坚持以人民为中心的发展思想，不断提高自身的职业素养和道德水准，以实际行动践行"司法为民"的理念，维护社会公平正义。①
>
> 　　**问题：**潘志荣如何通过24小时不关手机的承诺体现检察官的职业责任？

（三）担当：坚持担当精神，强化法律监督

"担当"突出强调了敢于对司法执法活动进行监督，坚守防止冤假错案的底线。

1. 敢于担当，坚决打击犯罪

坚决打击发生在群众身边损害群众利益的各类犯罪，增强群众安全感和满意度；严肃查处职务犯罪案件，对于重大案件特别是群众高度关注的案件，果断决

---

① 案例来源：中华人民共和国最高人民检察院网。

策，坚决查办；对群众反映的执法不严、司法不公的现象，敢于监督，善于监督，提高执法公信力。

2. 敢于担当，执法公开，依法办案

坚守良知，公正执法，执法公开，自觉接受群众和社会的监督，以公开促公正；善于运用法治思维和法治方式，将不公平、不公正的现象纳入法治轨道中解决。

3. 敢于担当，直面矛盾，正视问题

善于发现，勇于承认工作中存在的问题，在深入分析问题症结中找到化解矛盾的办法；对工作出现的失误和错误，主动承担，认真汲取教训；坚持从严治检，对违法违纪人员要以零容忍的态度严肃查处，坚决清除害群之马。

> **📍 案例分析**
>
> 保定市人民检察院原副检察长彭少勇，在2014年处理王玉雷涉嫌故意杀人案件中展现了卓越的检察官职业素养。面对紧迫的批捕期限，彭少勇组织了激烈辩论，通过审阅卷宗和排查证据，提出了"三个不足信"，即作案时间、有罪口供和认定有罪的不足信。他坚持证据为王的原则，排除非法证据，最终指导顺平县检察院作出了不予批捕的决定。虽然彭少勇面临巨大的压力，但他仍然坚守法律底线和职业操守，避免了可能的冤假错案。
>
> 在不批准逮捕决定后，彭少勇迅速引导侦查，提出穷尽现场物证鉴定和扩大排查范围的要求，并给出了9条补充侦查意见。这些行动最终帮助公安机关抓获了真凶王斌，为王玉雷洗清了冤屈。彭少勇的行为体现了检察官的担当精神和对公平正义的坚守，他因此荣获"全国模范检察官"和"河北省优秀共产党员"称号。①
>
> **问题：** 在面对批捕期限压力时，彭少勇是如何坚守法律底线的？

---

① 案例来源：央广网。

（四）公正：坚持公正理念，维护法制统一

"公正"突出强调维护法治的统一、权威和尊严。公正是检察工作的核心目标。

1. 独立履职

坚持法治理念，坚决维护法律的效力和权威；依法履行检察职责，独立于行政机关、企事业单位、社会团体、其他社会成员个人以及新闻媒体、公众舆论之外行使检察权，敢于监督，善于监督，不为金钱所诱惑，不为人情所动摇，不为权势所屈服；恰当处理好内部工作关系，既独立办案又相互支持，不能非法干预他人办理案件。

2. 理性履职

以事实为根据，以法律为准绳，不偏不倚，不滥用职权和漠视法律，正确行使检察裁量权；客观理性地履行职务，不主观意气办事，避免滥用职权的行为发生。

3. 履职回避

包括法律规定的任职回避、诉讼回避。对法定回避事由以外可能引起公众对办案公正产生合理怀疑的，应当主动请求回避。

4. 重视证据

树立证据意识，依法全面客观地收集、审查证据，不伪造、隐瞒、毁损证据；不先入为主、主观臆断，严格把好事实关、证据关；依法搜索能够证实犯罪嫌疑人、被告人有罪、无罪、犯罪情节轻重的各种证据，不得妨碍作证，不得帮助当事人毁灭、伪造证据。

5. 遵循程序

树立程序意识，坚持程序公正与实体公正并重，严格遵循法定程序维护程序正义。

6. 保障人权

树立人权保护意识，尊重当事人、参与人及其他人员的人格，维护其合法权益。

7. 尊重律师和法官

尊重律师的职业，支持律师履行法定职责，依法保障和维护律师参与诉讼活

动的权利；应当出席法庭审理活动，尊重庭审法官，遵守出庭规则，维护法庭审判的严肃性和权威性。

8. 遵守纪律

不违反规定过问干预其他检察官、其他人民检察院或者其他司法机关正在办理的案件；不私自探询其他检察官、其他人民检察院或其他司法机关正在办理的案件情况和有关信息；不泄露案件的办理情况及案件承办人的有关信息；不违反规定会见案件当事人、诉讼代理人、辩护人及其他与案件有利害关系的人员。

9. 提高效率

严守法定办案时限，提高办案效率，节约司法资源；提高责任心，在确保准确办案的前提下，尽快办结案件，禁止拖延办案，避免贻误工作；严格执行检察人员执法过错责任追究制度，对于执法过错行为，要实事求是，敢于及时纠正，勇于承担责任。

> **◎ 案例分析**
>
> 　　2007年8月，时任安徽省阜阳市颍泉区委书记的张某安为报复举报其违法违纪问题的李某某，编造了举报李某某有问题的信件，指示时任阜阳市颍泉区人民检察院检察长的汪某对李某某进行查处。汪某明知张某安报复举报人李某某，仍迎合张某安滥用检察权，违背事实和法律违法办案，利用上述举报信，安排检察人员以贪污、受贿等罪名，对李某某予以逮捕和提起公诉，同时在张某安指使下，汪某又安排对李某某的妻子、女婿以帮助毁灭证据罪、贪污罪和窝藏罪提起公诉，致使举报人及其亲属的人身权利受到严重损害。2008年3月13日，李某某收到起诉书后自缢身亡。2010年3月，法院以报复陷害罪判处张某安有期徒刑7年，以受贿罪数罪并罚，判处张某安死刑，缓期2年执行，剥夺政治权利终身，并处没收个人全部财产；以报复陷害罪，判处汪某有期徒刑6年。①

---

① 案例来源：中央纪委驻最高人民检察院纪检组、最高人民检察院监察局编《警示与镜戒：检察人员违纪违法典型案例剖析》。

问题：在上述案例中，汪某是如何违背检察官职业操守的？检察官应如何处理与政府官员的不当个人关系？

2009年6月，陈某在担任天津市人民检察院第二分院公诉处检察员承办某专案期间，长期占用涉案单位的车辆，多次接受案件当事人宴请，经常抛开同组办案人员一人外出办案。同年6月15日，陈某为徇私情，给自己和朋友捞取好处，在未经检委会研究决定和院领导批准的情况下，利用主管领导出差机会，向负责管理院章的同志谎称"已向领导请示，可以先盖院章，后办理审批手续"，骗过负责管理院章的工作人员，将院章盖在由个人起草的对某专案不起诉意见的报告上，并以第二分院的名义上报市院。后被院领导发现，对其实施停职检查。2009年10月，陈某因严重违反检察工作纪律和办案规定被开除党籍和公职。[①]

问题：陈某未经检委会研究决定和院领导批准，私自使用院章，这一行为违反了哪些办案程序和法律规定？

（五）廉洁：坚持廉洁操守，自觉接受监督

"廉洁"突出强调监督者更要自觉接受监督。"廉洁"是检察官的职业本色，体现了检察官的浩然正气。

1. 坚持廉洁操守

检察官应怀有朴实的平常心，树立正确的价值观、权利观、金钱观、名利观；不以权谋私、以案谋利，不借办案插手经济纠纷；不利用职务便利或者检察官的身份、声誉及影响，为自己、家人或者他人谋取不正当利益；不从事、参与经商、办企业、违法违规营利活动，以及其他可能有损检察官廉洁形象的商业、经营活动；不参与营利性或者可能借检察官影响力营利的社团组织；不收受案件当事人

---

① 案例来源：中央纪委驻最高人民检察院纪检组、最高人民检察院监察局编《警示与镜戒：检察人员违纪违法典型案例剖析》。

及其亲友、案件利害关系人或者单位及其所委托的人，以任何名义馈赠的礼品、礼金、有价证券、购物凭证以及干股等；不参加其安排的宴请、娱乐休闲、旅游度假等可能影响公正办案的活动，不接受其提供的各种费用报销、出借的钱款、交通通信工具、贵重物品及其他利益。

> **◎ 案例分析**
>
> 　　穆某原为山西甲县检察院副检察长，违反规定从事营利性经营活动，借操办婚丧事宜敛财，收受请托人财物，共获利1560余万元，另获钻戒两枚、轿车一辆。其中仅在甲县某矿业公司入股50万元，获利就达770万元；在乙县某铁矿入股50万元，获利200万元；从甲县信用社违规贷款1000万元转借他人，获利200万元；在某市矿业公司入股100万元，获利68万元，协调甲县选矿厂转让，获利14万元，另获两枚钻戒。穆某在甲县某油库、某房地产公司以及某市个体老板肖某处投资676余万元。此外穆某还利用职务便利索取和收受他人贿赂折合人民币159.7万元。最终穆某被开除党籍和公职，并以受贿罪被判处有期徒刑12年。[①]
>
> 　　**问题**：穆某在多家公司入股并获利，检察官应如何处理个人投资与职业责任之间的利益冲突？

2. 避免不当影响

不兼任律师、法律顾问等职务，不私下为所办案件的当事人介绍辩护人或者诉讼代理人；退休检察官应当继续保持良好操守，不再沿用原检察官身份、职务，不利用原地位、身份形成的影响和便利条件过问、干预执法办案活动，为承揽律师业务或其他请托事宜打招呼、行便利，避免因不当言行给检察机关带来不良影响。

---

① 案例来源：中央纪委驻最高人民检察院纪检组、最高人民检察院监察局编《警示与镜戒：检察人员违纪违法典型案例剖析》。

3. 妥善处理个人事务

检察官应当慎微慎独，妥善处理个人事务，按照有关规定报告个人有关事项，如实申报收入；保持与合法收入、财产相当的生活水平和健康的生活情趣。

> **◎ 案例分析**
>
> 　　彭文忠同志为贵州省检察院毕节分院反贪局原副局长，他在检察工作中始终坚守责任和良知，致力于司法公正。在查办大方县供电局干部贪污案件时，彭文忠不顾腿伤，坚持实地查勘，确保证据的准确性。他以身作则，严格约束自己和家人，拒绝任何形式的贿赂和不正当利益，体现了检察官的清廉和自律。彭文忠在办案中坚持原则，拒绝利益诱惑，维护了法律的尊严。他的一生是对检察官职业的忠诚和奉献，最终因连续加班办案，不幸去世，享年40岁。彭文忠同志被追授为全国"模范检察官"，获全省"优秀共产党员"荣誉称号，他的事迹激励着所有检察官和法律工作者。①
>
> 　　问题：彭文忠的事迹是如何展示检察官的职业伦理的？

二、检察官职业伦理的具体要求

（一）职业信仰

1. 职业信仰的内涵

职业信仰是一种情感体验和精神追求，反映了个体在职业发展过程中对从事职业的意义、规律和原则的深刻认同和尊重，并将其奉之为自己的行为准则和活动指南。职业信仰是一个人信仰的集中体现，它使一个人的信仰与自己的职业联系在了一起，从而在职业中自觉地追求利己、利人和利群的高度统一。②在检察官这一职业中，职业信仰代表了检察官在履行职务时遵循的最高的道德标准，体现了检察官对

---

① 案例来源：中华人民共和国最高人民检察院网。
② 参见任者春：《敬业从道德规范到精神信仰》，《山东师范大学学报（人文社会科学版）》2009年第5期。

检察官职业意义、规律与原则的极度信服和尊崇，并将其化为指导自己行为和活动的基本准则。

2. 职业信仰的功能

（1）凝聚整合功能。检察官职业是由众多检察官个体组成的检察官群体，其职业信仰体现了集体价值追求，这一信仰不仅彰显了个人的价值观念，也是整个检察官群体的价值追求，只有依靠每位检察官个体的信仰和追求才能实现。检察官职业信仰向检察官个人提供了与他人及社会进行精神和情感交流的途径，从而构建了一条检察官职业联系的纽带，将具有共同信仰者凝聚整合起来，令其为实现共同理想而奋斗。

（2）人格塑造功能。信仰在很大程度上决定了个体的人格特质，不同的信仰塑造了不同类型的人格，而信仰对于人格的塑造本质上是一种价值观的塑造，不同的信仰对应着不同的价值追求。检察官职业信仰作为一种特殊的信仰，亦具有显著的人格塑造作用。检察官个体作为职业信仰的信奉者，在情感态度上信服且忠诚地实践职业信仰所提倡的核心价值观，并以实现这些价值观作为自己的价值理想。这种内化的价值追求不仅驱动其奋斗目标的确立，更在潜移默化中塑造了其人格特质。

（3）传统维系功能。检察官职业信仰是检察官职业在形成过程中逐步积累、优化和提炼的成果，是对检察职业传统的深度总结。对于新入职的年轻检察官而言，了解并尊重这一职业信仰，既是与整个检察官职业传统建立联系的重要途径，也是检察官职业信仰维系传统功能的体现。

3. 职业信仰的内容

（1）坚定政治信念，坚持以马克思列宁主义、毛泽东思想、邓小平理论和"三个代表"重要思想为指导，认真学习中国特色社会主义理论体系，深入贯彻落实科学发展观，建设和捍卫中国特色社会主义事业。

（2）热爱祖国，维护国家安全、荣誉和利益，维护国家统一和民族团结，同一切危害国家的言行作斗争。

（3）坚持中国共产党领导，坚持党的事业至上，始终与党中央保持高度一致，自觉维护党中央权威。

（4）坚持执法为民，坚持人民利益至上，密切联系群众，倾听群众呼声，妥善处理群众诉求，维护群众合法权益，全心全意为人民服务。

（5）坚持依法治国基本方略，坚持宪法法律至上，维护宪法和法律的统一、尊严和权威，致力于社会主义法治事业的发展进步。

（6）维护公平正义，忠实履行检察官职责，促进司法公正，提高检察机关执法公信力。

（7）坚持服务大局，围绕党和国家中心工作履行法律监督职责，为改革开放和经济社会科学发展营造良好法治环境。

（8）恪守职业道德，铸造忠诚品格，强化公正理念，树立清廉意识，提升文明素质。

（二）职务行为

1. 职务行为的含义

通常认为，职务行为是指具有某种职权或者职责的公务人员，依据职权实施的行为或履行职责的行为。职务行为以其履行职务的正当性而具有正当性，不因其本质是否是加害行为或者是否造成加害后果而产生法律责任或其他责任。

2. 职务行为的基本规则

（1）树立正确执法理念。执法理念是执法人员对法律的功能作用和法律实施所持有的态度和观念，具有稳定性，对执法活动和执法效果具有重要影响。检察官在将执法理念外化为职务行为时，应当遵循以下基本规则：坚持理性执法，把握执法规律，全面分析情况，辩证解决问题，理智处理案件；坚持平和执法，平等对待诉讼参与人，和谐处理各类法律关系，稳慎处理每一起案件；坚持文明执法，树立文明理念，改进办案方式，把文明办案要求体现在执法全过程；坚持规范执法，严格依法办案，遵守办案规则和业务流程。

（2）依法履行职务行为。检察官作为行使检察权的国家工作人员，其行为正当性具备宪法及法律基础，不受行政机关、社会团体和个人的干涉，但同时也应该严格按照规定的权限和程序认真履行职责。根据《宪法》第136条的规定，检察官应当独立行使检察权。根据《检察官法》第6条的规定，检察官依法履行职责，受法律保护。根据《检察官法》第10条的规定，检察官应当履行的义务包括严格遵守宪法和法律。根据《检察官职业行为基本规范（试行）》第9条的规定，检察官应当坚持依法履行职责，严格按照法定职责权限标准和程序执法办案，自觉抵制权势、金钱、人情、关系等因素干扰。

（3）保持公正性。综合国内研究成果，一般认为，公正的基本内涵是"从一定的原则和准则出发，对人们的行为和作用所做的相应评价，也指一种平等的社会状况，即按同一原则和标准对待相同情况下的人和事"。[①]司法公信力的确立与提高有赖每一位司法者的公正，他需要在每一个具体案件中去实践与体现其公正性。根据《检察官法》第10条的规定，检察官应当履行的义务，包括秉公办案，不得徇私枉法。根据《检察官职业行为基本规范（试行）》第10条的规定，检察官应当坚持客观公正，忠于事实真相，严格执法，秉公办案，不偏不倚，不枉不纵，使所办案件经得起法律和历史的检验。

> **⊙ 案例分析**
>
> 2008年8月，在办理固镇县公安局交警大队大队长陈晓光受贿案期间，分管公诉的安徽省蚌埠市蚌山区人民检察院副检察长朱某某多次接受陈晓光亲属吃请，并接受所送现金人民币6万元。朱某某与时任公诉科科长胡某（另行处理）合谋，没有将此案提交检委会讨论，也未按《人民检察院公诉工作操作规程》的规定报上级人民检察院公诉部门备案审查，而擅自决定从陈晓光受贿的人民币16万元中核减人民币7万元，并否定陈晓光涉嫌玩忽职守罪。2008年11月25日，陈晓光的量刑幅度也由10年以上有期徒刑降为5年以上10年以下有期徒刑。法庭审理期间，朱某某应陈晓光亲属的请托，亲自出面联络宴请主审法官张某和胡某（均

---

① 辞海编辑委员会编纂：《辞海》，上海辞书出版社，1999年，第770页。

已判刑），还向两个法官提出认定陈晓光自首并适用缓刑的建议，承诺检察机关对判决结果不提出抗诉。在其斡旋下，法院认定陈晓光有自首情节，判处其有期徒刑3年，缓刑5年，朱某某在判决审查表上签字同意该判决结果。案发后，陈晓光受贿案重审，认定陈晓光受贿人民币16万元，自首不成立，依法判处其有期徒刑11年。2009年10月，朱某某被开除党籍；2009年12月，其因犯徇私枉法罪被判处有期徒刑6年零6个月；2010年4月，其被开除公职。①

　　问题：朱某某接受贿赂并干预案件判决，这违背了检察官职业操守的哪些方面？

　　（4）履行客观义务。我国有学者认为检察官的客观义务是指为了发现案件真相，检察官不应站在当事人的立场上，而应站在客观的立场上进行活动。②根据《检察官法》第10条的规定，检察官应当履行的义务，包括维护国家利益、社会公共利益，维护个人和组织的合法权益。根据《检察官职业行为基本规范（试行）》第16条的规定，检察官应当坚持重证据，重调查研究，依法全面客观地收集、审查和使用证据，坚决杜绝非法取证，依法排除非法证据。

　　（5）保守职业秘密。根据《检察官法》第10条的规定，检察官应当履行的义务包括保守国家秘密和检察工作秘密，对履行职责中知悉的商业秘密和个人隐私予以保密。根据《宪法》第53条的规定，保守国家秘密是我国公民的一项基本义务。作为国家工作人员，检察官因工作原因接触国家秘密的可能性较大，因此检察官应保守国家秘密，这不仅是职业伦理的要求，更是宪法及法律的要求。此外，检察官对其在履行职务行为过程中获得的商业秘密、个人隐私等检察秘密同样负有保守秘密的义务。根据我国《刑法》的规定，不正当获取、披露和使用商

---

① 案例来源：中央纪委驻最高人民检察院纪检组、最高人民检察院监察局编《警示与镜戒：检察人员违纪违法典型案例剖析》。

② 参见龙宗智：《中国法语境中的检察官客观义务》，《法学研究》2009年第4期。

业秘密都构成侵犯商业秘密罪。根据我国《民法典》的规定，自然人的个人信息受法律保护。

（6）提升职业素质。检察官的职业素质包括以下几个方面：新形势下群众工作能力；维护社会公平正义能力；新媒体时代舆论引导能力；科技信息应用能力；拒腐防变能力。[①]根据《检察官职业行为基本规范（试行）》第21条、第22条、第23条、第25条的规定，检察官应当做到以下几点：重视群众工作，增进与群众的感情，善于用群众信服的方法执法办案；重视化解矛盾纠纷，妥善应对和处置突发事件，注重释法说理；重视舆情应对引导，把握正确导向，遵守处置要求，避免和防止恶意炒作；精研法律政策，充实办案知识，保持专业水准，秉持专业操守，维护职业信誉和职业尊严。

（7）自觉接受监督。根据宪法和法律的规定，各级人民检察院都由本级人民代表大会产生，对其负责，受其监督。权力机关有权监督检察机关及其工作人员是否独立行使职权、依法办案，对检察官的违法活动提出批评和质询，并有权罢免和撤换不称职的检察官。同时检察官还需要自觉接受群众监督，实现严格依法办案，更好地惩治违法犯罪，保护人民合法利益。根据《检察官法》第10条的规定，检察官应当履行的义务包括依法接受法律监督和人民群众监督。根据《检察官职业行为基本规范（试行）》第24条的规定，检察官应当自觉接受监督，接受其他政法机关的工作制约，执行检务公开规定，提高执法透明度。

（三）职业纪律

1. 检察官职业纪律的含义

职业纪律是在特定的职业活动范围内从事某种职业的人们必须共同遵守的行为准则。它包括劳动纪律、组织纪律、财经纪律、群众纪律、保密纪律、宣传纪律、外事纪律等基本纪律要求以及各行各业的特殊纪律要求。职业纪律的特点是具有明确的职业性、自律性、安全性和一定的强制性。检察职业纪律包括政治纪

---

① 参见张耕主编：《检察文化初论》，中国检察出版社，2014年，第197页。

律、组织人事纪律、办案纪律、经济纪律、防止失职纪律、廉政纪律、警械武器管理使用纪律、遵守社会主义道德纪律、遵守社会管理秩序纪律。

2. 检察官职业纪律的内容

关于检察官职业纪律的规定，我国检察制度在发展过程中陆续出现了1989年《检察人员纪律》（试行）的"八要八不准"，1999年最高人民检察院提出的九条硬性规定和中央政法委规定的"四条禁令"，最高人民检察院2000年制定的《廉洁从检十项纪律》、2001年制定的《检察机关办理案件必须严格执行的六条规定》、2004年制定的《检察人员纪律处分条例》（2016年进行修订），2022年中央政法委等六部委出台的《新时代政法干警"十个严禁"》等内容，对检察官职业纪律做出了全面、严格、完整的要求。具体包括以下内容：（1）政治纪律。言论必须符合检察官身份，不参加非法组织以及非法集会、游行、示威等活动；（2）组织纪律。服从领导，听从指挥，令行禁止，确保检令畅通，反对自由主义；（3）工作纪律。爱岗敬业，勤勉尽责，严谨细致，讲究工作质量和效率；（4）廉洁纪律。执行廉洁准则和规定，不取非分之财，不做非分之事；（5）办案纪律。认真执行办案制度，保证办案质量和安全，杜绝违规违纪办案；（6）严守保密纪律。保守在工作中掌握的国家秘密、商业秘密和个人隐私，加强网络安全防范，妥善保管涉密文件或其他涉密载体；（7）严守枪支弹药和卷宗管理纪律。依照规定使用和保管枪支弹药，认真执行卷宗管理规定，确保枪支弹药和卷宗安全；（8）严守公务和警用车辆使用纪律。不私自使用公务和警用车辆，不违规借用、占用车辆。遵守道路交通法规，杜绝无证驾车、酒后驾车；（9）严格执行禁酒令。不在执法办案期间、工作时间和工作日中午饮酒，不着检察制服和佩戴检察徽标在公共场所饮酒。

（四）职业作风

1. 检察官职业作风的含义

职业作风是指从业者在其职业实践和职业生活中所表现的一贯态度。职业作风是敬业精神的外在表现。敬业精神的好坏决定着职业作风的优劣，而职业作风的优劣又直接影响着一个组织的信誉、形象和效益。检察机关的作风是党的作风的重要组成部分，检察机关的作风，直接关系国家法律的统一实施，关系党和国家的形象。具体到检察官的职业作风，主要表现为：联系群众，正确处理好同人民群众的关系，帮助人民群众解决实际困难，全心全意为人民服务；求真务实，解放思想，转变观念，树立创新意识，坚持实事求是、脚踏实地；公正清廉，忠于法律和事实，虚心接受监督；令行禁止，确保党的路线、方针、政策和国家法律的贯彻落实以及上级检察机关检令畅通；廉洁从检，坚持为检清廉、两袖清风。

2. 检察官职业作风的内容

检察官的职业作风包括以下内容：（1）思想作风上，解放思想，实事求是，与时俱进，锐意进取，开拓创新；（2）学风上，坚持理论联系实际，提高理论水平和解决实际问题的能力；（3）工作作风上，密切联系群众，遵循客观规律，注重调查研究；（4）领导作风上，坚持民主集中制，自觉开展批评与自我批评，坚持真理，以身作则，率先垂范；（5）生活作风上，艰苦奋斗，勤俭节约，克己奉公，甘于奉献；（6）执法作风上，更新执法理念，注重团结协作，提高办案效率。

案例分析

2011年1月3日，湖北省恩施土家族苗族自治州巴东县检察院对冉建新以涉嫌受贿罪立案侦查，5月12日将其刑事拘留，5月26日决定对其逮捕。在办案中，时任巴东县人民检察院反贪局教导员任某、时任巴东县人民检察院司法警察大队教导员谭某等人违规在办案区羁押犯罪嫌疑人，审讯中不按规定进行同步录音录像，和恩施土家族苗族自治州纪委互借办案手段搞联合办案，采取辱骂、捆绑、殴打、不让吃饭、不让上厕所、连续审讯等严重违规方式审讯犯罪嫌疑人。6月4日，犯罪嫌疑人冉建新在办案区死亡。为掩盖事实、推脱责任，时任巴东县人民检察院反贪局局长曾某与时任巴东县人民检察院教导员任某召集办案人员统一口径、破坏事发现场，伪造审讯场所，应对调查。该事件引起了新闻媒体、社会各界和人民群众的高度关注，造成了极其恶劣的影响，极大损害了检察机关的形象和执法公信力。2012年1月19日，法院以刑讯逼供罪判处任某有期徒刑3年、潘某有期徒刑1年。同日，恩施土家族苗族自治州人民检察院决定给予巴东县人民检察院检察长郑某、反贪局局长曾某撤职处分；给予巴东县人民检察院反渎局教导员吴某、反贪局干警赵某和谭某记大过处分。①

问题：检察官在办案中应遵守哪些职业规范？任某和谭某等人的行为违反了哪些规范？

（五）职业礼仪

1. 职业礼仪的内涵

检察官的检察礼仪是司法礼仪中的一种具体职业礼仪，它是指检察机关及其工作人员在检察活动及各种场合下应当遵守的体现检察文明、维护检察形象的职业形象设计与行为准则。检察官的检察礼仪有以下几个特征：（1）规范性，就是标准化的要求。（2）限定性，即主要适用于特定场合。（3）技巧性，在一些具体场合中如何使用礼仪具有一定的不确定性，需要根据具体情形判断。（4）传承性，礼仪通常都是交往活动中一些文明习惯的积累和固定。（5）发展性，礼仪也会随着社会的进步而不断发展变化。

2. 检察礼仪的作用

一般认为，检察礼仪具有如下作用：（1）塑造司法权威，增强司法公信度。（2）彰显司法公正，维护社会公平正义。（3）提升司法效率，传播司法亲和力。（4）强化职业道德，促进检察官职业化。

3. 检察礼仪的具体内容

（1）遵守工作礼仪，团结、关心和帮助同事，爱护工作环境，营造干事创业、宽松和谐、风清气正的工作氛围。

（2）遵守着装礼仪，按规定着检察制服、佩戴检察徽标。着便装大方得体。

---

① 案例来源：中央纪委驻最高人民检察院纪检组、最高人民检察院监察局编《警示与镜戒：检察人员违纪违法典型案例剖析》。

（3）遵守接待和语言礼仪，对人热情周到，亲切和蔼，耐心细致，平等相待，一视同仁，举止庄重，精神振作，礼节规范。使用文明礼貌用语，表达准确，用语规范，不说粗话、脏话。

（4）遵守外事礼仪，遵守国际惯例，尊重国格人格和风俗习惯，平等交往，热情大方，不卑不亢，维护国家形象。

（5）注重职业荣誉，约束自己言行，不使用有损检察职业形象的语言，不做有损检察官身份的事情，不穿检察正装、佩戴检察徽标到营业性娱乐场所进行娱乐、休闲活动或在公共场所饮酒，不参与赌博、色情、封建迷信活动以及其他不健康、不文明的活动。

（六）职务外行为

1. 规范检察官职务外行为的必要性

检察官作为特定的法律人群，其职业工作之外的个人生活同样被社会关注并寄予较高的期望，如人际交往、婚姻家庭、出入的场所以及工作之余的活动，会被新闻媒体等关注或曝光，并据此作为评判检察官及其执法行为是否值得社会信赖的重要指标。检察官的职务外行为虽然是个人的事情，但是也和检察工作、司法行为联系在一起。事实上，检察官的职务外行为在一定程度上也直接或间接反映了检察官的司法良知和职业素养，如不加以正确引导和约束，必然会产生不良后果，引起人们对检察官、检察机关的不信任，甚至会影响社会公众对整个司法制度的质疑，进而影响社会稳定与和谐。

2. 检察官职务外行为的规范内容

（1）慎重社会交往，约束自身行为，不参加与检察官身份不符的活动。从事教学、写作、科研或参加座谈、联谊等活动时，不违反法律规定，不妨碍司法公正，不影响正常工作。

（2）谨慎发表言论，避免因不当言论对检察机关造成负面影响。遵守检察新闻采访纪律，就检察工作接受采访应当报经主管部门批准。

（3）遵守社会公德，明礼诚信，助人为乐，爱护公物，保护环境，见义勇为，积极参加社会公益活动。

（4）弘扬家庭美德，增进家庭和睦，严格约束亲属，勤俭持家，尊老爱幼，团结邻里，妥善处理家庭矛盾和与他人的纠纷。

（5）保持健康生活方式，培养健康情趣，坚持终身学习，崇尚科学，反对迷信，追求高尚，抵制低俗。

第三节　检察官的职业责任

检察官的职业责任是指检察官违反法律法规、职业伦理规范和检察工作纪律所应当承担的不利后果。明确检察官职业责任，有助于督促检察官队伍的自身建设，确保其独立行使检察权，因此科学合理地界定检察官职业责任，是检察制度改革的重要任务。

《检察官法》明确列举了禁止检察官从事的行为以及检察官惩戒的具体程序。《检察人员纪律处分条例》列举了检察人员将被纪律处分的各类行为，包括16种违反政治纪律的行为、16种违反组织纪律的行为、24种违反办案纪律的行为、24种违反廉洁纪律的行为、18种违反群众纪律的行为、5种违反工作纪律的行为和5种违反生活纪律的行为。根据《刑法》第4章、第8章和第9章的有关规定，检察官执行职务行为构成犯罪的依法追究其刑事责任。《监察法》《公职人员政务处分法》规定的因实施违法行为而产生的、由监察机关强制违法的公职人员承担的法律责任，适用于检察官需要承担的政务责任。

一、司法责任

（一）惩戒事由

最高人民检察院于2015年印发了《关于完善人民检察院司法责任制的若干意见》，2020年印发了《人民检察院司法责任追究条例》。检察人员应当对其履行检察职责的行为承担司法责任，在职责范围内对办案质量终身负责。人民检察院对检察人员故意违法、重大过失和监督管理失职的行为，追究司法责任。

1. 故意违法行为

故意违法行为是指检察人员在司法办案工作中故意实施的违反相关法律法规的行为。具体包括：包庇、放纵被举报人、犯罪嫌疑人、被告人或使无罪的人受到刑事追究；毁灭、伪造、变造或隐匿证据的；刑讯逼供、暴力取证或以其他非法方法获取证据的；违反规定剥夺、限制当事人、证人人身自由的；违反规定限制诉讼参与人行使诉讼权利，造成严重后果或恶劣影响的；超越刑事案件管辖范围初查、立案的；非法搜查或损毁当事人财物的；违法违规查封、扣押、冻结、保管、处理涉案财物的；对已经决定给予刑事赔偿的案件拒不赔偿或拖延赔偿的；违法违规使用武器、警械的；其他违反诉讼程序或司法办案规定，造成严重后果或恶劣影响的。

2. 重大过失行为

重大过失行为是指检察人员在司法办案工作中有重大过失、怠于履行或不正确履行职责从而造成严重后果的行为。具体包括：认定事实、适用法律出现重大错误，或案件被错误处理的；遗漏重要犯罪嫌疑人或重大罪行的；错误羁押或超期羁押犯罪嫌疑人、被告人的；涉案人员自杀、自伤、行凶的；犯罪嫌疑人、被告人串供、毁证、逃跑的；举报控告材料或其他案件材料、扣押财物遗失、严重损毁的；举报控告材料内容或其他案件秘密泄露的；其他严重后果或恶劣影响的行为。

3. 监督管理失职行为

监督管理失职行为是指负有监督管理职责的检察人员，包括检察长、副检察长、业务部门负责人以及其他负有监督管理职责的检察人员，因故意或重大过失怠于行使或不正当行使监督管理权，在职责范围内对检察人员违反检察职责的行为失职失察、隐瞒不报、措施不当，导致司法办案工作出现严重错误的行为，其应当承担相应的司法责任。

(二)惩戒形式

1. 构成犯罪的

检察官可能构成的罪名包括两类。一类是普通自然人均能成为犯罪主体的罪名，如抢劫罪、强奸罪、杀人罪；另一类是只有检察官这一特殊身份才能构成的犯罪，具体包括：刑讯逼供罪、暴力取证罪；贪污罪；受贿罪；挪用公款罪；巨额财产来源不明罪；隐瞒境外存款罪；滥用职权罪、玩忽职守罪；泄露国家秘密罪；徇私枉法罪；私放在押人员罪、失职致使在押人员脱逃罪；帮助犯罪分子逃避处罚罪等。

2. 未构成犯罪的

对于未构成犯罪但应追究司法责任的检察官，可以实施停职、延期晋升、调离司法办案工作岗位以及免职、责令辞职、辞退等惩戒形式。也可以按照《中华人民共和国公务员法》《中华人民共和国公职人员政务处分法》《中华人民共和国检察官法》等法律的规定给予处分。

(三)惩戒程序

根据《关于完善人民检察院司法责任制的若干意见》第42—45条的规定，关于检察官的司法责任惩戒程序，包括以下内容：

1. 初核立案

检务督察部门应当受理对检察人员在司法办案工作中违纪违法行为和司法过错行为的检举控告，对司法责任追究线索及时进行分析研判，对需要初核的线索，应当报检察长批准进行调查核实。批准立案后，应当制作立案决定书，向被调查对象宣布，向其所在部门主要负责人和派驻纪检监察组通报，报上一级人民检察院检务督察部门备案。

2. 调查审议

检务督察部门在立案后应当成立调查组，依照《人民检察院检务督察工作条例》规定的方式展开调查。调查结束前，应当听取被调查对象陈述和申辩。人民检察院纪检监察机构经调查后认为应当追究检察官故意违反法律法规责任或重大过失责任的,应当报请检察长批准后,提请检察官惩戒委员会审议,由其提出构成故意违反职责、存在重大过失、存在一般过失或者没有违反职责的意见。

人民检察院纪检监察机构应当及时向检察官惩戒委员会通报当事检察官的故意违反法律法规或重大过失事实及拟处理建议、依据,并就其故意违反法律法规或重大过失承担举证责任。当事检察官有权进行陈述、辩解、申请复议。

检察官惩戒委员会根据查明的事实和法律规定作出无责、免责或给予惩戒处分的建议。

3. 处理决定

对于检察官惩戒委员会审查认定检察官构成故意违反职责、存在重大过失的,以及其他检察人员需要追究司法责任的,按照干部管理权限和职责分工,由检务督察部门商相关职能部门提出处理建议,征求派驻纪检监察组的意见后,党组研究作出相应的处理决定:应当给予停职、延期晋升、调离司法办案工作岗位以及免职、责令辞职、辞退等处理的,由组织人事部门按照干部管理权限和程序办理;应当给予纪律处分的,由人民检察院纪检监察机构依照有关规定和程序办理;涉嫌犯罪的,应当将犯罪线索及时移送监察机关或者司法机关处理。

4. 复核申诉

检察人员不服处理决定的,可以向作出决定的人民检察院申请复核,对复核结果仍不服的,可以向作出处理决定的人民检察院的同级公务员主管部门或者上一级人民检察院申诉;也可以不经复核,直接提出申诉。

> ◈ 案例分析
>
> 2022年6月,中央纪委国家监委网站通报上海市人民检察院原党组书记、检察长张本才被查,同年9月,张本才被"双开",同年11月,张本才被逮捕。
>
> "双开"通报指出,经查,张本才丧失理想信念,弃守职责使命,对本职工作不担当不作为,履行全面从严治党主体责任不力,大搞迷信活动,对抗组织审查;违反组织原则,不按规定报告个人有关事项,利用职权为多人安排工作,败

坏任职单位选人用人风气；纵容、默许亲属利用其职务影响谋取私利；违规干预和插手司法活动，破坏司法公正；执法犯法，以权谋私，利用职务便利为他人在项目开发、企业经营等方面谋利，并非法收受巨额财物。

2023年12月19日，福建省厦门市中级人民法院一审公开宣判上海市人民检察院原党组书记、检察长张本才受贿一案，对被告人张本才以受贿罪判处有期徒刑13年，并处罚金人民币400万元；对张本才受贿犯罪所得及孳息依法予以追缴，上缴国库。

经审理查明：2005年至2020年，被告人张本才利用担任检察日报社党委书记、社长，最高人民检察院影视中心主任，最高人民检察院办公厅主任，上海市人民检察院党组书记、检察长等职务上的便利，为有关单位和个人在土地开发、企业经营、转业安置、工作调动等事项上提供帮助，直接或者通过他人非法收受财物折合人民币共计4832万余元。

厦门市中级人民法院认为，被告人张本才的行为构成受贿罪，受贿数额特别巨大。张本才到案后如实供述自己罪行，主动交代监察机关尚未掌握的部分受贿犯罪事实，认罪悔罪，积极退赃，全部赃款赃物已追缴，依法可以从轻处罚。法庭遂作出上述判决。①

问题：检察官在违反职业伦理时，可能面临哪些法律责任和后果？

二、纪律责任

（一）惩戒事由

为了严肃检察纪律，规范检察人员行为，保证检察人员依法履行职责，确保公正廉洁司法，最高人民检察院根据法律法规，参照党内法规，结合检察机关实际，制定了《检察人员纪律处分条例》并于2016年进行修订。该条例第二章对检

---

① 案例来源：中央纪委国家监委网、中华人民共和国最高人民检察院网。

察人员的违纪行为进行了具体的分类，同时规定了其对应的惩戒形式，包括第一节规定的违反政治纪律的行为、第二节规定的违反组织纪律的行为、第三节规定的违反办案纪律的行为、第四节规定的违反廉洁纪律的行为、第五节规定的违反群众纪律的行为、第六节规定的违反工作纪律的行为、第七节规定的违反生活纪律的行为。

（二）惩戒形式

检察官违反其职业伦理构成违纪的，根据人民检察院有关纪律处分的规定进行处理。《检察人员纪律处分条例》规定了纪律处分的种类：警告、记过、记大过、降级、撤职、开除。警告的期间为6个月，记过的期间为12个月，记大过的期间为18个月，降级、撤职的期间为24个月。对违反纪律的检察人员，应当根据其违纪行为的事实、性质和情节，给予纪律处分。情节轻微，经批评教育确已认识错误的，可以免予处分。情节显著轻微，不认为构成违纪的，不予处分。

（三）惩戒程序

根据《人民检察院检务督查工作条例》第10条规定，对检察官故意违反法律法规办理案件、因重大过失导致案件错误，并造成严重后果的，按照检察官惩戒工作程序办理，检察官纪律处分的追究程序具体如下：

1. 受理与初核

检务督察部门统一受理下列途径发现的涉嫌违反检察职责的线索：人民检察院内设机构、派驻派出机构、直属单位和下级人民检察院移送的；统一业务应用系统信息反映的；开展内部监督工作发现的；检察人员有关工作记录报告的；检察长和上级人民检察院检务督察部门交办的。检务督察部门对线索的初核应当报请检察长批准。

2. 立案与调查

检务督察部门初核后认为需要立案调查的，应当报请检察长批准后组成调查组开展工作。调查组对查核认定的问题应当提出处理建议，报检务督察部门主要负责人审核后，提请检察长办公会审议决定。

3. 处理

检察长办公会可决定对被督查的检察人员作出以下处理：批评教育；诚勉；组织调整或者组织处理；移送纪检检察机构处理。此外，被督查对象能够主动说明情况，及时挽回损失，未造成严重后果的，可以从宽处理；不如实报告情况，不配合调查工作，甚至干扰对抗调查的，应当从严处理；被督查对象尽到了注意义务，没有故意或重大过失的，不承担责任；被督查对象虽有过错，但情节显著轻微，未造成不良后果的，可以免除责任。

> **案例分析**
>
> 2018年6月，时任某市级检察院法警支队政委的陈某给辖区内某基层检察院检察官王某打电话，询问其正在办理的佟某掩饰、隐瞒犯罪所得案能否判缓刑，王某告知陈某该案会依法办理。2019年5月，陈某又给辖区内某基层检察院检察官郝某、陈某打电话，询问该院正在办理的柳某刚虚假诉讼、诈骗、寻衅滋事案是否起诉到法院、何时起诉到法院，能否关照一下？郝某、陈某予以拒绝，并告知陈某不要来说情。2019年7月，陈某再次给辖区内某基层检察院检察官刘某打电话，询问刘某正在办理的陈某华非法持有枪支案能否在陈某华送监前安排其亲人进行会见，刘某予以拒绝。2019年8月，王某、郝某、陈某、刘某等4名检察官，对某市检察院法警支队政委陈某的违规过问、干预案件行为作了记录报告。
>
> 2019年8月，陈某因违反"三个规定"及其他违纪问题，被某市检察院免去法警支队政委职务，并被开除党籍。2019年9月，某市检察院在召开的"不忘初心、牢记使命"主题教育动员部署大会上，对该市辖区内基层检察院王某等4名检察官自觉抵制打探案情、违规过问干预案件办理等行为并主动记录报告进行了充分肯定。①
>
> **问题**：检察官应如何加强自我约束，防止职务犯罪？

---

① 案例来源：中华人民共和国最高人民检察院网。

三、政务责任

（一）惩戒事由

检察官与法官属于《监察法》第15条第1款所规定的公职人员。根据《公职人员政务处分法》，监察机关对检察官实施的影响公职人员形象、损害国家和人民利益的违法行为，给予政务处分。该法第3章分别列举了检察官应当受到惩戒的违法行为及其相应的惩戒方式。

（二）惩戒形式

根据《公职人员政务处分法》的规定，政务处分的种类包括：警告、记过、记大过、降级、撤职、开除。警告的期间为6个月，记过的期间为12个月，记大过的期间为18个月，降级、撤职的期间为24个月。公务员以及参照我国《公务员法》管理的人员在政务处分期内，不得晋升职务、职级、衔级和级别；其中，被记过、记大过、降级、撤职的，不得晋升工资档次。被撤职的，按照规定降低职务、职级、衔级和级别，同时降低工资和待遇。

（三）惩戒程序

按照我国《公务员法》《人民检察院检务督察工作条例》《检察人员执法过错责任追究条例》《关于完善人民检察院司法责任制的若干意见》等规定，对检察官的处分，应当事实清楚、证据确凿、定性准确、处理恰当、程序合法、手续完备。根据《公职人员政务处分法》的规定，政务处分的具体程序如下：

1. 调查取证

监察机关对涉嫌违法的检察官进行调查，由两名以上工作人员进行。有权依法向有关单位和个人了解情况，调取证据，有关单位和个人应当如实提供。严禁以威胁、引诱、欺骗等非法方式收集证据，以非法方式收集的证据不得作为给予政务处分的依据。

2. 听取陈述和申辩

作出政务处分决定前，监察机关应当将调查认定的违法事实以及拟给予行政处分的依据告知被调查人，听取被调查人的陈述和申辩，并对其陈述的事实、理由和证据进行核实，记录在案，上述事实、理由和证据成立的应当予以采纳。

3. 处理

调查终结后，监察机关应当根据不同情况分别作出处理：确有应受政务处分的违法行为的，根据情节轻重，按照政务处分决定权限，履行规定的审批手续后，作出政务处分决定；违法事实不能成立的，撤销案件；符合免予、不予政务处分条件的，作出免予、不予政务处分决定；被调查人涉嫌其他违法或者犯罪行为的，依法移送主管机关处理。

4. 文书送达

决定给予政务处分的应当制作政务处分决定书，政务处分决定书应当盖有作出决定的监察机关的印章。政务处分决定书应当及时送达被处分人和被处分人所在机关单位，并在一定范围内宣布。作出处分决定后，监察机关应当根据被处分人的具体身份书面告知相关的机关单位。

> **案例分析**
>
> 2017年2月至8月，某县级市一名市级领导干部崔某插手干预市检察院办理的彭某某涉嫌故意伤害罪、非法拘禁罪、非法采矿罪案件，多次要求该院检察长赵某某对彭某某从轻处理，赵某某没有按照规定进行记录报告。受崔某干扰影响，赵某某在受邀列席法院审判委员会会议时，明知彭某某不符合适用缓刑的条件，对法院审判委员会作出适用缓刑的决议未提出反对意见。该院检察委员会专职委员、该案办案组主任检察官刘某某和承办检察官韩某某，在法院对彭某某作出缓刑判决后，明知适用缓刑错误，但未提出抗诉意见。赵某某与韩某某向上级检察院汇报该案时，提出"量刑是偏轻不是畸轻，不宜抗诉"的建议，最终上级检察院未及时对彭某某案提出抗诉。
>
> 2019年7月，崔某被州纪委给予开除党籍处分，并将其涉嫌犯罪问题移送司法机关；2019年12月，赵某某被省纪委给予党内警告处分；2019年7月，刘某某、

韩某某被市监委给予政务警告处分。①

问题：崔某、赵某某、刘某某和韩某某分别受到了哪些政务责任追究和纪律处分？

本章小结

检察官职业伦理是法律职业伦理的重要组成部分，是在检察制度形成发展及社会需求中相应产生的一种特殊的社会意识形态和行为准则，是正确行使检察权的重要保障，是建立司法公信的基础，也是建设法治社会必不可少的基本价值。检察官职业伦理的重要性在于其可以对检察官的内心和外在行为同时予以规范，培养检察官高尚独立的情操，使检察官严格依法履行职责，确保司法公正。

检察官职业伦理以忠诚、为民、担当、公正、廉洁为基本内容，在职业信仰、职务行为、职业纪律、职业作风、职业礼仪、职务外行为六个方面均有具体的要求。根据法律法规的规定，检察官主要承担司法责任、纪律责任和政务责任，不同责任均有其不同的惩戒形式和程序。

因此检察官个人要注重职业伦理的适用和改进，检察机关要加强检察官职业伦理的建设和完善，从而实现司法公正，满足人民群众的司法需求，提升司法权威性和人民群众的满意度，助力法治国家、法治政府、法治社会的一体化建设。

本章习题

1. 下列检察官的行为哪一项是正确的？（　　　）

A. 甲检察官利用业余时间担任某中学法制辅导员，在推辞无效的情况下收下

---

① 案例来源：中华人民共和国最高人民检察院网。

学校所付的每年1000元的酬金

B. 乙检察官办理于某涉嫌贪污案时，针对于某所在单位财务管理方面的问题，以个人名义向该单位领导提出了改进建议

C. 丙检察官下班后未及时换下检察官制服便赶往饭店宴请来访的外地同学

D. 丁检察官办理一起交通肇事案时，对不配合调查的目击证人周某实施了拘传

正确答案：B

解析： 选项A错误。《检察官法》第23条规定，检察官不得兼任企业或者其他营利组织、事业单位的职务。甲检察官不得兼任中学法制辅导员，也不可以非法收受他人财物。

选项B正确。检察官可以以个人名义向单位领导提出改进意见。

选项C错误。根据《关于最高人民检察院机关实行〈廉洁从检十项纪律〉的决定》第1条第7项的规定，检察官不得在工作日饮酒或者着检察制服在公共场所饮酒。

选项D错误。《刑事诉讼法》第66条规定，人民法院、人民检察院和公安机关根据案件情况，对犯罪嫌疑人、被告人可以拘传、取保候审或者监视居住。因此检察官不能对证人实施拘传。

2. 下列检察官的行为哪一项是合法合规的？（　　　）

A. 甲检察官在同乡聚会时向另一检察官打听其在办案件的审理情况，并让其估计判处结果

B. 乙检察长已暂停工作，要挟某检察官放弃个人意见，按照其他人的判断处理案件

C. 丙检察官为解决本地香蕉滞销这一难题多方奔走，为蕉农挽回了损失，本人获得了辛苦费5000元

D. 丁检察官从检察院离任5年后，以律师身份担任各类案件的诉讼代理人或者辩护人

正确答案：D

解析： 选项A错误。《检察人员纪律处分条例》第96条规定，违反有关规定干预司法办案活动，有下列行为之一的，给予警告或者记过处分；情节较重的，给予记大过或者降级处分；情节严重的，给予撤职处分：……（六）其他影响司法人员依法公正处理案件的。

选项B错误。《检察人员纪律处分条例》第96条规定，违反有关规定干预司法办案活动，有下列行为之一的，给予警告或者记过处分；情节较重的，给予记大过或者降级处分；情节严重的，给予撤职处分：……（五）领导干部为了地方利益或者部门利益，以听取汇报、开协调会、发文件等形式，超越职权对案件处理提出倾向性意见或者具体要求的。

选项C错误。《检察人员纪律处分条例》第109条规定，违反有关规定从事营利活动，有下列行为之一，情节较轻的，给予警告、记过或者记大过处分；情节较重的，给予降级或者撤职处分；情节严重的，给予开除处分：……（六）其他违反有关规定从事营利活动的。

选项D正确。《检察官法》第37条第1款规定，检察官从人民检察院离任后2年内不得以律师身份担任诉讼代理人或者辩护人。丁检察官离任5年，不受该规定限制。

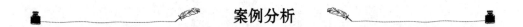

案例分析

死者白东川（男，33岁），因涉嫌非法经营"六合彩"被福建省泉州市安溪县公安局立案侦查，后被取保候审。2009年3月，在该案提起公诉期间，泉州市检察机关多次接到群众举报，反映白东川多次向司法机关有关人员行贿的问题。经初查发现，白东川在取保候审期间，确有通过他人疏通关系、干扰案件办理的行为。泉州市检察院与惠安县检察院组成办案组办理该案，并商请泉州市纪委参与办理此案。经与法院协调，决定对白东川采取逮捕措施。2009年5月26日晚，时任泉州市检察院反贪局副局长王某、时任惠安县检察院反贪局局长林某召集所有办案人员开会,要求办案人员加大力度,不要有顾虑。在此后的9天时间里,在纪委办案点,办案人员采取殴打、罚跪、罚站、戴脚镣等行为对白东川进行长时间体罚,逼取口供,询问过程中没有录音录像。6月3日凌晨,白东川出现呼吸困难等症状,经送医院抢救无效,于凌晨3时许死亡。该案发生后,泉州市检察机关有7名检察人员受到刑事追究,分别被判处有期徒刑11年、7年、2年或被作不起诉处理,有13名监察人员受到不同程度的党纪检纪处分。①

问题:

1. 上述案例中7名检察人员违反了哪些职业道德规范?

2. 上述案例中检察人员应当承担的职业责任有哪些?

---

① 案例来源:中央纪委驻最高人民检察院纪检组、最高人民检察院监察局编《警示与镜戒:检察人员违纪违法典型案例剖析》。

第八章　监察官职业伦理

学习目标

知识目标：了解党的纪律检查体制和国家监察体制改革的整体背景；理解监察官的角色定位和职业属性；重点掌握监察官职业伦理的内涵、特征和内容；掌握监察官的职业责任和监察官职业伦理的培育等问题。

能力目标：能够在党的纪律检查体制和国家监察体制改革的整体背景中理解监察官职业伦理的重要意义；能够结合《中华人民共和国宪法》《中华人民共和国监察法》《中华人民共和国监察官法》等法律和《中国共产党纪律检查机关监督执纪工作规则》等党内法规思考监察官职业伦理的内涵、特征、内容等重要问题；能够运用监察官职业伦理思考和解决实际问题。

思维导图：

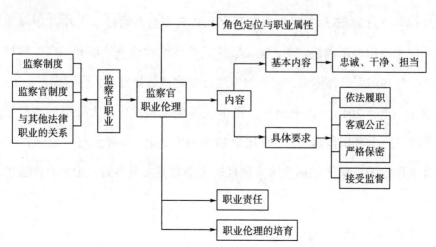

　　2023年2月24日，中共中央政治局常委、中央纪委书记李希在全国纪检监察干部队伍教育整顿动员部署会议上强调：各级纪检监察机关要深入学习贯彻习近平总书记重要讲话和重要指示批示精神，坚决落实二十届中央纪委二次全会工作部署，扎实开展纪检监察干部队伍教育整顿，以最鲜明的态度、最有力的措施、最果断的行动坚决查处"两面人"、坚决防治"灯下黑"，着力打造忠诚干净担当、敢于善于斗争的纪检监察铁军。教育整顿以来，中央纪委国家监委和各级纪检监察机关坚持动真碰硬、刀刃向内，以零容忍态度清除害群之马。中央纪委国家监委严肃查处了第二监督检查室副主任、一级巡视员刘燃，宣传部副部长、一级巡视员郝宗强，第十三审查调查室二级巡视员汪幼勇等违纪违法纪检监察干部，坚决防治"灯下黑"。①

　　思考：如何完善监察官职业伦理制度，以防止权力滥用和清廉失守？

第一节　监察官的角色定位与职业属性

一、监察官的角色定位

　　2018年2月28日，中国共产党第十九届三中全会通过了《中共中央关于深化党和国家机构改革的决定》，提出要推进党的纪律检查体制和国家监察体制改革，健全党和国家监督体系，完善权力运行制约和监督机制，组建国家、省、市、县监察委员会。2018年3月20日，第十三届全国人民代表大会第一次会议通过了《中华人民共和国监察法》，该法第14条明确规定，国家实行"监察官制度"。2021年8月20日，第十三届全国人民代表大会常务委员会第三十次会议通过《中

---

　　① 案例来源：《中国纪检监察报》。

华人民共和国监察官法》，这标志着中国特色社会主义监察官制度的正式确立。在我国，监察官是指依法行使国家监察权的监察机关或监察机构中的监察人员。根据我国《监察官法》第3条的规定，监察官的范围具体包括：各级监察委员会的主任、副主任、委员，各级监察委员会派驻或者派出到中国共产党机关、国家机关、法律法规授权或者委托管理公共事务的组织和单位以及所管辖的行政区域等的监察机构中的监察人员和监察专员，以及其他依法行使监察权的监察机构中的监察人员。除此之外，由于对各级监察委员会派驻到国有企业的监察机构工作人员、监察专员，以及国有企业中其他依法行使监察权的监察机构工作人员的监督管理，也参照《监察官法》进行，故这部分工作人员也应属于监察官职业伦理的主体。依法行使国家监察权是监察官的基本职责，因此，国家监察权的性质是决定监察官角色定位和职业属性的重要因素。

关于国家监察权的性质，学界存在不同的理解，主要的观点有四种：

第一种观点强调监察权是对传统国家权力结构的突破，是一种新的公权力类型。例如，有学者主张，监察委员会改革是中国特色社会主义新型权力构架建设的积极尝试，监察委员会应被定位为促进公权力"廉能、善治"的独立权力机构，即一方面，加强公权力监督，制止权力腐败运行，另一方面，促进政府效能，保障人民利益，实现国家善治。因此，国家监察权是独立于立法权、行政权、司法权并与之并肩的公权力"第四权"。[1]也有学者主张，监察委员会及其监察权的出现，意味着传统的功能型宪法权力格局被打破，与传统功能型宪法权力如立法权、司法权、行政权相比，监察权具有诸多方面的独特属性，属于一种传统功能型宪法权力之外的实质意义上的新兴的廉政型宪法权力。[2]

第二种观点认为，根据人民主权的宪法原则，我国实行人民代表大会制度，人民当家作主，通过人民代表大会来行使国家权力，无论是政府、法院、检察院，还是监察委员会，都由人民代表大会通过选举或者任命而产生。因此，作为我国

---

[1]　参见魏昌东：《国家监察委员会改革方案之辩正：属性、职能与职责定位》，《法学》2017年第3期。

[2]　参见刘练军：《论作为一种新型中国式宪法权力的监察权》，《政治与法律》2023年第3期。

监督体系的重要组成部分，各级监察委员会应当被定性为国家监察机关，属于在各级人民代表大会及其常委会下面设置的国家机关，监察权作为专门的监督性权力，主要包括政务监察权和刑事监察权。政务监察权是指对所有行使公权力的公职人员所行使的监督、调查和处置等方面的职权。刑事监察权则是指监察机关对于因实施贪污贿赂、玩忽职守、滥用职权、徇私舞弊等职务违法行为已经涉嫌犯罪的公职人员，通过调查取证，将其移送检察机关审查起诉的权力。①

第三种观点则侧重于从监察权的来源和内容的角度，强调监察权是一种不同类型和不同来源的权力的加总之和。例如有学者指出，监察委员会与党的纪律检查机关合署办公，"监察委员会的权力至少是现有的纪检委权力加行政监察权，再加检察院反贪局的贪腐等职务犯罪侦查权之总和"，"原来属于检察院的职务犯罪调查权或涉嫌职务犯罪案件的侦查权会随着其行使主体从检察院转移至监察委员会"。②总之，这一观点以国家监察权与行政监察权、职务犯罪侦查权等原本属于不同权源和类型的权力之间的关联性为联结点，强调监察权是若干不同权力的加总之和。③

第四种观点认为，国家监察权是一种高位阶和独立性的"复合性"权力，而非"综合性"权力，是国家监察体制改革将人民政府的行政监察权、预防腐败局的腐败预防权及人民检察院的职务犯罪查处与预防权等几种不同形态及属性的权力进行融合之后产生的新型复合性国家权力形态，而非简单地将不同属性的权力合并为一个整体权力。同时，监察委员会与党的纪律检查委员会合署办公，也意味着党领导下的国家监察权与行政权、审判权、检察权构成了分工负责、互动制衡、监督制约的一种新型国家权力运行体系。④

上述四种观点分别从不同侧面揭示了监察权作为一种宪法性权力的复杂性质。

---

① 参见陈瑞华：《论国家监察权的性质》，《比较法研究》2019年第1期。

② 童之伟：《对监察委员会自身的监督制约何以强化》，《法学评论》2017年第1期。

③ 参见许身健：《法律职业伦理》，中国政法大学出版社，2021年，第198页；徐汉明：《国家监察权的属性探究》，《法学评论》2018年第1期。

④ 参见徐汉明：《国家监察权的属性探究》，《法学评论》2018年第1期。

从权力来源来看，监察机关的监督、调查职权来源于原行政机关的行政监察权、预防腐败权和人民检察院的职务犯罪侦查权、预防权，权力来源的复杂性决定了监察权既具有行政性特征，也具有司法性特征。但是，监察权显然也不是上述诸种权力的简单加和，因为在党的纪律检查体制和国家监察体制改革的整体背景下，国家监察委员会与"一府两院"是并列的国家机关，监察权作为一种新型宪法性权力，也具有自身独特的历史使命和独立特征，加之监察委员会与党的纪律检查机关合署办公，原有的宪法权力结构理论确实无法对监察权进行有效定位。监察权同时承载着完善党的全面领导与在法治轨道上推进国家治理体系和治理能力现代化的重要任务。因此，作为一种经过整合之后的复合型的新型宪法权力，从政治向度上看，监察权承载着完善党的全面领导的政治权能；从实践向度上看，监察权承载着对国家公权力和公职人员的监督权能；从法治向度上看，监察权承载着在法治轨道上推进国家治理体系和治理能力现代化的法治权能。

二、监察官的职业属性

基于监察权的复杂性以及监察官在国家廉政建设与法治建设中的重要作用，监察官职业具有下述特征：

（一）政治性

2018年3月中共中央印发的《深化党和国家机构改革方案》明确提出，为完善党的领导，为加强党对反腐败工作的集中统一领导，实现党内监督和国家机关监督、党的纪律检查和国家监察有机统一，实现对所有行使公权力的公职人员监察全覆盖，将监察部、国家预防腐败局的职责，最高人民检察院查处贪污贿赂、失职渎职以及预防职务犯罪等反腐败相关职责整合，组建国家监察委员会，同中央纪律检查委员会合署办公，履行纪检、监察两项职责，实行一套工作机构、两个机关名称。这种合署办公的特殊体制决定了监察机关在本质上是党的政治机关，具有直接的政治属性，纪委监委在人员构成和工作职能上也高度融合。因此，在角色定位上，监察官既是纪检干部，又是监察干部，既是国家公职人员，又是党的干部。监察委员会和监察官的主要职责是，一方面，维护党的章程和其他党内法规，检查党的路线方针政策和决议执行情况，对党员领导干部行使权力进行监督；另一方面，维护宪法和法律，对公职人员依法履职、秉公用权、廉洁从政以及道德操守情况进行监督检查，对涉嫌职务违法和职务犯罪的行为进行调查并作出政务处分决定，对履行职责不力、失职失责的领导人员进行问责，组织协调党风廉政建设和反腐败宣传等。因此，在纪检监察合署办公的体制下，监察官必须具有极高的政治素养，对党忠诚是对监察官的首要要求。例如根据《中国共产党纪律检查机关监督执纪工作规则》第62条的规定，纪检监察机关应当加强党的政治建设、思想建设、组织建设，突出政治功能，强化政治引领。

（二）法律性

监察官职业的法律性，首先体现在监察机关负责行使原属人民检察院的职务犯罪侦查权，监察机关及其工作人员对涉嫌贪污贿赂、失职渎职等职务犯罪可以调查、留置、取证、移送检察院审查起诉，这部分权力具有明显的"准司法性"特征。虽然《监察官法》并未像《法官法》《检察官法》《律师法》那样将法律教育背景、从事法律工作年限以及通过国家统一法律职业资格考试作为监察官的任职条件，但是该法第12条也规定，"熟悉法律、法规、政策，具有履行监督、调查、处置等职责的专业知识和能力"是担任监察官的重要条件之一。因此，尽管监察委员会和监察权的复杂性决定了监察官角色定位方面的多元性，但还是有学者将监察官归入法律职业共同体，并将其视为一种具有高度法律专业性的新的法律职业类型。[①]

（三）监督性

国家进行监察体制改革、组建监察委员会，以及决定监察委员会与党的纪律检查机关合署办公，目的是加强党对反腐败工作的集中统一领导，实现党内监督

[①]　参见许身健：《规范伦理学视阈下监察官职业伦理制度体系之建构》，《浙江工商大学学报》2022年第2期；余健明：《监察官职业化研究》，吉林大学博士学位论文，2023年，第103页；陈光斌：《监察官职业伦理：概念、渊源和内容》，《法学评论》2020年第5期。

和国家机关监督、党的纪律检查和国家监察的有机统一，形成监察合力，实现对所有行使公权力的公职人员的监察全覆盖，从而健全党和国家监督体系，完善权力运行制约和监督机制。这使得监察委员会的监督权力具有厚重且集中的特点，因此，为了确保国家监督体制的正常运行，对监察委员会的监督同样重要。而作为实际行使监察权力的监察官队伍，在强化自我约束和自我监督的同时，也必然需要自觉接受民主监督、社会监督、舆论监督，切实保障当事人的合法权利。

（四）独立性

依法独立行使职权是法律职业的共同特征。例如，根据《宪法》第131条和第136条的规定，人民法院和人民检察院依照法律规定独立行使审判权和检察权，不受行政机关、社会团体和个人的干涉。与之类似，《宪法》第127条和《监察法》第4条也规定，监察委员会依照法律规定独立行使监察权，不受行政机关、社会团体和个人的干涉。独立性是保障监察机关和监察官依法开展反腐败工作的必然要求，监察官职业的特殊性决定了其工作过程中必然面临巨大的外部压力，只有具有依法独立行使监察权的地位，才能保证监察官不被强权干扰，不被利益俘获，才能确保监察权的公正行使和国家反腐倡廉工作的顺利推进。

第二节　监察官职业伦理的内涵与内容

一、监察官职业伦理的内涵与特征

监察机关的政治属性、监察权的空前厚重以及纪监合署办公的体制特征，决定了监察机关和监察官必须接受严格的监督和约束。一方面，部分监督和约束是来自外部的，例如党的领导和监督、民主监督、社会监督、舆论监督等；另一方面，对监察官的监督也意味着监察官自身应当严格遵守特定的职业伦理要求，不断强化自我约束和自我监督。国家监察权本身的权利义务复合型特点，决定了监察官作为公权力角色必须与公共责任直接关联，这些公共责任既体现了国家和社会对监察行为的外部预期，也体现了监察官行业对自身的行为预期。这些行为预期构成了对监察官职业的实质性约束力量，也是监察官职业伦理的社会心理学渊源。

简而言之，监察官职业伦理就是在党的领导下，依法行使国家监察权的监察官在依法履职以及在工作和生活中所应当遵守的职业道德观念与行为规范，是监察官依法履职的基本遵循，也是对监察官进行监督的基本标准之一，是国家监察官制度的重要组成部分。[①]监察官职业伦理不仅仅约束监察官履行监察权的业内行为，也约束监察官的日常工作与生活行为，既反映了法律职业共同的职业伦理要求，也体现了监察官职业的特殊职业伦理要求，集中体现了监察官的职业理想、职业精神、职业信念、职业追求、职业原则、职业修养和职业风貌。监察官职业伦理的特征是由国家监察体制、监察权属性、监察工作内容和监察职业的规律决定的。整体而言，监察官职业伦理具有下述主要特点：

第一，监察官职业伦理的主体具有特定性。监察官职业伦理的主体是在党的领导下依法行使国家监察权的监察官，以及各级监察委员会派驻到国有企业的监察机构工作人员、监察专员、国有企业中其他依法行使监察权的监察机构工作人员等参照《监察官法》管理的工作人员。

第二，监察官职业伦理的对象具有特定性。监察官职业伦理的约束对象主要是监察官行使国家监察权的职务行为，但是也不可避免地包括监察官在日常工作和生活中的其他行为。

第三，监察官职业伦理的内容、作用方式具有多元性特征。监察官职业伦理内容的多元性是由其渊源的多元性决定的。监察官职业伦理的形式渊源包括法律（例如《宪法》《监察法》《监察官法》《监察法实施条例》等）、党内法规、国际条约和道德规范等。内容的多元性决定了监察官职业伦理的功能和作用也具有多元性特征，例如既有严格依法履职的刚性法律要求，也有必须坚持"惩前毖后、治病救人"原则的政治性要求，既有外部约束的他律性特征，也有自我约束的自律性特征。

[①]　参见陈光斌：《监察官职业伦理：概念、渊源和内容》，《法学评论》2020年第5期；余健明：《监察官职业化研究》，吉林大学博士学位论文，2023年，第103页。

二、监察官职业伦理的内容

（一）监察官职业伦理的基本要求

《监察法》第55条、《监察官法》第2条和《中国共产党纪律检查机关监督执纪工作规则》第2条都明确规定，要建设忠诚干净担当的监察官队伍。忠诚、干净、担当构成了监察官职业伦理的基本要求。

1. 忠诚

2014年党的十八届四中全会通过的《中共中央关于全面推进依法治国若干重大问题的决定》提出，要着力建设一支忠于党、忠于国家、忠于人民、忠于法律的社会主义法治工作队伍。作为法治工作队伍的重要组成部分，监察官队伍显然也应当遵循上述要求，即"忠于党、忠于国家、忠于人民、忠于法律"。其中，忠诚的首要要求是忠于党，即监察工作必须坚持和加强党的全面领导。时刻牢记对党的绝对忠诚，是监察官职业伦理的首要原则和要求。例如根据《中国共产党纪律检查机关监督执纪工作规则》第3条的规定，纪检监察机关的监督执纪工作应当遵循的第一项基本原则就是，"坚持和加强党的全面领导，牢固树立政治意识、大局意识、核心意识、看齐意识，坚定中国特色社会主义道路自信、理论自信、制度自信、文化自信，坚决维护习近平总书记党中央的核心、全党的核心地位，坚决维护党中央权威和集中统一领导，严守政治纪律和政治规矩，体现监督执纪工作的政治性，构建党统一指挥、全面覆盖、权威高效的监督体系"。

2. 干净

干净主要是指监察官应当清正廉洁，在工作和生活中约束好自身及其家庭成员，保持廉洁自律，做到洁身自好。清正廉洁既是《中国共产党章程》对党员和党员干部的基本要求，也是《公务员法》对国家公务员队伍的基本要求，更是《监察法》和《监察官法》对监察官队伍的基本要求。①国家监察机关的职责是依

---

① 参见《中国共产党章程》第36条；《公务员法》第1条；《监察法》第56条；《监察官法》第14条。

法对所有行使公权力的公职人员进行监察监督，调查职务违法和职务犯罪，开展廉政建设和反腐败工作，而工作在反腐第一线的监察官更需要"自身硬"。自古至今，清正廉洁都是监察官最受人敬佩的品质，也是监察官公正履职和依法监督的真正底气所在。因此，《中国共产党纪律检查机关监督执纪工作规则》第60条明确要求，纪检监察机关应当加强对监督执纪工作的领导，切实履行自身建设主体责任，严格教育、管理、监督，使纪检监察干部成为严守纪律、改进作风、拒腐防变的表率。

3. 担当

党的十九大报告指出，腐败是我们党面临的最大威胁，只有以反腐败永远在路上的坚韧和执着，深化标本兼治，保证干部清正、政府清廉、政治清明，才能跳出历史周期率，确保党和国家长治久安。要坚持无禁区、全覆盖、零容忍，坚持重遏制、强高压、长震慑，故反腐和监督工作任重而道远，需要监察官队伍具有不忘初心、坚韧不拔的职业担当。此外，监察官的反腐败工作常常需要与强权、黑恶作斗争，面对来自社会各方面的压力，监察官只有具备坚定的意志和勤勉敬业的职业担当精神，勇于承担责任，才能完成党和国家交付的这一重要任务。因此，《中国共产党纪律检查机关监督执纪工作规则》第63条明确要求，纪检监察机关应当加强干部队伍作风建设，树立依规依法、纪律严明、作风深入、工作扎实、谦虚谨慎、秉公执纪的良好形象，力戒形式主义、官僚主义，力戒特权思想，力戒口大气粗、颐指气使，不断提高思想政治水平和把握政策能力，建设让党放心、人民信赖的纪检监察干部队伍。

（二）监察官职业伦理的具体要求

除"忠诚、干净、担当"这些基本要求之外，监察官职业伦理还包含下述具体要求：

1. 依法履职

《监察法》第5条规定，国家监察工作应当严格遵照宪法和法律，以事实为根据，以法律为准绳；在适用法律上一律平等，保障当事人的合法权益；权责对等，严格监督；惩戒与教育相结合，宽严相济。《监察官法》第5条规定，监察官应当维护宪法和法律的尊严和权威，以事实为根据，以法律为准绳，客观公正地履行职责，保障当事人的合法权益。《监察官法》第6条规定，监察官应当严格按照规定的权限和程序履行职责，坚持民主集中制，重大事项集体研究。《中国共产党纪律检查机关监督执纪工作规则》第3条也规定，监督执纪工作必须坚持实事求是，以事实为依据，以党章党规党纪和国家法律法规为准绳。因此，监察官必须严格遵守宪法和法律，依照法定的权限和程序履行监察、监督和反腐倡廉工作。

2. 客观公正

《监察官法》第5条规定，监察官应当维护宪法和法律的尊严和权威，以事实为根据，以法律为准绳，客观公正地履行职责，保障当事人的合法权益。监察权的运行涉及公职人员监察、职务违法和职务犯罪调查等监督和反腐工作，其中必然涉及对人身自由、私有财产以及其他个人权利的限制，因此，为了保护当事人的合法权益，监察官在行使监察权时，必须秉公用权，客观公正地依法依纪履行职责，不得有任何偏私和歧视。为了保证监察机关及其工作人员客观公正地独立履行职责，《宪法》第127条和《监察法》第54条都明确规定，监察委员会依照法律规定独立行使监察权，不受行政机关、社会团体和个人的干涉。《监察官法》第8条也规定，监察官依法履行职责受法律保护，不受行政机关、社会团体和个人的干涉。《监察法》第57条和《监察官法》第49条则规定了监察人员办公过程中有可能影响客观公正的情形（例如监察人员打听案情、过问案件、说情干预，未经批准接触被调查人、涉案人员及其特定关系人，或者存在交往情形的）的登记备案制度和监察官的回避制度。

3. 严格保密

保密规则是法律职业伦理的重要内容，也是监察官职业伦理的重要组成部分。监察工作主要是监督和反腐工作，在监察、调查和取证的过程中必定会接触和掌握相关秘密信息，这些秘密分为两种：一种是监察工作秘密，即与处理案件直接相关的秘密，例如涉案人员的相关信息、涉案金额、案件具体情节等，这部分秘密的泄露会直接影响监督执纪工作的顺利进行；一种是与处理案件没有直接相关性的其他秘密，例如在履行职责过程中知悉和掌握的国家秘密、商业秘密、个人隐私等。《监察法》和《监察官法》都明确规定了监察官（包括离岗离职后）应当保守秘密的法律义务以及违反保密义务应当承担的法律责任。

4. 接受监督

《中国共产党纪律检查机关监督执纪工作规则》第60条规定，纪检监察机关应当严格依照党内法规和国家法律，在行使权力上慎之又慎，在自我约束上严之又严，强化自我监督，健全内控机制，自觉接受党内监督、社会监督、群众监督，确保权力受到严格约束，坚决防止"灯下黑"。纪检监察机关应当加强对监督执纪工作的领导，切实履行自身建设主体责任，严格教育、管理、监督，使纪检监察干部成为严守纪律、改进作风、拒腐防变的表率。监察权力的厚重性和监察工作的特殊性，都决定了监察官在工作和生活中必须树立责任意识，自觉接受监督。一方面，监察官在工作和生活中，必须加强自我约束，注意自身的形象和素质，加强道德修养和作风建设，带头践行社会主义核心价值观，讲党性、重品行，做到自重、自省、自警、自励，反对形式主义、官僚主义、享乐主义和奢靡之风，反对特权思想和特权现象，反对任何滥用职权、谋求私利的行为，以自身言行维护监察官职业"忠诚、干净、担当"的整体形象。另一方面，监察官也要树立责任意识，自觉接受监督。例如《监察法》第5条规定，国家监察工作应权责对等，严格监督。《监察官法》第56条规定，监察人员必须自觉接受监督。

> **◎ 案例分析**
>
> 　　海南省退役军人事务厅原党组成员、副厅长王志强身为长期在纪检监察系统工作并担任重要职务的党员领导干部，丧失党性原则，背弃职责使命，执纪违纪，执法犯法，将党和人民赋予的权力异化为谋取私利的工具，大搞权钱交易，其行为已严重违纪违法，并涉嫌受贿犯罪，且在党的十八大后不收敛、不收手，

性质严重，影响恶劣。依据《中国共产党纪律处分条例》《中华人民共和国监察法》《中华人民共和国公职人员政务处分法》等有关规定，经海南省纪委常委会会议研究并报海南省委批准，决定给予王志强开除党籍处分。对于王志强涉嫌犯罪的问题则依法移送检察机关审查起诉，并依法追究其刑事责任。[①]

问题：监察官在履行职责时应遵守哪些行为规范?

第三节　监察官的职业责任

一、监察官职业责任的内涵

权责统一是国家公权力运行的基本原则。一般意义上讲，法律责任是指由于责任主体违反法定或约定的义务而应承担的具有直接强制性的特定义务，亦即由于违反第一性的义务而引起的第二性的义务。因此，监察官职业责任是指监察官因为违反法律、职业伦理规范和监察工作纪律所规定的第一性的职业义务而产生的应当由其承担的强制性的第二性义务。虽然目前我国尚未制定专门的《监察官职业道德基本准则》，但是监察官的职业义务早就已经分散规定在相关法律法规和工作纪律中，例如《监察法》的第65条、《监察官法》的第10条和第52条以及《公职人员政务处分法》的第63条等。

二、监察官职业责任的事由

监察官职业责任的事由是指追究监察官职业责任的原因或因由，即监察官违反职业义务的具体行为或情形，例如职务违法行为、职务犯罪行为或者对案件处置出现重大失误等具体行为或情形。根据《监察法》第65条、《监察官法》第10条和第52条、《公职人员政务处分法》第63条、《中国共产党纪律检查机关监督执纪

[①]　案例来源：中央纪委国家监委网。

工作规则》第9章的相关规定，监察官职业责任事由主要包括两种类型：职务违法犯罪行为和在维护监督执纪工作纪律方面存在的失职失责行为。

（一）职务违法犯罪行为

监察官的职务违法犯罪行为是监察官职业责任产生的直接事由之一，主要是指监察官在行使监察权的过程中违反了《监察法》《监察官法》《公职人员政务处分法》等法律法规的相关规定。监察官的职务违法犯罪行为的具体情形包括：贪污贿赂的；不履行或者不正确履行监督职责，应当发现的问题没有发现，或者发现问题不报告、不处置，造成恶劣影响的；未经批准、授权处置问题线索，发现重大案情隐瞒不报，或者私自留存、处理涉案材料的；利用职权或者职务上的影响干预调查工作、以案谋私的；窃取、泄露调查工作信息，或者泄露举报事项、举报受理情况以及举报人信息的；隐瞒、伪造、变造、故意损毁证据、案件材料的；对被调查人或者涉案人员逼供、诱供，或者侮辱、打骂、虐待、体罚、变相体罚的；违反规定采取调查措施或者处置涉案财物的；违反规定发生办案安全事故，或者发生安全事故后隐瞒不报、报告失实、处置不当的；违反规定限制他人出境，或者不按规定解除出境限制的；其他滥用职权、玩忽职守、徇私舞弊的职务违法犯罪行为。

（二）在维护监督执纪工作纪律方面存在的失职失责行为

纪检监察工作的特殊性要求纪检监察机关和工作人员严格遵守执纪执法各项制度规定，在行使权力上慎之又慎，在自我约束上严之又严，把执纪和执法贯通起来，统筹运用纪法"两把尺子"，推进反腐败工作法治化、规范化，要求主动开展自我监督，自觉接受外部监督，对执纪违纪、执法违法者"零容忍"，坚决防止"灯下黑"。例如《中国共产党纪律检查机关监督执纪工作规则》第71条规定，对纪检监察干部越权接触相关地区、部门、单位党委（党组）负责人，私存线索、跑风漏气、违反安全保密规定，接受请托、干预审查调查、以案谋私、办人情案，侮辱、打骂、虐待、体罚或者变相体罚被审查调查人，以违规违纪违法方式收集证据，截留挪用、侵占私分涉案财物，接受宴请和财物等行为，依规依纪严肃处理，并予以严肃问责。

除了上述情形之外，监察官有其他违纪违法行为，影响监察官队伍形象，损害国家和人民利益的，也要依法追究相应责任。

三、监察官职业责任的类型

（一）政务责任、刑事责任和其他责任

按照法律责任的内容，监察官职业责任可以分为政务责任、刑事责任和其他责任。[1]

1. 政务责任

政务责任是监察机关依据《监察法》和《公职人员政务处分法》强制存在违纪违法行为的监察官承担的法律责任。《公职人员政务处分法》规定，监察机关可以给予政务处分的公职人员是指《监察法》第15条规定的人员，其中包括监察官。《监察法》第65条规定，对监察机关及其工作人员的职务违法和职务犯罪行为，对负有责任的领导人员和直接责任人员依法给予处理。这里的"处理"便包括依法给予政务处分，而政务责任则是政务处分的前提。

2. 刑事责任

监察官或者参照《监察官法》管理的工作人员，若其行为违反监察法律规定并且构成犯罪的，应当承担刑事责任。《监察法》第66条规定，违反《监察法》的相关规定，构成犯罪的，应当依法追究刑事责任。《监察法》《监察官法》《监察法实施条例》等法律法规规定的监察官需要承担刑事责任的情形主要是滥用职权、玩忽职守、徇私舞弊等职务犯罪行为。

3. 其他责任

除了政务责任和刑事责任之外，监察官对于自身的违纪违法行为，也有可能承担其他类型的责任，例如作为党员，依据《中国共产党纪律处分条例》等党内法

规而应当承担的纪律责任。

（二）领导责任和直接责任

按照责任主体的不同，监察官的职业责任可以分为领导责任和直接责任两种责任类型。监察机关的领导体制和工作机制，决定了监察工作中"决定权"和"办案权"的相对分离，例如《监察法》第42条规定，调查人员对调查过程中的重要事项，应当集体研究后按程序请示报告。第43条规定，监察机关采取留置措施，应当由监察机关领导人员集体研究决定等。为了确保监察官仅对其职责范围内的行为承担责任，监察官的职业责任应当区分直接责任和领导责任。例如《中国共产党纪律检查机关监督执纪工作规则》第73条规定，对案件处置出现重大失误，纪检监察干部涉嫌严重违纪或者职务违法、职务犯罪的，要开展"一案双查"，除追究直接责任，还应当严肃追究有关领导人员的责任。《监察官法》第54条也规定，实行监察官责任追究制度，对滥用职权、失职失责造成严重后果的，终身追究责任或者进行问责。监察官涉嫌严重职务违法、职务犯罪或者对案件处置出现重大失误的，应当追究负有责任的领导人员和直接责任人员的责任。

（三）实体办案责任、程序办案责任和职业伦理责任

按照监察官职业责任产生的事由和内容，监察官职业责任也可以分为实体办案责任、程序办案责任和职业伦理责任。[①]

1. 实体办案责任

实体办案责任是指当监察案件出现结果错误等各种实体性差错时，存在过错的监察官应当承担的责任。例如，监察官不履行或者不正确履行监督职责，应当发现的问题没有发现，或者发现问题不报告、不处置，造成恶劣影响的，滥用职权、失职失责造成严重后果的，案件处置出现重大失误的。

2. 程序办案责任

程序办案责任是指当监察官在办案过程中存在程序性瑕疵并造成严重后果时，

---

① 参见石泽华：《监察官惩戒制度的理论逻辑及优化路径》，《中外法学》2023年第6期。

所应承担的责任。例如《监察官法》第52条规定，监察官未经批准、授权处置问题线索，发现重大案情隐瞒不报，或者私自留存、处理涉案材料的，要依法给予处理；如果其行为构成犯罪的，依法追究刑事责任。

3. 职业伦理责任

职业伦理责任则是指当监察官存在违反职业伦理规范的情形时所应当承担的责任，这一类型的责任未来会随着《监察官职业道德基本准则》的出台而逐渐明晰化。

> **⊙ 案例分析**
>
> 　　中央纪委国家监委驻应急管理部纪检监察组、铁岭市监察委员会对甘肃省消防救援总队原副政治委员兼纪委书记赵俊严重违纪违法问题进行了纪律审查和监察调查。经调查，赵俊丧失理想信念，背弃初心使命，对抗组织审查；违反中央八项规定精神，违规收受、赠送礼品礼金，将个人费用交由他人支付、报销，以考察为名变相公款旅游，改变公务行程，借机旅游；违反个人有关事项报告规定，隐瞒不报；为亲属经营活动谋利，向管理服务对象索要钱款；对应当向上级报告的事项不报告，违反规定干预和插手执法活动；追求低级趣味，长期打麻将赌博；利用职务便利为他人在消防装备采购、消防审核验收等方面谋取利益并收受巨额财物。依据《中国共产党纪律处分条例》《中华人民共和国监察法》《中华人民共和国公职人员政务处分法》等有关规定，经应急管理部党委会议研究决定，给予赵俊开除党籍处分；由应急管理部给予其开除公职处分；其涉嫌犯罪问题移送检察机关依法审查起诉。[①]
>
> 　　**问题：**上述案例中体现了监察官的哪些职业责任?

---

① 案例来源：中央纪委国家监委网。

第四节　监察官职业伦理的培育

随着《监察法》明确规定实行监察官制度和《监察官法》的出台，我国的监察官制度正处于不断优化的过程之中。作为监察官制度的重要组成部分，监察官职业伦理的建设和培育对于建设一支忠诚、干净、担当的监察官队伍，对于有效地推进我国的反腐倡廉工作都具有重要的意义。

一、制定监察官职业道德基本准则

正式的制度化的职业伦理规范对于约束从业者行为，提升从业者职业素质，增强从业者职业使命感、责任感、荣誉感，维护和提升从业者职业形象，推进从业者职业发展都具有重要意义。以法律职业为例，传统的法律职业共同体的重要组成部分——律师、法官、检察官，都已经制定了制度化的职业伦理规范，例如《律师职业道德和执业纪律规范》（司法部制定）、《中华人民共和国法官职业道德基本准则》（最高人民法院制定）、《中华人民共和国检察官职业道德基本准则》（最高人民检察院制定）。因此，依据《宪法》《监察法》《监察官法》，并参照上述法律职业的职业道德基本准则，由国家监察委员会制定专门的《中华人民共和国监察官职业道德基本准则》，对于推进监察官制度的完善将具有重要意义，这也是进一步加强监察官职业伦理培育的制度性基础。

二、建立和完善监察官违反职业伦理惩戒机制

"执纪者必先守纪，律人者必先律己。"[①]因此，必须加强对监察官队伍的监督。近年来，我国围绕法官、检察官惩戒制度已探索积累了一些经验。2016年，中央全

---

① 《习近平在十九届中央纪委二次全会上发表重要讲话强调　全面贯彻落实党的十九大精神以永远在路上的执着把从严治党引向深入》，《中国纪检监察》2018年第2期。

面深化改革领导小组审议通过《关于建立法官、检察官惩戒制度的意见（试行）》，根据上述意见以及《法官法》和《检察官法》的规定，成立了法官和检察官惩戒委员会，法官和检察官的惩戒工作由法院、检察院与惩戒委员会分工负责。其中，惩戒委员会不负责对法官和检察官违法违纪事宜的调查和处理，仅根据人民法院和检察院对法官和检察官涉嫌违反审判职责的行为的调查结果，提出专业的审查意见供人民法院和检察院作为处理的根据。而随着监察官制度的不断完善，适时成立监察官惩戒委员会，由监察委员会与监察官惩戒委员会分工负责监察官惩戒工作是一个必然趋势，这也是加强监察官正规化、专业化、职业化建设的必然举措。同时，基于法官和检察官惩戒制度的建设经验，对于监察官违反职业伦理的责任是否与监察官办案过程中的实体性责任、程序性责任一并纳入惩戒委员会的职责范畴，可能会产生一定的争议。① 但是，为了更好地推进监察官职业伦理建设，建立专门机构和程序，对监察官违反职业伦理的行为进行归责将是一个必然趋势。

三、将职业伦理作为监察官准入、退出、任免、晋升、考核、奖惩的基本依据

《中国共产党纪律检查机关监督执纪工作规则》第61条规定，纪检监察机关应当严格干部准入制度，严把政治安全关，纪检监察干部必须忠诚坚定、担当尽责、遵纪守法、清正廉洁，具备履行职责的基本条件。《监察官法》第12条规定，忠于宪法，坚持中国共产党领导和社会主义制度，具有良好的政治素质、道德品行和廉洁作风，都是监察官的基本任职条件之一。随着监察官制度的不断完善，我国未来很有可能也会逐步效仿法官和检察官制度，建立监察官员额制，监察官职业伦理的考核也应当作为监察官入额和退出的基本依据。因此，只有制定专门的《监察官职业道德基本准则》，并将职业伦理考核作为监察官准入、退出、任免、晋升、考核、奖惩的基本依据，才能为监察官职业伦理建设注入持续的动力。当然，这也要求建

---

① 参见石泽华：《监察官惩戒制度的理论逻辑及优化路径》，《中外法学》2023年第6期。

立专门的监察官职业伦理年度考核制度，例如可以采用个人自评、同事互评、组织测评相结合的考核办法，将考核结果列入个人档案，与奖励、惩戒挂钩，并作为入额、晋升、任免、退出的重要依据，全方位地把好监察官的"职业伦理关"。

四、持之以恒地加强监察官职业伦理教育

职业性的知识、技术和伦理规范都是特定职业社会地位和整体形象的基本保障。要推进监察官的正规化、专业化、职业化，建设一支忠诚、干净、担当的专业化的监察官队伍，就必须对监察官进行高水准的职业伦理教育和培训。首先，职业伦理教育和培训应当是监察官岗前培训的基本内容。其次，监察官在岗职业伦理培训也应当列为监察机关的日常性工作，并作为监察官思政教育的基本内容和形式，通过多元有效的渠道和载体，开展多元化、启发性、生动的职业伦理教育培训活动，不断强化监察官职业伦理教育的效果，夯实监察官遵守职业伦理规范的思想根基。

本章小结

习近平总书记在党的二十大报告中指出，全面建设社会主义现代化国家、全面推进中华民族伟大复兴，关键在党，全面从严治党永远在路上，必须持之以恒推进全面从严治党，以党的自我革命引领社会革命。因此，必须健全党统一领导、全面覆盖、权威高效的监督体系。纪检监察机关就是党的"纪律部队"，是推进全面从严治党的重要力量。因此，作为党和国家的专司监督的"纪律部队"，打铁还需自身硬，监察官队伍必须自觉接受刻骨铭心的革命性锻造和深入灵魂的精神洗礼，严格依法依规履职，自觉遵守监察官职业伦理，不断增强自身的使命感、责任感和荣誉感，忠诚、干净、担当，才能确保党和人民赋予的权力不被滥用、惩恶扬善的利剑永不蒙尘，真正做到让党放心、让人民群众满意。

.... **本章习题** ....

1.（多选题）关于国家监察委员会的产生和职责，下列选项中说法正确的有哪些？（　　）

A. 国家监察委员会由全国人民代表大会产生

B. 国家监察委员会由主任、副主任和委员组成

C. 国家监察委员会副主任由国家监察委员会主任提请全国人民代表大会常务委员会任免

D. 国家监察委员会主任连续任职不得超过两届

参考答案：ABCD

解析： A选项正确。《监察法》第8条第1款规定："国家监察委员会由全国人民代表大会产生，负责全国监察工作。"

B选项正确。《监察法》第8条第2款规定："国家监察委员会由主任、副主任若干人、委员若干人组成，主任由全国人民代表大会选举，副主任、委员由国家监察委员会主任提请全国人民代表大会常务委员会任免。"

C选项正确。《监察法》第8条第2款规定："国家监察委员会由主任、副主任若干人、委员若干人组成，主任由全国人民代表大会选举，副主任、委员由国家监察委员会主任提请全国人民代表大会常务委员会任免。"

D选项正确。《监察法》第8条第3款规定："国家监察委员会主任每届任期同全国人民代表大会每届任期相同，连续任职不得超过两届。"

2.（多选题）根据《监察官法》，监察官包括下列哪些人员？（　　）

A. 各级监察委员会的主任、副主任、委员

B. 各级监察委员会机关中的监察人员

C. 各级监察委员会派驻或者派出到中国共产党机关、国家机关、法律法规授权或者委托管理公共事务的组织和单位以及所管辖的行政区域等的监察机构中的

监察人员、监察专员

D. 其他依法行使监察权的监察机构中的监察人员

参考答案：ABCD

解析：《监察官法》第3条规定，监察官包括下列人员。

（一）各级监察委员会的主任、副主任、委员；

（二）各级监察委员会机关中的监察人员；

（三）各级监察委员会派驻或者派出到中国共产党机关、国家机关、法律法规授权或者委托管理公共事务的组织和单位以及所管辖的行政区域等的监察机构中的监察人员、监察专员；

（四）其他依法行使监察权的监察机构中的监察人员。

对各级监察委员会派驻到国有企业的监察机构工作人员、监察专员，以及国有企业中其他依法行使监察权的监察机构工作人员的监督管理，参照执行本法有关规定。

3.（多选题）下列选项中，哪些属于办理监察事项的监察人员应当自行回避的情形？（　　　）

A. 监察人员是监察对象的近亲属

B. 监察人员担任过本案的证人

C. 监察人员本人或者其近亲属与办理的监察事项有利害关系

D. 监察人员是检举人的近亲属

参考答案：ABCD

解析：根据《监察法》第58条的规定，办理监察事项的监察人员有下列情形之一的，应当自行回避，监察对象、检举人及其他有关人员也有权要求其回避。

（一）是监察对象或者检举人的近亲属的；

（二）担任过本案的证人的；

（三）本人或者其近亲属与办理的监察事项有利害关系的；

（四）有可能影响监察事项公正处理的其他情形的。

案例分析

据中央纪委国家监委网站讯，2023年，经黑龙江省委批准，黑龙江省纪委监委对驻省水利厅纪检监察组原组长韩启彬严重违纪违法问题进行了立案审查调查。经查，韩启彬违反政治纪律，对抗组织审查；违反中央八项规定精神和廉洁纪律，违规收受礼金；违反组织纪律，不按规定报告个人有关事项，利用职权为他人谋取人事利益并收受钱款；违反工作纪律，违规干预和插手建设工程承发包；违反国家法律法规，参与赌博；利用职务上的便利，在职务调整、工作调转、工程项目承揽、资金拨付等方面为他人谋取利益，非法收受他人巨额财物，涉嫌受贿犯罪；为谋取不正当利益，给予国家工作人员钱款，涉嫌行贿犯罪。韩启彬身为党员领导干部，丧失理想信念，背弃初心使命，对党不忠诚、不老实，处心积虑掩盖违纪违法问题，对抗组织审查；廉洁底线失守，擅权妄为，与不法商人沆瀣一气，大搞权钱交易；价值观扭曲，追求低级趣味，参与赌博，严重破坏所任职地区政治生态，严重损害党的事业和形象。其行为已严重违纪违法，并涉嫌受贿、行贿犯罪，且在党的十八大乃至党的十九大后仍不收敛、不收手、不知止，性质严重，影响恶劣。依据《中国共产党纪律处分条例》《中华人民共和国监察法》《中华人民共和国公职人员政务处分法》等有关规定，经黑龙江省纪委常委会会议研究并报省委批准，决定给予韩启彬开除党籍处分；并由省监委给予其开除处分；收缴其违纪违法所得；将其涉嫌犯罪问题移送检察机关依法审查起诉，所涉财物一并移送。[①]

问题：

1. 结合案例分析其中所涉及的监察官职业责任类型。

2. 结合案例分析完善监察官职业伦理制度的重要意义。

---

① 案例来源：中央纪委国家监委网。

第九章　其他法律职业人员的职业伦理

第一节　公证员职业伦理

> **学习目标**
>
> **知识目标：** 能够了解公证职业的基本内容；掌握公证员职业伦理的基本原则和具体规范；明确公证员的职业责任与惩戒制度。
>
> **能力目标：** 具备熟练适用公证员职业伦理的能力；提升运用法律职业伦理思维分析问题的能力；培养应用公证员职业伦理解决案例和实例的能力。
>
> **价值目标：** 提升坚守公平正义的法律职业素养；培育忠诚、勇敢、担当、廉洁的个人品质。

思维导图：

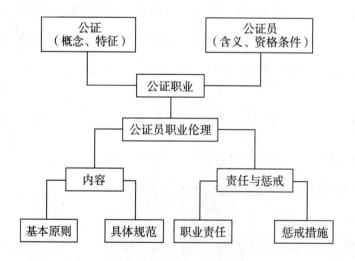

> **◎ 案例引导**
>
> 　　市民王某、戈某是一对老夫妻，王甲、胡甲是他们的小儿子与小儿媳。老夫妻拟置办一套新房产并决定把新购房产登记在小儿子王甲名下。但老夫妻在办理完产权登记后，对能否在登记在王甲名下的房产中安度晚年的问题产生了担忧，遂来到公证处咨询上述事项能否办理公证。在详细了解王某与戈某的诉求后，公证员向他们阐明了《中华人民共和国民法典》中关于"居住权"的有关规定。随后，老夫妻与小儿子、小儿媳共同向公证处申办了居住权合同公证。公证员随即为他们起草了个性化、有针对性的居住权合同，就房屋购买的实际出资人，居住权的条件、期限、登记手续，以及所居住房屋装修、维修、出租、出售、抵押等相关问题进行了详细的约定。随后，王某、戈某与王甲、胡甲在领取公证书当日前往不动产登记机构办理了居住权登记，目前已取得居住权的登记证书。[①]
>
> 　　**思考**：公证员职业的角色定位是什么？还需要遵守哪些公证员职业伦理规范？

一、公证与公证员

（一）公证的概念与特征

1.公证的概念

公证是公证机构根据自然人、法人或者其他组织的申请，依照法定程序对民事法律行为、有法律意义的事实和文书的真实性、合法性予以证明的活动。公证活动中，行为主体包括两个：一为公证机构，二为申请公证的当事人。公证行为的客体则主要是民事法律行为、有法律意义的事实和文书。公证活动是证明客体的真实性与合法性，[②]需要公证执业者将抽象的、普遍性的法律规范与

---

　① 案例来源：中国法律服务网（12348中国法网）司法行政（法律服务）案例库。

　② 参见齐书学、赵瑞恒：《公证律师辞海》，黑龙江人民出版社，2003年，第145页。

当事人的公证事项相结合，作出审慎的判断，最终形成以公证书为载体的公证结果。

2. 公证的特征

公证具有专属性、中立性、普遍性、权威性和非诉性的特征。[①]

公证的专属性指公证机构是唯一专职行使公证证明权力的机构，其出具的公证书是唯一具有法律规定的公证效力的证明。

公证的中立性指公证是一种居中的判断性证明活动。公证是基于当事人的申请和国家法律的规定而产生的。公证职能的行使不具有国家的行政管理职能，也不代表当事人任何一方。公证采取的是中立的立场，以国家法律、法规、规章、政策和社会公德为准则，更类似于一种双方都信任的协调人、中间人的角色。

公证的普遍性指公证活动涉及的事项范围、公证当事人的范围以及公证书的适用范围广。公证的普遍性表现在以下三个方面：（1）公证当事人的普遍性，即任何机关、团体、单位和个人都有可能成为公证的当事人；（2）公证证明对象的普遍性，即公证是以民事法律行为、有法律意义的事实和文书作为工作内容的，其普遍程度是显而易见的；（3）公证适用范围的普遍性，即依据法律的授权，公证机构出具的公证书，在国内外具有广泛的适用性。这种证明的普遍适用程度是任何一般证明所无法替代的。

公证的权威性指"公证书的效力"，具体包括证据效力、强制执行效力等。公证文书是对法律行为、法律事实、法律文书的真实性、合法性的确认，其法律效力不容随意改变。

公证的非诉讼性指公证并不是诉讼活动，而是通过非诉的方式解决纠纷。公证属于预防性的法律证明制度而非诉讼活动的原因在于，公证机构的证明产生于纠纷发生之前。通过公证可以有效地消除纠纷隐患，解决当事人之间的利益冲突，避免矛盾，减少诉讼，预防违法行为。

---

① 参见孙红梅：《公证——一种预防性的法律证明制度》，吉林大学博士学位论文，2008年。

（二）公证员的含义与资格条件

1. 公证员的含义

公证员是指满足一定资格条件，在公证机构从事公证业务的执业人员。在我国，在不同性质的公证机构执业的公证员身份有所不同。具体而言，行政性质的公证机构中，公证员的身份类似于公务员；合作制公证机构中，公证员的身份则类似于私营企业职工；事业法人性质的公证机构中，又存在全额拨款、自收自支之分。[①]

2. 公证员的资格条件

目前世界上公证员资格取得的模式有三种，分别是拉丁公证模式、英美公证模式和中国公证模式。拉丁公证模式实行精英化之路，公证员需毕业于法律学校或接受一定法学教育，有严格的职前训练；英美公证模式实行平民化之路，只要接受过基本教育便可担任，无需专业背景；中国公证模式不同于以上两种，要求公证员通过国家司法考试。[②]

我国《公证法》第18条规定，担任公证员，应当具备下列条件。（1）国籍与年龄条件：具有中华人民共和国国籍且年龄二十五周岁以上六十五周岁以下；（2）道德品行条件：公道正派，遵纪守法，品行良好；（3）证书与实习条件：通过国家统一法律职业资格考试取得法律职业资格；在公证机构实习二年以上或者具有三年以上其他法律职业经历并在公证机构实习一年以上，经考核合格。

一般情况下，同时满足上述三个条件才可以成为公证员。但为了满足公证员队伍建设的需要，《公证法》第19条规定，从事法学教学、研究工作，具有高级职称的人员，或者具有本科以上学历，从事审判、检察、法制工作、法律服务满十年的公务员、律师，已经离开原工作岗位，经考核合格的，可以担任公证员。

为了促使公证员对公证员的角色定位形成深刻的认知，加强公证员职业修养，

---

① 参见齐书学、赵瑞恒：《公证律师辞海》，黑龙江人民出版社，2003年，第145页。

② 参见齐书学、赵瑞恒：《公证律师辞海》，黑龙江人民出版社，2003年，第145页。

首次取得或者重新取得公证员执业证书的人员，应当进行公证员宣誓。誓词的内容也反映了合格的公证员所应具备的资格条件，即忠于祖国，忠于人民，忠于宪法和法律，拥护中国共产党的领导，拥护社会主义法治，依法履行职责，客观公正执业，遵守职业道德，勤勉敬业，廉洁自律等。[①]

公证员必须遵纪守法，恪守职业道德，否则将有失去公证员任职资格的可能。《公证法》第20条规定，有下列情形之一的，不得担任公证员：（1）无民事行为能力或者限制民事行为能力的；（2）因故意犯罪或者职务过失犯罪受过刑事处罚的；（3）被开除公职的；（4）被吊销执业证书的。

二、公证员职业伦理的基本原则和具体规范

公证员职业伦理，是指在公证活动中，公证员从思想到具体事务的处理应遵循的行为规范和基本准则。

（一）公证员职业伦理的基本原则

公证员职业伦理的基本原则指公证员职业伦理中抽象的对公证员职业伦理的具体规范具有指导性作用的内容。依据我国《公证法》与《公证员职业道德基本准则》，公证员职业伦理的基本原则包括以下几个方面：（1）坚定的政治方向和远大的奋斗目标；（2）高度的事业心和强烈的责任感；（3）勤奋好学的作风与苦干实干的精神；（4）忠于事实真相，忠于宪法和法律；（5）主持公道，伸张正义；（6）忠于职守，严守职务秘密；（7）率先垂范，严于律己；（8）清正廉洁，一尘不染；（9）严肃认真，一丝不苟；（10）勇于同各种违法违纪行为作斗争。

（二）公证员职业伦理的具体规范

根据公证员职业伦理的基本原则，我国制定了公证员在从业过程中要遵守的具体职业伦理规范。具体而言，分为以下几个方面：

---

① 公证员宣誓誓词为："我是中华人民共和国公证员。我宣誓：忠于祖国，忠于人民，忠于宪法和法律，拥护中国共产党的领导，拥护社会主义法治，依法履行职责，客观公正执业，遵守职业道德，勤勉敬业，廉洁自律，为全面依法治国、建设社会主义法治国家努力奋斗！"

1. 公证员与委托人的关系规范

公证员要遵守职业礼仪，履行保密义务、告知义务、勤勉义务和廉洁义务。

（1）职业礼仪规范

职业礼仪要求公证员着装规范、举止文明、维护职业形象，现场宣读公证词时，应当语言规范、吐字清晰，避免使用可能引起他人反感的语言表达方式等。

（2）保密义务

保密义务要求公证员不得向办理公证事务之外的任何人泄露其在执业活动中知悉的国家秘密、商业秘密或者个人隐私，也不得利用通过办理公证事项所知晓的秘密为自己或他人谋取利益。

（3）告知义务

告知义务要求公证员应当告知当事人、代理人和参加人的权利和义务，并就权利和义务的真实意思和可能产生的法律后果作出明确解释。

（4）勤勉义务

勤勉义务要求公证员应当珍惜职业荣誉，强化服务意识，勤勉敬业、恪尽职守，为当事人提供优质高效的公证法律服务。

（5）廉洁义务

廉洁义务指公证员应当树立廉洁自律意识，遵守职业道德和执业纪律，不得从事有报酬的其他职业和与公证员职务、身份不相符的活动，不得利用公证员的身份和职务为自己、亲属或他人谋取利益，公证员不得索取或接受当事人及其代理人、利害关系人的答谢款待、馈赠财物或其他利益。

2. 公证员与公证机构的关系规范

依据公证员与公证机构的关系规范的要求，公证员首先要在公证机构中从事公证业务。①在公证机构进行执业活动时，公证员要服从公证机构的内部管理，并接受公证机构对其执业行为的考核、监督和执业过错责任追究。《公证法》第14条

---

① 《公证法》第16条规定，公证员是符合本法规定的条件，在公证机构从事公证业务的执业人员。

规定，公证机构应当建立业务、财务、资产等管理制度，对公证员的执业行为进行监督，建立执业过错责任追究制度。

3. 公证员与司法行政机关的关系规范

依据公证员与司法行政机关的关系规范的要求，公证员要接受司法行政部门的监督和指导，包括公证员任职申请以及公证员执业证书管理。

（1）接受司法行政机关对任职程序的管理

公证员要接受司法行政机关对任职程序的管理。根据2006年发布的《公证员执业管理办法》第11—14条的规定，我国公证员任职程序包括申请、审核、任命、制证和颁发证书。①申请。由本人提出申请，经需要选配公证员的公证机构推荐，由所在地司法行政机关出具考核意见。②审核。将上述申请逐级报请省、自治区、直辖市司法行政机关审核。省、自治区、直辖市司法行政机关应当自收到报审材料之日起20日内完成审核。③任命。对符合规定条件和公证员配备方案的，作出同意申请人担任公证员的审核意见，填制公证员任职报审表，报请司法部任命；对不符合规定条件或者公证员配备方案的，作出不同意申请人担任公证员的决定，并书面通知申请人和所在地司法行政机关。④制证。司法部应当自收到省、自治区、直辖市司法行政机关报请任命公证员的材料之日起20日内，制作并下达公证员任命决定。司法部认为报请任命材料有疑义或者收到相关投诉、举报的，可以要求报请任命机关重新审核。⑤颁发证书。省、自治区、直辖市司法行政机关应当自收到司法部下达的公证员任命决定之日起10日内，向申请人颁发公证员执业证书，并书面通知其所在地司法行政机关。

（2）接受司法行政机关对其执业证书的管理

公证员执业证书是公证员履行法定任职程序后在公证机构从事公证执业活动的有效证件，由司法部统一制作，证书编号办法由司法部制定。《公证员执业管理办法》第19条规定，公证员执业证书由公证员本人持有和使用，不得涂改、抵押、出借或者转让。司法行政机关对公证员执业证书的管理包括换证或补证、证书收缴和证书注销。《公证员执业管理办法》第20条规定，公证员受到停止执业处罚的，停止执业期间，应当将其公证员执业证书缴存所在地司法行政机关。公证员受到吊销公证员执业证书处罚或者因其他法定事由予以免职的，应当收缴其公证员执业证书，由省、自治区、直辖市司法行政机关予以注销。

4. 公证员与公证协会的关系规范

公证协会是公证业的自律性组织，依据公证员与公证协会的关系规范的要求，公证协会依据章程开展活动，对公证员所在的公证机构、公证员的执业活动进行监督。《中国公证员协会章程》第6条规定，中国公证协会的职责包括以下内容：（1）协助政府主管部门管理、指导全国的公证工作，指导各地公证员协会工作；（2）维护会员的合法权益，保障会员依法履行职责；（3）举办会员福利事业；（4）对会员进行职业道德、执业纪律教育，协助司法行政机关查处会员的违纪行为；（5）负责制定行业规范；（6）负责会员的培训，组织会员开展学术研讨和工作经验交流；（7）负责全国公证赔偿基金的使用管理工作，对各地公证员协会管理使用的公证赔偿基金进行指导和监督；（8）负责公证宣誓工作，主办公证刊物；（9）负责与国外和港、澳、台地区开展有关公证事宜的研讨、交流与合作活动；（10）负责海峡两岸公证书的查证和公证书副本的寄送工作；（11）负责公证专用水印纸的联系生产、调配，协助行政主管部门作好管理工作；（12）对外提供公证法律咨询等服务；（13）履行法律法规规定的其他职责，完成司法部委托的事务。

由此可知，作为全国性公证行业组织，中国公证协会对整个公证职业的发展具有重要的管理指导作用。公证员个人也应该遵守中国公证协会制定的职业伦理、行业纪律，接受公证协会对公证员执业活动的监督。

⊙ **案例分析**

2020年6月的一天，两位女士来到公证处，长者为宋甲，随行者是其妹宋乙，宋乙口述：宋甲是聋哑人，其儿子王某在外省打工，务工期间意外身亡，王某名下遗有房屋一处，宋甲是其法定继承人之一，欲放弃遗产的继承权，申请办理放弃继承权声明公证。公证员与特殊教育学校联系，聘请了2位具有专业资质的手语老师，在公证处手语老师与宋甲进行了手语交流。经手语老师翻译，公证员为其代书一份放弃继承权声明书。[①]

问题：公证员在办理此类公证时，应如何平衡法律规定与对特殊群体的关怀和尊重？

计某刚为骗取新疆维吾尔自治区乌鲁木齐市某典当公司（以下简称典当公司）借款，伪造土地承包合同和土地过户证明。为了办证，计某刚多次到被告人李某民所在的某市公证处申请办理公证。办理了一次公证后，计某刚遂以请客、送礼、安排娱乐活动等方式经营与李某民之间的关系，李某民碍于人情，直接依照计某刚所提供伪造的土地承包合同违规办理公证，而未对用于公证的借款合同当事人身份及合同真实性等进行审查。

据查，李某民先后为计某刚违规办理公证文书十余份，被计某刚用于骗取典当公司借款，金额达1830.6万元。新疆生产建设兵团阿拉尔垦区人民法院于2020年1月22日作出刑事判决，认定被告人李某民犯提供虚假证明文件罪。[②]

问题：公证员应如何处理与当事人之间的非业务性交往，以避免利益冲突和影响公证的公正性？

为切实维护国家粮食安全，有效避免粮权纠纷，中国储备粮管理总公司湖南分公司（以下简称中储粮湖南分公司）向湖南省长沙市某公证处提出公证申请，申请对湖南省各地州市直属库委托代储的中央事权粮食（最低收购价粮）办理公证。公证处高度重视中储粮湖南分公司的公证申请，在正式受理公证申请前，组织公证员到代储库点进行调研。自2017年开始，每年四十多名公证员服从公证机

---

① 案例来源：中国法律服务网（12348中国法网）司法行政（法律服务）案例库。
② 案例来源：人民法院案例库。

构的管理和指派，分批次对全省十多个地州市的代储库点办理保全证据公证。[①]

问题：公证处在办理此类公证时，如何界定自身的责任范围？又如何进行风险管理？

三、公证员职业责任与惩戒

（一）公证员职业责任

1. 公证员职业责任的概念

广义上的法律职业责任是法律职业人员违反有关法律和道德规范所应承担的责任，包括法律责任和道德责任。狭义上的法律职业责任则限于法律责任，具有明确的规范形式。而道德责任是抽象意义上的责任，为非规范形式，如舆论谴责等。本书介绍的是狭义上的法律职业责任，即公证员在履行职务活动过程中违反有关法律、法规和规章的规定，给国家、单位和个人造成损害应该承担的法律责任。

2. 公证员职业责任设置的意义

建立公证员职业责任制度的重要意义在于：（1）确保公证当事人及有关利害关系人的合法权益。公证员和公证机构必须严肃认真地对待公证工作，不得因疏忽大意或玩忽职守出错证而损害当事人的合法权益。公证员职业责任制度可以为其提供保障；（2）有利于公证事业的健康有序发展。公证员职业责任制度的建立是为了保障公证工作的规范进行，保障公证执业秩序，有利于公证事业的健康有序发展；（3）有利于提高公证的质量和效益。实行公证员职业责任制度，可以促使公证机构和公证员注重工作质量和效益，避免出错证而承担赔偿责任，避免给本机构或公证员本人带来经济损失；（4）有利于提高公证机构的社会公信力。公证员职业责任制度的实施有利于加强公证员的事业心和责任感，有利于公证质量和公证效益的提高，这一切都有助于提高公证机构的社会公信力。

---

① 案例来源：中国法律服务网（12348中国法网）司法行政（法律服务）案例库。

3. 公证员职业责任类型

根据我国《公证法》的相关规定，公证职业责任包括民事责任、行政责任和刑事责任。

（1）民事责任

公证民事责任，又称为公证机构的民事赔偿责任，指公证机构及其公证员违反法律、法规和执业纪律的行为，导致公证文书发生错误，给当事人或者公证事项的利害关系人造成损失而应当承担的责任。

（2）行政责任

公证行政责任，指公证机构和公证员因违反法律、法规和执业纪律而应承担的由司法机关给予的行政处分或行政处罚。行政责任的承担方式包括警告、停止执业、罚款、没收违法所得和吊销公证员执业证书。

根据《公证法》第41条与第42条的相关规定，须承担行政责任的具体事由包括：以诋毁其他公证机构、公证员或者支付回扣、佣金等不正当手段争揽公证业务的；违反规定的收费标准收取公证费的；同时在二个以上公证机构执业的；从事有报酬的其他职业的；为本人及近亲属办理公证或者办理与本人及近亲属有利害关系的公证的；私自出具公证书的；为不真实、不合法的事项出具公证书的；侵占、挪用公证费或者侵占、盗窃公证专用物品的；毁损、篡改公证文书或者公证档案的；泄露在执业活动中知悉的国家秘密、商业秘密或者个人隐私的；依照法律、行政法规的规定，应当给予处罚的其他行为。

（3）刑事责任

公证刑事责任是指公证员在履行公证职责过程中违反了法律、法规、执业纪律和职业伦理规范，构成犯罪的，依据我国刑法的规定应当承担的责任。

（二）公证员惩戒制度

1. 公证员惩戒的定义

公证员惩戒，指公证协会对违反执业纪律和职业伦理的成员行为作出的不利处分。这种不利处分的性质是非法律惩罚，是社会自治团体进行有效自治不可或缺的制度设计。根据《公证员惩戒规则（试行）》的规定，惩戒委员会负责以下工作：（1）受理投诉案件和有关部门移送的案件；（2）审查当事人提交的有关证明材料；（3）对违规行为进行调查核实；（4）制作惩戒委员会会议记录和惩戒决定书；（5）检查惩戒决定的执行情况。

2. 公证员的惩戒措施

一般而言，公证员的惩戒措施根据惩戒事由不同而有所区别，具体包括警告、严重警告、记过、暂停公证员协会会员资格、取消公证员协会会员资格和罚款。

《公证员惩戒规则（试行）》第12条规定，警告措施适用于：（1）无正当理由，不接受指定的公益性公证事项的；（2）无正当理由，不按期出具公证书的；（3）在媒体上或者利用其他手段提供虚假信息，对本公证机构或者本公证机构的公证员进行夸大、虚假宣传，误导当事人、公众或者社会舆论的；（4）违反规定减免公证收费的；（5）在公证员名片上印有曾担任过的行政职务、荣誉职务、专业技术职务或者其他头衔的；（6）采用不正当方式垄断公证业务的；（7）公证书经常出现质量问题的；（8）其他损害公证行业利益的行为，但后果尚不严重的。

《公证员惩戒规则（试行）》第13条规定，严重警告措施适用于：（1）刁难当事人，服务态度恶劣，造成不良影响的；（2）对应当受理的公证事项，无故推诿不予受理的；（3）故意诋毁、贬损其他公证机构或公证人员声誉的；（4）利用非法手段诱使公证当事人，干扰其他公证机构或者公证人员正常的公证业务的；（5）给付公证当事人回扣或者其他利益的；（6）违反回避规定的；（7）违反公证程序，降低受理、出证标准的；（8）违反职业道德和执业纪律的；（9）一年内连续出现2件以内错误公证文书的；（10）受到警告惩戒后，6个月内又有第12条所列行为的。

《公证员惩戒规则（试行）》第14条规定，记过适用于：（1）一年内连续出现3件以上5件以下错误公证文书的；（2）违反公证法规、规章规定的；（3）违反公证管辖办理公证的；（4）违反职业道德和执业纪律，拒不改正的；（5）受到严重警告惩戒后，6个月内又有第13条所列行为的；（6）其他损害公证行业利益的行为，后果较为严重的。

《公证员惩戒规则（试行）》第15条规定，暂停公证员协会会员资格适用于：（1）利用职务之便牟取或收受不当利益的；（2）违反职业道德和执业纪律，情节严重的；（3）一年内连续出现6件以上错误公证文书的；（4）受到记过惩戒后，6个月内又有第14条所列行为的；（5）其他损害公证行业利益的行为，后果严重的。

《公证员惩戒规则（试行）》第16条规定，取消公证员协会会员资格适用于：（1）泄露国家机密、商业秘密和个人隐私给国家或者公证当事人造成重大损失或者产生恶劣社会影响的；（2）故意出具错误公证书的；（3）制作假公证书的；（4）受刑事处罚的，但非职务的过失犯罪除外；（5）违反公证法规、规章规定，后果严重的；（6）对投诉人、举报人、证人等有关人员打击报复的；（7）案发后订立攻守同盟或隐匿、销毁证据，阻挠调查的；（8）违反职业道德和执业纪律，情节特别严重的；（9）受到暂停会员资格惩戒，恢复会员资格12个月内，又有第15条所列行为的；（10）其他违法违纪或者损害公证行业利益的行为，后果特别严重的。

罚款适用于公证员有违反《公证员惩戒规则（试行）》第12条至第16条规定的情况。根据违反行业规范行为的性质，可以并处50元至5000元的罚款。

公证员受到职业惩戒会直接影响其职业发展，表现为限制晋升职务、级别以及限制外事及具有福利性质的活动的参与资格。具体而言，受到严重警告、记过惩戒的，当年不得晋升职务、级别，不得参加外事考察活动。受到暂停会员资格惩戒的，3年内不得晋升职务、级别，不得参加各级公证员协会组织的外事及具有福利性质的活动。有办理涉外公证业务资格的公证员受到记过和暂停会员资格惩戒的，暂停办理涉外公证业务。对于受到惩戒处理的公证员，将通过适当的方式予以通报。

3. 公证员惩戒程序

公证员惩戒必须遵循惩戒程序，即投诉与处理、调查、作出决定和申请复核。

（1）投诉与处理阶段，投诉人可以直接投诉，也可以委托他人投诉，受理投诉的惩戒委员会有权要求投诉人提出具体的事实和有关证据材料。司法行政机关建议给予惩戒的，惩戒委员会应该受理，并视不同情况作出处理：①投诉材料事实不清的，通知投诉人补充材料。投诉人无法补充的，可不予受理；②认为违法、违纪的事实不存在，不予审理；③有违纪事实，但情节显著轻微，依照规定不需要实施惩戒，应予以结案，并通知投诉人或其代理人；对于需要批评教育的，将情况告知被投诉人所在的公证机构；④认为有违法、违纪的事实，应当予以审理的。惩戒委员会受理后，应当在15日内通知投诉人、被投诉人及其所在公证机构负责人，并告知被投诉人及其所在公证机构负责人到惩戒委员会说明情况或者提供书面答辩材料。

（2）调查阶段，投诉人、被投诉人及有关人员应当如实回答调查人员的询问，并协助调查，不得阻挠。调查应当制作笔录，接受调查的人应当在调查笔录上签字或盖章。

（3）作出决定阶段，举证不足的，终止审理；情节显著轻微的，予以批评教育，不作惩戒处理；投诉属实的，予以惩戒处理；应当由司法行政机关予以行政处罚的，书面建议司法行政机关予以行政处罚。对可能给予暂停会员资格或者取消会员资格的案件，惩戒委员会应告知当事人本人及其所在公证机构负责人有陈述、申辩的权利，当事人放弃陈述或者申辩权利的，不影响作出决定。惩戒决定由3名以上单数惩戒委员会委员共同作出。给予记过以上惩戒的，由5名以上单数惩戒委员会委员共同作出。惩戒案件审理过程应当制作审理记录，参与审理的委员应当在记录上签名。审理记录应当存入惩戒卷宗。

（4）申请复核阶段，按照《公证员惩戒规则（试行）》的相关规定，被惩戒的公证员对惩戒决定不服的，可以自收到决定书10日内，书面向作出惩戒决定的惩戒委员会申请复核。复核由惩戒委员会主任委员主持，由5名以上未参与作出该惩戒决定的委员集体作出复核决定，参与复核的委员人数应当为单数。复核决定应当于收到复核申请后2个月内作出。复核所发生的费用，经复核后，维持惩戒决定的，由申请人承担；撤销或变更惩戒决定的，由作出决定的公证员协会承担。

第二节　仲裁员职业伦理

学习目标

　　知识目标：能够了解仲裁职业的基本内容；掌握仲裁职业伦理的基本原则和具体规范；明确仲裁员的职业责任与惩戒制度。

　　能力目标：具备熟练适用仲裁员职业伦理的能力；提升运用法律职业伦理思维分析问题的能力；培养应用仲裁员职业伦理解决案例和实例的能力。

思维导图：

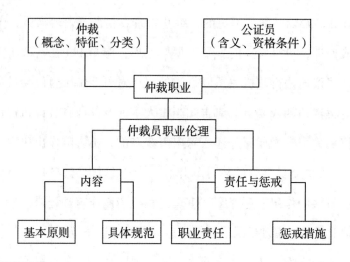

案例引导

　　申请人在本案主张被申请人偿还民间借贷借款本金5700万元及利息，被申请人认可了申请人的主张而仅抗辩经营收入不足以偿还借款。当事人双方虽未形成实质争议，但仲裁庭认为，依法仍应对上述民间借贷的事实和法律性质的真实性、合法性进行审查。经审查发现，申请人和被申请人在本案中的经济往来，存在较多的不规范之处，但其形成民间借贷法律关系的基础事实存在，迄今未发现相反证据和案外人异议，且经仲裁庭对借款的资金来源，借款发生时间和原因，出借方式，接收、使用和偿还方式，利益相关人及借款性质进行综合考量，尚未发现存在明显虚假和互相矛盾，故此，仲裁庭依据高度盖然性规则，判定本案申请人和被申请人之间系民间借贷关系。该民间借贷关系出自自愿，不违反法律规定，受到法律保护。双方当事人依法应全面履行双方民间借贷合同约定的义务。[①]

思考：仲裁员职业的角色定位是什么？需要遵守哪些仲裁员职业伦理规范？

一、仲裁与仲裁员

（一）仲裁的概念、特征与分类

1. 仲裁的概念

仲裁是由当事人以合约的形式授予仲裁人权限，就当事人之间的纠纷作出判断，从而达到定分止争目的的私法纠纷解决方式。我国《仲裁法》第2条规定，平等主体的公民、法人和其他组织之间发生的合同纠纷和其他财产权益纠纷，可以仲裁。一般认为，仲裁具有如下要素：各方当事人自愿采用仲裁方式解决相互间的争议；当事人选择解决争议的第三者是非司法机构；第三者为解决争议所作出的裁决，对各方当事人都具有法律上的拘束力。仲裁的事项范围仅限于财产纠纷，并以合同纠纷为主。

2. 仲裁的特征

仲裁具有自愿性、专业性、保密性和独立性的特征。

仲裁的自愿性指当事人采用仲裁的方式解决纠纷应建立在双方自愿的基础之上。《仲裁法》第4条规定，当事人采用仲裁方式解决纠纷，应当双方自愿，达成仲裁协议。没有仲裁协议，一方申请仲裁的，仲裁委员会不予受理。因此，仲裁一定是建立在双方自愿的基础之上。

---

① 案例来源：中国法律服务网（12348中国法网）司法行政（法律服务）案例库。

仲裁的专业性指处理仲裁事务需要依据专业性的知识与技能。具体而言，仲裁的专业性体现为：仲裁所处理的事务都是比较复杂的经济、法律事务，涉及很多专业性知识与技能。同时，参与仲裁的仲裁员必须经过系统性的专业学习，并取得一定的执业资格。

仲裁的保密性指对于不能公开的仲裁事务中获知的个人、企业或国家秘密要严格保密，不能随意向外披露。我国仲裁的保密性体现在：其一，仲裁不公开进行。当事人协议公开的，可以公开进行，但涉及国家秘密的除外；其二，任何一方当事人及仲裁参与人负有仲裁保密义务，不得将仲裁文件、案件实体情况及审理过程进行对外披露。

仲裁的独立性指仲裁机构作为中立第三方，从事仲裁事务不受其他组织和个人的干涉。仲裁的独立性主要体现在两个方面：一为仲裁过程具有独立性，仲裁员在进行仲裁的过程中不受行政机关、社会团体和个人的干涉，依据法律和事实，凭借自己的良心独立进行职业判断；二为仲裁机构具有独立性，仲裁机构作为中立第三方对当事人的争议进行处理，不受其他因素的干涉。

3. 仲裁的分类

理论上来讲，根据分类标准不同，仲裁分为以下三类：

（1）国内仲裁与涉外仲裁

根据当事人、所发生纠纷提交仲裁的法律关系等要素是否含有涉外因素，仲裁可以分为国内仲裁与涉外仲裁。国内仲裁指的是本国仲裁机构对不具有涉外因素的国内民商事纠纷的仲裁；涉外仲裁指的是涉及外国或外法域的民商事纠纷的仲裁。

（2）机构仲裁和临时仲裁

根据仲裁机构是否为常设的专门仲裁机构，仲裁可以分为机构仲裁和临时仲裁。机构仲裁指的是当事人协商一致，选择常设性的仲裁机构解决其民商事纠纷的仲裁；临时仲裁指的是不由任何已经设立的仲裁机构进行程序管理，而由当事人双方将他们之间的争议提交给他们选定的仲裁员，根据他们自己设计或选定的仲裁规则，由仲裁员进行审理并作出裁决的商事仲裁。

（3）依法仲裁和友好仲裁

根据作出仲裁裁决所依据的实体规范的不同，仲裁可以分为依法仲裁和友好仲裁。依法仲裁指的是在民商事仲裁中，仲裁庭严格依据一定的实体法律规范对当事人之间的纠纷进行裁决；友好仲裁指的是依据双方当事人的授权，仲裁庭不以严格的法律规范为依据，而是以其所认为的公平的标准作出对当事人具有拘束力的裁决。

在实践中，我国现有的仲裁类型主要分为国内仲裁和涉外仲裁两大类。其中，国内仲裁主要以合同仲裁为主，以侵权性涉及财产权益纠纷的仲裁为辅。

（二）仲裁员的资格条件

仲裁员是指符合法定任职资格，为仲裁机构聘任，并列入仲裁员名册的人。仲裁员经当事人选定或被依法指定后，有权对具体案件进行审理并作出裁决。

仲裁员需要满足道德条件和专业条件这两方面的资格条件：

1. 道德条件

仲裁员需要具备的道德条件包括良好的公共道德素养与严谨的职业伦理素养。《仲裁法》第13条第1款规定，仲裁委员会应当从公道正派的人员中聘任仲裁员。

2. 专业条件

仲裁员的专业条件取决于仲裁的专业性。在我国仲裁实践中，仲裁员通常要具备职业资格和实务经验的双重要求，即我国仲裁员不仅要通过国家统一法律职业资格考试，还要从事仲裁工作满八年。另外，律师、法官、法律教学研究人员等人员满足一定工作年限等方面的条件，也可以成为仲裁员。《仲裁法》第13条第2款对仲裁员任职的专业条件作出了详细规定，指出仲裁员应当符合下列条件之一：（1）通过国家统一法律职业资格考试取得法律职业资格，从事仲裁工作满八年的；（2）从事律师工作满八年的；（3）曾任法官满八年的；（4）从事法律研究、教学工作并具有高级职称的；（5）具有法律知识、从事经济贸易等专业工作并具有高级职称或者具有同等专业水平的。

二、仲裁员职业伦理的基本原则和具体规范

仲裁员职业伦理是仲裁员在长期的仲裁实践过程中所形成的职业认知与行为规范。仲裁员职业伦理具有重要意义，其不仅可以提升案件的质量、增强人们对仲裁员的信任度，还有利于提高仲裁员的素质，保证仲裁员队伍的纯洁性。

目前，我国尚未制定全国统一的仲裁员职业伦理规范，有关仲裁员的职业伦理规范主要包括两大类：一类是全国性仲裁委员会制定的仲裁员职业伦理规范，如《中国国际经济贸易仲裁委员会、中国海事仲裁员委员会仲裁员守则》；另一类是地方仲裁委员会制定的仲裁员职业伦理规范，如《北京仲裁委员会仲裁员守则》《上海仲裁委员会仲裁员守则》《珠海仲裁委员会仲裁员守则》等。

（一）基本原则

根据全国性仲裁委员会制定的仲裁员职业伦理规范——《中国国际经济贸易仲裁委员会仲裁员行为考察规定》以及地方仲裁委员会制定的仲裁员职业伦理规范（如《北京仲裁委员会仲裁员守则》），仲裁员职业伦理的基本原则集中体现在以下三个方面：

1. 遵纪守法，品行可靠

仲裁员应当遵纪守法，公道正派，廉洁自律，严格遵守仲裁员守则。

2. 精进求知，高水准办案

仲裁员应当认真学习仲裁理论，在精通仲裁业务的同时注重知识更新，自觉培养明察善断的能力，保持高水平的专业素养和法律水准，持续提升办案技能。

3. 依法依规，审慎处理案件

仲裁员应当根据客观事实，适用法律与国际惯例，以公平合理原则独立公正地审理案件。同时，仲裁员应当独立、公正、勤勉、高效、审慎地处理案件，平等地对待双方当事人，不代表任何一方当事人的利益。

（二）具体规范

1. 诚信义务

诚信义务指仲裁员在接受选定或指定之时，要对自己是否符合被选定或指定的基本条件客观评价，如果出现不符合条件的情形，应当不接受选定或者指定。

依据《中国国际经济贸易仲裁委员会仲裁员行为考察规定》的相关要求，有下列情形之一的，仲裁员应当不接受选定或指定：（1）存在依法应当回避的情形的；（2）在接受选定或指定后两个月内不能参加开庭审理的；（3）因自身工作任务较重，不能保证有充足时间和精力处理案件，难以悉心完成案件审理工作的；（4）因健康原因难以参加案件审理工作的；（5）对案件涉及的专业不熟悉，无法胜任审理工作的；（6）时任仲裁委员会主任、副主任，仲裁委员会、分会秘书局（处）及仲裁委员会办事处工作人员被当事人选定的；（7）其他原因致使不宜接受选定或指定的。

相应地，地方仲裁委员会也制定了关于诚信义务的规则。如《北京仲裁委员会仲裁员守则》便规定仲裁员应诚实信用，只有确信自己具备下列条件，方可接受当事人的选定或北京仲裁委员会主任的指定：（1）能够毫不偏袒地履行职责；（2）具有解决案件所需的知识、经验和能力；（3）能够付出相应的时间、精力，并按照《仲裁规则》与《北京仲裁委员会关于提高仲裁效率的若干规定》要求的期限审理案件；（4）参与审理且尚未审结的案件不满10件。《北京仲裁委员会仲裁员守则》中将能够接受选定或者指定的条件列出，便于仲裁员在接受选定或者指定之时进行对照。

2. 披露义务

披露义务指仲裁员在正式接受选定或指定后知悉应予披露情形，应当立即披露的义务。其中，应予披露的情形指致使当事人对仲裁员的公正性和独立性产生合理怀疑的情形。

实践中，仲裁员在正式接受选定或指定时，应当如实填写接受指定的声明书，有下列情形的，仲裁员应自行向仲裁委员会书面披露：

（1）案件关联或业务往来。即仲裁员个人或所在工作单位与案件有关联或与当事人有过业务往来的。

（2）同事关系或经常性工作接触。包括：与同案仲裁员同在一个单位工作的；仲裁员与当事人、当事人的主要管理人员或代理人在同一社会组织担任专职工作，有经常性的工作接触的；仲裁员在与案件有关联的机构担任职务的。

（3）密切私人关系或经济利益关联。包括：近亲属在当事人单位工作或者在当事人的代理人单位工作的；仲裁员或其近亲属对胜诉或败诉一方存在可能的追索权的；与当事人或代理人有较为密切的私人关系的；与当事人或代理人为共同权利人、共同义务人或有其他生意或财产关系的。

3. 回避义务

仲裁员的回避义务指仲裁员应当就回避事由向仲裁委员会提出回避的书面请求，由仲裁委员会决定是否回避决定的义务。其中，仲裁员回避事由包括：（1）是本案当事人或者当事人、代理人的近亲属；（2）与本案有利害关系；（3）与本案当事人、代理人有其他关系，可能影响公正仲裁的；（4）私自会见当事人、代理人，或者接受当事人、代理人的请客送礼的。

4. 保密义务

仲裁员的保密义务指仲裁员对仲裁程序、仲裁事项以及仲裁实务中接触到的信息应当保守秘密，不得泄露的义务。仲裁员的保密义务主要是规定在地方仲裁规则之中，《北京仲裁委员会仲裁员守则》中规定了仲裁员应当保密的事项，其具体内容包括：（1）仲裁员不得向当事人或外界透露本人的看法和仲裁庭合议的情况，对涉及仲裁程序、仲裁裁决的事项应保守秘密；（2）仲裁员还要为当事人保密，尤其是要保护当事人的商业秘密不泄露。

5. 保持公正性

仲裁员的公正性指仲裁员接受选定或者指定后，应当在办案全过程秉持公正性。具体而言，即要求仲裁员保持廉洁性、中立性、公平性，并且不得谋求选定或私自会见。

6. 勤勉义务

勤勉义务指仲裁员在职业行为中要勤勉尽责。为了督促仲裁员勤勉义务的履行，按照《北京仲裁委员会仲裁员守则》的规定，仲裁员应在规定期限内提供制作裁决的书面意见。若仲裁员延迟仲裁环节，仲裁委员会有更换仲裁员的权利。

7. 相互尊重

相互尊重主要是指仲裁员之间的相互配合与支持。仲裁员应该尊重其他仲裁员对案件发表意见的权利，以宽容的态度理解和接受分歧，在互敬的基础上，自由地探讨，真诚地交流。

三、仲裁员职业责任与惩戒

（一）仲裁员职业责任

仲裁员是仲裁案件的裁决者，必须公道正派，在审理案件过程中要保持公正与独立。一旦仲裁员在仲裁过程中出现了违法行为，就必须承担一定的法律责任。根据我国《仲裁法》的规定，仲裁员私自会见当事人、代理人或者接受当事人、代理人的请客送礼，情节严重的或仲裁员在仲裁该案时有索贿受贿、徇私舞弊、枉法裁决行为的，应当依法承担法律责任，仲裁委员会应当将其除名。目前，我国尚未在仲裁立法中规定仲裁员的民事责任。

仲裁过程中，组成仲裁庭的仲裁员因回避或者其他原因不能履行其职责时，由当事人重新选定仲裁员或者由仲裁机构重新指定仲裁员，组成仲裁庭负责案件的审理。我国《仲裁法》仅规定，应当依照该法重新选定或指定仲裁员，至于程序是否与选择原仲裁员的程序相同，法律没有明确的要求。

（二）仲裁员惩戒制度

1. 仲裁员惩戒的含义

仲裁员惩戒是指当仲裁员违反职业伦理规范时，由监管机构对仲裁员的不当行为作出不利处分。目前，"中国仲裁协会"尚未成立，统一的仲裁员职业伦理规范（执业纪律）也尚未制定，对于"监督权"的内容也尚不明晰。从外观上看，仲裁员的发展与我国律师、公证员等职业群体的发展类似，但对于其惩戒制度能否也通过职业协会进行还值得进一步思考。

2. 仲裁员惩戒的特征

仲裁员惩戒具有很强的自律性，基本上由仲裁规则确立。[①]无论是仲裁委员会还是仲裁协会行使惩戒权，都需要制定明确的惩戒规范和具体的惩戒程序，既要保证当事人的合法权益，也要保证仲裁员应该享有的权利，维护仲裁制度的公信力。如果确实需要在二者之间进行选择，可以考虑由仲裁机构进行具体的监督管理，而对于仲裁员的惩戒则由仲裁协会负责。这样做一方面可以避免仲裁机构的"内部寻租"行为，另一方面也有利于统一仲裁员职业行为标准，加强仲裁员的职业认同。

3. 仲裁员惩戒措施

具体而言，仲裁员惩戒措施主要包括警告和解聘。

（1）警告

警告的方式一般适用于仲裁员违反仲裁员守则和仲裁员办案规范中的其他任何情形。综合各种因素，仲裁委员会认为对其行为存在合理怀疑，影响当事人对仲裁委员会的信任或损害仲裁委员会形象，但不宜回避、撤换、解聘的，均应予以警告。

仲裁员会受到警告惩戒的具体情形包括：借故拖延办案时间；在庭审中存在接打电话、收发短信、随意离庭情形或着装不得体；在开庭审理及仲裁程序中，表现出偏袒倾向，包括代替或变相代替一方向另一方质证、辩论、提出请求或明显具有诱导性问题；无正当理由不参加合议、调查或者开庭迟到；确定开庭时间后又要求变更开庭时间；未预留足够开庭时间，导致案件不得不再次开庭；未经仲裁委员会同意，擅自对外发表关于仲裁案件的不当言论。

（2）解聘

解聘是更严厉的惩戒方式，解聘决定由仲裁委员会作出。

---

① 参见任永安、卢显洋：《中国特色司法行政制度新论》，中国政法大学出版社，2014年，第435页。

仲裁员会受到解聘惩戒的具体情形包括：被法院定罪或因违反法律受到严重行政处罚；故意隐瞒应当回避的事实；无正当理由不到庭审理案件；不参加合议、调查两次或者一年内开庭迟到两次；一年内变更开庭时间两次；或者一年内两次未预留足够开庭时间，导致案件不得不再次开庭；在案件审理中，有违仲裁员的公正立场；对案件审理严重迟延负有主要责任；向当事人透露本人看法或仲裁庭合议情况；违反仲裁员勤勉审慎义务，不认真阅卷，不熟悉案情，严重不负责任；徇私舞弊，枉法裁决；私自会见当事人，接受当事人请客、馈赠或提供的其他利益；仲裁员代人打听案件情况、请客送礼、提供好处和利益；执意支持一方当事人的请求和主张并/或坚决反对一方当事人的请求和主张，不能说明理由；私下联络同案仲裁员，不顾事实和法律，人为制造多数意见，为当事人谋求不正当利益；未按照仲裁员培训规定参加仲裁员培训；在一个聘期内被警告两次。

无论关于何种情形，仲裁员在接到仲裁委员会转送的当事人的投诉或抱怨后，均应当认真对待，并向仲裁委员会如实全面准确地作出书面说明。

第三节　行政执法人员职业伦理

学习目标

知识目标：能够了解行政执法的基本内容；掌握行政执法人员职业伦理的基本原则和具体规范；明确行政执法人员的职业责任与惩戒制度。

能力目标：具备熟练适用行政执法人员职业伦理的能力；提升运用法律职业伦理思维分析问题的能力；培养应用行政执法人员职业伦理解决案例和实例的能力。

思维导图：

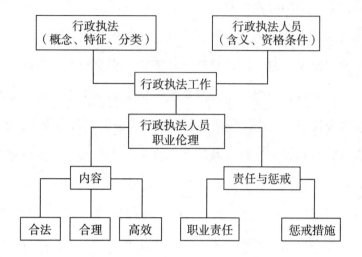

案例引导

被告人丁林于2015年2月至2018年6月担任城子河区安煤局局长，负责全面工作，代表国家行使行政执法权。2018年3月26日，城子河区煤矿安全专项整顿工作领导小组办公室文件（城煤整办〔2018〕4号）任命丁林为城子河区煤矿专项整治复工复产验收组织机构联合验收小组组长，该文件规定了煤矿复工复产的必备条件和验收的标准、程序。同时该文件规定"严厉打击超层越界、私自开启密闭等各类非法违法生产行为，确保安全生产"，"全面落实'逢掘必探，先探后掘'的原则……坚决杜绝水患事故发生"。

2017年9月，王淑清答应丁林辞去局长后到东旭煤矿担任矿长，辞职前先对煤矿进行管理。2018年4月1日，城子河区安煤局组织验收人员到东旭煤矿进行复工复产验收，验收现场写实记录了包含"采掘工程平面图上无采空区标注，无警戒和探水线，无临近矿井空区积水情况"在内的40条问题。2018年4月2日，时任城子河区安煤局副局长的刘维富（另案处理）向丁林汇报称，现场检查出了很多问题，验收人员不同意签字，丁林在东旭煤矿未对问题进行整改的情况下，指示刘某1让相关人员签字，并首先在联合验收小组组长签字处签字，同时让刘某1制作虚假的现场检查记录。该记录显示，2018年4月10日城子河区相关执法人员到东旭煤矿检查发现问题已整改完毕，"东旭煤矿已经达到了三级安全生产标准化标准，符合复工复产验收标准"。4月23日，城子河区安煤局以东旭煤矿"自检自查合格"且"已经达到复工复产标准"为由，向城子河区政府申请"区政府行文给市煤矿专项整治复工复产验收组对该矿进行复工复产验收"，同日，城子河区政府向市煤矿专项整治复工复产验收组发函请求验收。4月26日，丁林陪同市煤矿专项整治复工复产验收组对东旭煤矿进行检查，检查发现了18条问题并制作了现场处理决定书，责成由城子河区安煤局负责监督整改，并将闭合报告报市局备案。4月27日，在未到现场检查的情况下，丁林指示刘某1制作了现场检查记录，刘某1安排他人制作了记录，显示18条问题已经整改完毕。同年5月7日，鸡西市煤矿安全专项整顿工作领导小组办公室向城子河区政府下发批复，称东旭煤矿复工复产验收合格，同意复产。5月26日0时16分，东旭煤矿发生透水事故，造成3人死亡、直接经济损失383.7万元。

被告人丁林犯重大责任事故罪，一审判处有期徒刑四年，犯滥用职权罪，判处有期徒刑六年，数罪并罚，决定执行有期徒刑八年。[①]

思考：行政执法过程中，行政执法人员的构成有哪些？应遵循的义务有哪些？

一、行政执法与行政执法人员

（一）行政执法的内涵

根据中共中央、国务院印发的《法治政府建设实施纲要（2015—2020年）》，行政执法主要是指建立执法全过程记录制度，制定行政执法程序规范，明确具体操作流程，重点规范行政许可、行政处罚、行政强制、行政征收、行政收费、行

---

① 案例来源：中国裁判文书网。

政检查等执法行为。

关于行政执法的范围，从宪法上立法与执法的关系来看，行政执法包括全部执行宪法和法律的行为，既包括中央政府的所有活动，也包括地方政府的所有活动，其中有行政决策行为、行政立法行为以及执行法律和实施国家行政管理的行政执行行为。从行政立法与行政执法的角度来看，行政执法指行政机关执行法律的行为，[①]是主管行政机关依法采取的具体的直接影响相对一方权利义务的行为；或者对个人、组织的权利义务的行使和履行情况进行监督的行为。从行政立法行为、行政执法行为和行政司法行为的角度来看，行政执法被界定为行政机关及其行政执法人员为了实现国家行政管理目的，依照法定职权和法定程序，执行法律法规和规章，直接对特定的行政相对人和特定的行政事务采取措施并影响其权利义务的行为。

因此，我们发现，行政执法使用的场合不同，相应的其含义也不同。一般而言，人们在下述三种场合使用"行政执法"并赋予其相应的含义：（1）为说明现代行政的性质和功能而使用"行政执法"，这种场合主要是突出行政是执法，是执行法律，而不是创制法律，行政从属于法律；（2）为区别行政的不同内容而使用"行政执法"，在这种场合，行政执法只是行政行为之一种；（3）作为行政行为的一种特定方式而使用"行政执法"，一般将监督检查、实施行政处罚和采取行政强制措施这一类行为称为"行政执法"。

（二）行政执法人员的资格条件

《国家统一法律职业资格考试实施办法》中明确规定，行政机关中初次从事行政处罚决定审核、行政复议、行政裁决、法律顾问的公务员，应当通过国家统一法律职业资格考试，取得法律职业资格。

行政执法人员必须通过执法资格考试，持证上岗。中共中央、国务院印发的《法治政府建设实施纲要（2015—2020年）》中明确规定，全面实行行政执法人员

---

① 参见姜明安：《行政法》，北京大学出版社，2017年，第283页。

持证上岗和资格管理制度，未经执法资格考试合格，不得授予执法资格，不得从事执法活动。健全纪律约束机制，加强职业道德教育，全面提高执法人员素质。

行政执法人员应当参加行政执法培训，《法治政府建设实施纲要（2015—2020年）》中明确规定，增强行政执法业务能力。健全行政执法人员岗位培训制度，每年组织开展行政执法人员通用法律知识、专门法律知识、新法律法规等专题培训。加大对公务员初任培训、任职培训中法律知识的培训力度。

行政执法人员持证上岗后，按照要求进行在岗轮训并参加执法人员的专业培训。《法治政府建设实施纲要（2021—2025年）》中明确规定，统一行政执法人员资格管理，除中央垂直管理部门外由省级政府统筹本地区行政执法人员资格考试、证件制发、在岗轮训等工作，国务院有关业务主管部门加强对本系统执法人员的专业培训，完善相关规范标准。统一行政执法案卷、文书基本标准，提高执法案卷、文书规范化水平。

行政执法人员持证上岗后要参加年度考核，对不符合执法要求的行政执法人员适用退出机制。《提升行政执法质量三年行动计划（2023—2025年）》中明确规定，全面落实行政执法责任制，健全完善行政执法人员年度考核制度。建立健全行政执法人员退出机制，对不符合执法要求的行政执法人员要依法暂扣、收回或者注销其行政执法证件。

二、行政执法人员职业伦理

行政执法人员职业伦理是指行政执法人员在从事行政处罚决定审核等行政行为过程中应该遵守的行为准则。行政执法人员的职业伦理包含行政执法的基本原则以及公务员伦理的基本规则。

（一）合法原则

行政执法首先要遵循合法原则。具体而言，任何行政执法权都必须基于法律的授权才能存在；任何行政执法权的行使应依据法律、遵守法律，不得与法律相抵触；任何行政执法权的授予和委托及其运用都必须具有法律依据，符合法律宗旨。

（二）合理原则

同时，行政执法要遵循合理原则。具体而言，行政自由裁量行为的动机应符合法律目的，必须符合社会公共利益；行政自由裁量行为必须在正当考虑的基础上；行政裁量行为的内容要符合情理；行政执法程序要正当，要遵循公平、公开、公正原则。

（三）高效原则

行政执法还要遵循高效原则。具体而言，行政执法人员要依法独立行使行政执法权，把外部环境对执法的干扰减少到最低程度；行政执法必须符合最广大人民利益；坚持时效性与及时性，确保行政执法行为的有效性。

三、行政执法人员的职业责任与惩戒制度

（一）行政执法人员的职业责任

行政执法人员的职业责任是指行政执法人员在从事行政执法过程中违反法律规定而必须承担的不利的法律后果，一般而言可分为民事责任、行政责任、刑事责任。其特征包括以下四个方面：（1）责任主体特定，即行政执法人员的职业责任以行政执法人员特定身份为基础；（2）导致不利法律后果的原因特定，即行政执法人员的职业责任必须是行政执法人员实施了某种违法的行为或不作为而导致的不利法律后果；（3）具有违法性，即行政执法人员的职业责任以违法为基本属性，在追究其责任时应以行政执法人员的行为是否违法为前提；（4）与职业行为密切相关，即行政执法人员的职业责任与行政执法人员的职务行为有关联。

1. 民事责任

行政执法人员的民事责任，指行政执法人员在从事行政执法过程中因违法行为给公民、法人或其他组织造成损害的，依法承担的民事赔偿责任。例如，根据我国《国家赔偿法》第16条第1款之规定，赔偿义务机关赔偿损失后，应当责令有故意或者重大过失的工作人员或者受委托的组织或者个人承担部分或者全部赔偿

费用。

2. 行政责任

行政执法人员的行政责任又称行政执法人员的行政处分，是指行政执法人员在从事行政执法行为过程中违反行政法律、法规，依法应当承担的法律责任。

行政执法人员的行政责任包括警告、记过、记大过、降级、撤职、开除，重点针对行政执法人员的渎职失职以及玩忽职守行为而设置。例如，我国《行政处罚法》第83条规定，执法人员玩忽职守，对应当予以制止和处罚的违法行为不予制止、处罚，致使公民、法人或者其他组织的合法权益、公共利益和社会秩序遭受损害的，对直接负责的主管人员和其他直接责任人员依法给予行政处分。

3. 刑事责任

行政执法人员的刑事责任，指行政执法人员在从事行政执法过程中违反刑事法律，依法应当承担的法律责任。我国《行政复议法》第81条规定，行政复议机关工作人员在行政复议活动中，徇私舞弊或者有其他渎职、失职行为的，构成犯罪的，依法追究刑事责任。我国《行政处罚法》第83条规定，执法人员玩忽职守，对应当予以制止和处罚的违法行为不予制止、处罚，致使公民、法人或者其他组织的合法权益、公共利益和社会秩序遭受损害的，情节严重构成犯罪的，依法追究刑事责任。

（二）行政执法人员惩戒制度

行政执法人员惩戒是指当行政执法人员违反职业伦理规范时，由监管机构对行政执法人员的不当行为作出不利处分。

行政执法人员的惩戒方式包括：警告、记过、记大过、降级、撤职、开除。行政机关公务员受警告处分的期间为6个月，受记过处分的期间为12个月，受记大过处分的期间为18个月，受降级、撤职处分的期间为24个月。行政机关公务员在受处分期间不得晋升职务和级别，其中，受记过、记大过、降级、撤职处分的，不得晋升工资档次；受撤职处分的，应当按照规定降低级别。行政机关公务员受开除处分的，自处分决定生效之日起，解除其与单位的人事关系，不得再担任公务员职务。

行政执法人员的惩戒事由及惩戒适用标准包括以下几类：

1. 违反政治纪律

有下列行为之一的，给予记大过处分；情节较重的，给予降级或者撤职处分；情节严重的，给予开除处分：（1）散布有损国家声誉的言论，组织或者参加旨在反对国家的集会、游行、示威等活动的；（2）组织或者参加非法组织，组织或者参加罢工的；（3）违反国家的民族宗教政策，造成不良后果的；（4）以暴力、威胁、贿赂、欺骗等手段，破坏选举的；（5）在对外交往中损害国家荣誉和利益的；（6）非法出境，或者违反规定滞留境外不归的；（7）未经批准获取境外永久居留资格，或者取得外国国籍的；（8）其他违反政治纪律的行为。

2. 违反组织纪律

有下列行为之一的，给予警告、记过或者记大过处分；情节较重的，给予降级或者撤职处分；情节严重的，给予开除处分：（1）负有领导责任的公务员违反议事规则，个人或者少数人决定重大事项，或者改变集体作出的重大决定的；（2）拒绝执行上级依法作出的决定、命令的；（3）拒不执行机关的交流决定的；（4）拒不执行人民法院对行政案件的判决、裁定或者监察机关、审计机关、行政复议机关作出的决定的；（5）违反规定应当回避而不回避，影响公正执行公务，造成不良后果的；（6）离任、辞职或者被辞退时，拒不办理公务交接手续或者拒不接受审计的；（7）旷工或者因公外出、请假期满无正当理由逾期不归，造成不良影响的；（8）其他违反组织纪律的行为。

3. 玩忽职守

有下列行为之一的，给予记过、记大过处分；情节较重的，给予降级或者撤职处分；情节严重的，给予开除处分：（1）不依法履行职责，致使可以避免的爆炸、火灾、传染病传播流行、严重环境污染、严重人员伤亡等重大事故或者群体性事件发生的；（2）发生重大事故、灾害、事件或者重大刑事案件、治安案件，不按规定报告、处理的；（3）对救灾、抢险、防汛、防疫、优抚、扶贫、移民、救济、社会保险、征地补偿等专项款物疏于管理，致使款物被贪污、挪用，或者毁损、灭失的；（4）其他玩忽职守、贻误工作的行为。

4. 违法行政行为

有下列行为之一的，给予警告或者记过处分；情节较重的，给予记大过或者降级处分；情节严重的，给予撤职处分：（1）在行政许可工作中违反法定权限、条件和程序设定或者实施行政许可的；（2）违法设定或者实施行政强制措施的；（3）违法设定或者实施行政处罚的；（4）违反法律、法规规定进行行政委托的；（5）对需要政府、政府部门决定的招标投标、征收征用、城市房屋拆迁、拍卖等事项违反规定办理的。

5. 违反诚实信用原则

弄虚作假，误导、欺骗领导和公众，造成不良后果的，给予警告、记过或者记大过处分；情节较重的，给予降级或者撤职处分；情节严重的，给予开除处分。

6. 违反廉洁纪律

有贪污、索贿、受贿、行贿、介绍贿赂、挪用公款、利用职务之便为自己或者他人谋取私利、巨额财产来源不明等违反廉政纪律行为的，给予记过或者记大过处分；情节较重的，给予降级或者撤职处分；情节严重的，给予开除处分。

7. 违反财经纪律

违反财经纪律，挥霍浪费国家资财的，给予警告处分；情节较重的，给予记过或者记大过处分；情节严重的，给予降级或者撤职处分。

8. 滥用职权

有下列行为之一的，给予记过或者记大过处分；情节较重的，给予降级或者撤职处分；情节严重的，给予开除处分：（1）以殴打、体罚、非法拘禁等方式侵犯公民人身权利的；（2）压制批评，打击报复，扣压、销毁举报信件，或者向被举报人透露举报情况的；（3）违反规定向公民、法人或者其他组织摊派或者收取财物的；（4）妨碍执行公务或者违反规定干预执行公务的；（5）其他滥用职权，侵害公民、法人或者其他组织合法权益的行为。

9. 违反保密义务

泄露国家秘密、工作秘密，或者泄露因履行职责掌握的商业秘密、个人隐私，造成不良后果的，给予警告、记过或者记大过处分；情节较重的，给予降级或者撤职处分；情节严重的，给予开除处分。

10. 违反社会公德

有下列行为之一的，给予警告、记过或者记大过处分；情节较重的，给予降级或者撤职处分；情节严重的，给予开除处分：（1）拒不承担赡养、抚养、扶养义务的；（2）虐待、遗弃家庭成员的；（3）包养情人的；（4）严重违反社会公德的行为。

《行政机关公务员处分条例》第39条规定，任免机关对涉嫌违法违纪的行政机关公务员的调查、处理，按照下列程序办理：（1）经任免机关负责人同意，由任免机关有关部门对需要调查处理的事项进行初步调查；（2）任免机关有关部门经初步调查认为该公务员涉嫌违法违纪，需要进一步查证的，报任免机关负责人批准后立案；（3）任免机关有关部门负责对该公务员违法违纪事实做进一步调查，包括收集、查证有关证据材料，听取被调查的公务员所在单位的领导成员、有关工作人员以及所在单位监察机构的意见，向其他有关单位和人员了解情况，并形成书面调查材料，向任免机关负责人报告；（4）任免机关有关部门将调查认定的事实及拟给予处分的依据告知被调查的公务员本人，听取其陈述和申辩，并对其所提出的事实、理由和证据进行复核，记录在案。被调查的公务员提出的事实、理由和证据成立的，应予采信；（5）经任免机关领导成员集体讨论，作出对该公务员给予处分、免予处分或者撤销案件的决定；（6）任免机关应当将处分决定以书面形式通知受处分的公务员本人，并在一定范围内宣布；（7）任免机关有关部门应当将处分决定归入受处分的公务员本人档案，同时汇集有关材料形成该处分案件的工作档案。

受到处分的行政机关公务员对处分决定不服的，依照《中华人民共和国公务员法》和《中华人民共和国监察法》的有关规定，可以申请复核或者申诉。复核、申诉期间不停止处分的执行。行政机关公务员不因提出复核、申诉而被加重处分。

第四节 行政复议人员职业伦理

知识目标：能够了解行政复议的基本内容；掌握行政复议人员职业伦理的基本原则和具体规范；明确行政复议人员的职业责任与惩戒制度。

能力目标：具备熟练适用行政复议人员职业伦理的能力；提升运用法律职业伦理思维分析问题的能力；培养应用行政复议人员职业伦理解决案例和实例的能力。

价值目标：筑牢法治思维，成为优秀的现代化法治人才。

思维导图：

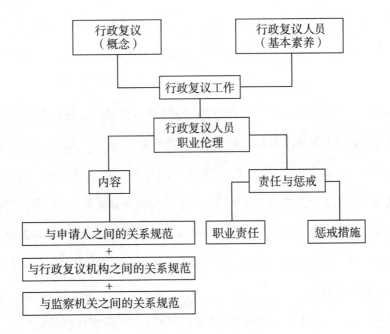

案例引导

2020年8月10日,江开区法院作出（2020）苏0191民初3138号民事调解书,确认周某与余某某自愿离婚,并就子女抚养和探视、夫妻共同财产分割等达成协议。该调解书已生效。

2021年初,周某通过手机支付宝APP查询"江苏政务婚姻登记信息"发现,其婚姻登记查询结果仍为"结婚登记"并有配偶身份信息,办理机关为溧水区民政局婚姻登记处,并备注:所查询信息为在江苏省内婚姻登记机关登记的当前记录,不作婚姻记录证明用途;如对查询结果有异议,请与登记地婚姻登记机关联系。

2021年5月20日,周某向溧水区民政局投诉,要求更改婚姻登记系统信息。溧水区民政局接到投诉工单后,与周某联系并答复称:离婚判决书、离婚调解书、离婚证都具有同等的法律效力,即依法解除夫妻双方之间的婚姻关系,因此,法院判决、调解离婚后,当事人不需要再到婚姻登记机关办理离婚登记手续,故该局婚姻登记机关无法满足其诉求;全国婚姻登记系统与其他部门共享的是婚姻登记信息,无法帮申请人通过直接更改婚姻状况的方式实现信息共享。

2021年6月11日,南京市民政局立案受理周某的行政复议申请,经审查,于2021年8月2日作出〔2021〕宁民行复第1号《行政复议决定书》,驳回周某对溧水区民政局的行政复议申请。周某遂提起行政诉讼。

江苏省南京江北新区人民法院于2022年12月7日作出行政判决:撤销被告南京市民政局作出的〔2021〕宁民行复第1号《行政复议决定书》;责令被告溧水区民政局于本判决生效之日起两个月内对婚姻登记信息系统中原告周某的婚姻信息采取更正措施。南京市民政局不服,提起上诉。江苏省南京市中级人民法院驳回上诉,维持原判。[①]

思考:行政复议人员应遵循哪些方面的义务?其职业责任有哪些?

---

① 案件来源:人民法院案例库。

一、行政复议与行政复议人员

（一）行政复议的内涵

行政复议，是指公民、法人和其他组织认为行政主体的具体行政行为侵犯其合法权益，依法向复议机关提出申请，复议机关对该具体行政行为进行审查并作出决定的法律制度。其中，申请行政复议的公民、法人或者其他组织是申请人。合法性审查、适当性审查是行政机关审查被申请行政行为的两个审查标准。其中，适当性审查是实质合法审查，合法性审查是形式合法审查。[①]

行政复议程序的有效运行，能够助力防止和纠正违法的或者不当的行政行为，保护公民、法人和其他组织的合法权益，监督和保障行政机关依法行使职权，发挥行政复议化解行政争议的主渠道作用，推进法治政府建设。[②]

（二）行政复议人员的基本素养

行政复议人员属于行政司法人员。2018年司法部颁布的《国家统一法律职业资格考试实施办法》第2条规定，国家统一法律职业资格考试是国家统一组织的选拔合格法律职业人才的国家考试，行政机关中初次从事行政处罚决定审核、行政复议、行政裁决、法律顾问的公务员应当通过国家统一法律职业资格考试，取得法律职业资格。2024年1月1日开始实施的《中华人民共和国行政复议法》（以下简称《行政复议法》）规定，国家建立专业化、职业化行政复议人员队伍。具体而言，行政复议机构中初次从事行政复议工作的人员，应当通过国家统一法律职业资格考试取得法律职业资格，并参加统一职前培训。

二、行政复议人员职业伦理

（一）行政复议人员与申请人之间的关系规范

1. 坚持便民为民原则

《行政复议法》第3条规定："行政复议机关履行行政复议职责，应当遵循合

---

① 参见章剑生：《论行政复议的适当性审查》，《浙江社会科学》2024年第2期。

② 参见李余华、邢文心：《对发挥行政复议主渠道作用的反思与制度重构》，《长春大学学报》2024年第1期。

法、公正、公开、高效、便民、为民的原则，坚持有错必纠，保障法律、法规的正确实施。"申请人在提交行政复议申请后，行政复议人员要做到行政复议的合法、公正、公开、高效、便民、为民原则。

2. 坚持调解自愿原则

《行政复议法》第5条规定："行政复议机关办理行政复议案件，可以进行调解。调解应当遵循合法、自愿的原则，不得损害国家利益、社会公共利益和他人合法权益，不得违反法律、法规的强制性规定。"

3. 履行保密义务

《行政复议法》第36条规定："行政复议人员对办理行政复议案件过程中知悉的国家秘密、商业秘密和个人隐私，应当予以保密。"

（二）行政复议人员与行政复议机构之间的关系规范

行政复议机构指行政复议机关办理行政复议事项的机构。行政复议机关指县级以上各级人民政府以及其他依照《行政复议法》履行行政复议职责的行政机关。按照《行政复议法》第4条规定，行政复议机关应当加强行政复议工作，支持和保障行政复议机构依法履行职责。

按照《行政复议法》的相关规定，国务院行政复议机构可以发布行政复议指导性案例，国务院行政复议机构应当会同有关部门制定行政复议人员工作规范，加强对行政复议人员的业务考核和管理。因此，行政复议人员应参照国务院行政复议机构发布的指导性案例，遵守行政复议人员工作规范，并接受国务院行政复议机构的业务考核和管理。

行政复议机关受理行政复议申请后，由行政复议机构指定行政复议人员办理行政复议案件。行政复议工作人员接受行政复议机构的指定进行案件审理。

（三）行政复议人员与监察机关之间的关系规范

《行政复议法》第85条规定："行政机关及其工作人员违反本法规定的，行政复议机关可以向监察机关或者公职人员任免机关、单位移送有关人员违法的事实材料，接受移送的监察机关或者公职人员任免机关、单位应当依法处理。"

《行政复议法》第86条规定："行政复议机关在办理行政复议案件过程中，发现公职人员涉嫌贪污贿赂、失职渎职等职务违法或者职务犯罪的问题线索，应当依照有关规定移送监察机关，由监察机关依法调查处置。"

三、行政复议人员法律责任

行政复议人员职业责任，也称为行政复议人员法律责任，主要是指行政执法人员在从事行政执法过程中违反了法律的规定而必须承担的不利的法律后果。行政复议人员职业责任主要包括行政责任和刑事责任。

1. 行政责任

未达到情节严重程度，一般处以警告、记过、记大过的处分；情节严重的，一般处以降级、撤职、开除的处分。具体而言，行政复议机关不依照《行政复议法》规定履行行政复议职责，对负有责任的领导人员和直接责任人员依法给予警告、记过、记大过的处分；经有权监督的机关督促仍不改正或者造成严重后果的，依法给予降级、撤职、开除的处分。行政复议机关工作人员在行政复议活动中，徇私舞弊或者有其他渎职、失职行为的，依法给予警告、记过、记大过的处分；情节严重的，依法给予降级、撤职、开除的处分；构成犯罪的，依法追究刑事责任。

2. 刑事责任

行政复议人员触犯刑事法律，依法应当承担刑事责任。行政复议机关在办理行政复议案件过程中，发现公职人员涉嫌贪污贿赂、失职渎职等职务违法或者职务犯罪的问题线索，应当依照有关规定移送监察机关，由监察机关依法调查处置。

⊙ 案例分析

2019年3月，时某通过信访系统反映邻居叶某家违法建设问题，要求城管机关处理。北京市东城区城管局随后确认叶某的铁皮构筑物违法，并在2019年9月协助拆除。时某不满意城管局的处理速度，向区政府申请行政复议，要求拆除违法建设。2019年9月，东城区政府确认城管局未及时履行职责违法。时某对复议决定不满，提起行政诉讼。北京市第四中级人民法院判决撤销复议决定，责令区政府重新作出复议决定。东城区政府上诉，但北京市高级人民法院驳回上诉，维持原判。①

问题：行政复议机关在处理复议案件时，应承担哪些责任？如何确保其公正性？

本章小结

作为法律职业共同体的重要组成部分，公证员、仲裁员、行政执法人员和行政复议人员利用自身的法律专业知识、法律技能和实践经验为社会提供综合法律服务。为其制定相关的职业伦理，既是提升该法律职业群体整体素质的必然要求，也有助于建设德才兼备的高素质法治工作队伍、推动我国的法治建设取得实质性的成效。

本章习题

1. 公证员林某的名片上印有"法学副教授"的头衔。这一行为是否符合公证员职业伦理的要求？是否要受到惩戒？

2. 仲裁员郭某与申请人是兄妹关系，但其未向仲裁委员会提出回避的书面请求。这一行为是否符合仲裁员职业伦理的要求？是否要受到惩戒？

3. 行政不作为、慢作为、乱作为这些行为违反了哪些行政执法人员职业伦理要求？

---

① 案例来源：人民法院案例库。

案例分析

　　某商业银行与某设备公司签订了借款合同，约定某商业银行向某设备公司发放贷款。同日，某商业银行与某公司的法定代表人尹某签订了抵押合同，某公司为某设备公司在某商业银行处取得的贷款提供抵押担保。某商业银行向某公证处申请办理赋予强制执行效力的公证。同日，某公证处出具了公证书。后，某商业银行依据该公证书申请他项权利登记。他项权利证办妥后，某商业银行向某设备公司发放贷款。长春市中级人民法院认定某设备公司向某商业银行申请贷款行为构成骗取贷款罪。

　　某公证处公证卷宗显示，"某公司"的公证申请表申请人签字处仅有某设备公司工作人员刘某的签名。"某公司"授权刘某办理抵押合同公证事宜的授权委托书，上面加盖了"某公司"公章和法人章，并无法定代表人签字。"某公司"的授权委托书系刘某在某公证处自行填写并加盖了"某公司"的公章和法人章。在某公证处向刘某进行询问的笔录中并未体现对由刘某代表某公司办理公证提出合理化质疑。吉林省高级人民法院于2022年12月31日作出（2022）吉民再165号民事判决：某公证处补充赔偿某商业银行贷款本金250万元。[①]

问题：

　　公证处在办理公证时，应遵循哪些程序和步骤？本案中的公证程序存在哪些问题？

---

　　① 案例来源：人民法院案例库。

后　记

　　法律职业伦理教育在法治人才培养中占据重要位置，然而，长期以来，法律职业伦理教育却并未得到应有的重视。直到2018年初，教育部发布实施《法学专业类教学质量国家标准》，明确法学专业核心课程体系，将"法律职业伦理"课程列入十门法学专业核心必修课程之一，要求所有开设法学专业的高校必须面向法学专业学生开设这门课程。

　　本教材作为"法律人文素养"系列教材之一，将为山东政法学院在人才培养方面提供更为丰富的资源和工具。作为课程改革和建设的重要抓手，本教材的推出也将促进学校教育模式的创新和教学方式的改革，书中通过整合法律知识与人文思想，为学生提供一个多维度的学习视角，有助于培养具有跨学科思维的复合型法治人才。教材编写时不再是简单罗列知识观点，而是以案例入手，将知识点的讲解融入鲜活的案例中，做到既重视理论知识的完整性和体系性，也培养学生运用相关理论知识解决法律职业伦理问题的实践能力。

　　本教材由管伟担任主编，丁延龄、谢秀珍担任副主编。具体撰写分工如下（按照章节撰写的先后顺序）：管伟（体例设计和前言），谢秀珍（法律职业伦理概述、法律职业伦理的一般原理），苏玫霖、吕晓擎（律师职业伦理），刘立敏（法官职业伦理），刘晓然（检察官职业伦理），丁延龄（监察官职业伦理），杜伟伟（其他法律职业人员的职业伦理）。全书由管伟通稿。

　　山东政法学院为本教材的编写工作提供了卓越的学术环境和资源支持，学校的前瞻性指导和鼓励，为编写团队的创作注入了动力和方向。同时，我们要向济南市章丘区人民法院以及王云、赵会娟、尚宪峰等同志表示衷心的感谢。他们为本教材编写工作提供了丰富的案例和实践经验支持。编写团队的每一位成员以专业的知识和无限的热忱，共同打造了这本教材；团队成员之间的紧密合作和相互支持，确保了教材内容的准确性和实用性。在此，致以最深的敬意。此外，我们对山东人民出版社的专业编辑团队表示诚挚的感谢。他们的细致工作和宝贵建议，极大地提升了教材的质量和可读性。我们相信，这本教材能够成为连接教师与学生、理论与实践的桥梁，为培养具有创新精神和实践能力的新一代大学生做出贡献。

由于水平有限，加之时间仓促，书中不足之处在所难免，希望读者批评指正。

编者于济南

2024年7月4日